U0153677

臺灣客家研究論文選輯 1

蕭新煌——主編

張維安——總主編

客家研究
與客家學

編者及作者介紹

主編

蕭新煌

生於臺北市的客家人。美國紐約州立大學（Bufflo）社會學博士，現任中央研究院社會學研究所特聘研究員、總統府資政、國立臺灣大學和國立中山大學社會系合聘教授、國立中央大學客家學院講座教授以及政治大學東南亞研究中心執委會主席。曾任臺灣社會學會理事長、臺灣東南亞學會理事長、臺灣第三部門學會理事長、日本京都大學東南亞研究中心訪問研究學者、中央研究院亞太區域研究專題中心執行長和國際亞洲歷史學者學會會長等職務。

研究領域包括亞洲中產階級、公民社會與新民主、地方永續發展和都市氣候治理策略、臺灣第三部門發展史及臺灣與東南亞客家族群比較研究等。最新著作包含：*Middle Class, Civil Socity and Democracy in Asia*（2018，主編），Rouledge、《臺灣與東南亞客家族群認同的樣貌：延續、斷裂、重組與創新》（2017，主編），桃園：中央大學出版中心／臺北：遠流、《臺灣的都市氣候議題與治理》（2017，合編），臺北：臺大出版中心、*Citizens, Civil Society and Heritage-Making in Asia*（2017, co-editor），Singapore: ISEAS-Yusof Ishak Institute ／ Institute of Sociology, Academia Sinica ／ llAS、《非營利部門：組織與運作》（第三版）（2017，合編），臺北：巨流圖書公司、《臺灣與香港的青年與社會變貌》（2016，合編），香港：香港中文大學香港亞太研究所、《チャイナ・リスクといかに向きあうか──日韓台の企業の挑戰》（2016，合編），日本：東京大學出版會、*Policy Responses to Precarious Work in Asia*（2015，合編），臺北：中研院社會所、《臺灣地方環境的教訓：五都四縣的大代誌》（2015，合著），高雄：巨流。

作者群

張維安　國立交通大學客家文化學院人文社會學系教授。曾任國立清華大學人文社會學院院長、國立中央大學客家學院院長、國立交通大學客家文化學院院長、國際客家研究中心主任、人文與社會科學研究中心主任等職。學術興趣為社會學理論、經濟社會學、資訊社會學與客家研究。

莊英章　中央研究院民族所兼任研究員、國立中山大學社會學系榮譽講座教授。曾任國立清華大學人類學研究所所長、中央研究院民族學研究所所長、中央研究院臺灣史研究所所長、國立交通大學客家文化學院院長。專長領域為文化人類學、歷史人口學、客家研究、漢人社會結構。

徐正光　國立臺灣大學社會學系畢業，美國布朗大學社會學博士。曾任中央研究院民族學研究所研究員兼所長、國立清華大學社會人類學研究所所長、蒙藏委員會委員長、行政院客家委員會籌備處主任、考試院考試委員。

楊國鑫　新竹縣內思高工教師，國立中央大學哲學研究所博士。研究專長於哲學領域為政治哲學、商業倫理學、觀光倫理學。客家學領域為客家問題、客家歌謠與文化。

施正鋒　美國愛荷華州立大學政治學碩士、美國俄亥俄州立大學政治學博士。曾任淡江大學公共行政學系主任、國立東華大學民族發展研究所教授兼原住民族學院院長，現任國立東華大學民族事務與發展學系教授。學術專長為比較外交政策、國際政治經濟、族群政治。

洪馨蘭　國立清華大學社會人類學碩士、人類學博士。現任國立高雄師範大學客家文化研究所副教授兼所長。學術興趣包括鄉民社會發展變遷、社區營造與公民參與、傳統社會結構適應與再現等議題。主持過科技部人文司、客家委員會、中研院人社中心客家研究子題等十餘項計畫。

陳運棟　財團法人陳運棟文教基金會董事長，曾任國小、中學教師、苗栗縣私立大成中學教務主任及校長、中國文化大學兼任講師、國大代表、國立聯合大學駐校苗栗學家；以及擔任苗栗縣國學會、苗栗縣陳姓宗親會、苗栗縣教育會、苗栗縣鄉土文化學會等理事長。

賴旭貞　屏東佳冬人，1999 年國立中正大學歷史研究所碩士班畢業。2000 年師事日本國立東北大學文化人類學者瀨川昌久教授。2008、2010 年為該校東北亞研究中心的客員研究員。2018 年翻譯國立民族學博物館館長吉田憲司、副館長關雄二、河合洋尚副教授等人來臺交流之諸篇文章。

林正慧　1971 年生，屏東內埔人。國立臺灣大學歷史學博士，曾任國史館修纂處協修，現任中央研究院臺灣史研究所助理研究員。研究領域為清代臺灣史、戰後臺灣史、臺灣客家史。著有《六堆客家與清代屏東平原》、《臺灣客家的形塑歷程：清代至戰後的追索》等。

學術研究與客家發展：
《臺灣客家研究論文選輯》主題叢書序

張維安

　　客家族群的發展，打從其浮現初期就和客家族群的論述有密切的關係。特別是從「自在的客家」發展到「自為的客家」過程中，客家族群意識的凝聚與確定，顯示出客家族群相關論述扮演了重要的角色，尤其是立足於客家研究而來的客家族群論述所帶來的影響。有客語語言家族的「客觀」存在（自在的客家），還不能說客家族群已經誕生，也就是說客家族群還未主觀的、有意識的存在（自為的客家）。兩者之間的差異與轉換，主要是族群意識與族群論述。

　　族群意識的誕生，可能來自客語語言家族經過與他族的接觸經驗、人群界線的劃分，以及漫長的族群形塑過程。不過人群分類的「科學」根據和「歷史」解釋，卻需要綿密的客家族群論述為基礎。從客家族群形成的過程來看，客家研究扮演了非常關鍵的角色，甚至可以說「沒有客家研究就沒有客家族群」。

　　歷史上，羅香林的《客家源流考》（1950）、《客家研究導論》（1933）和《客家史料彙編》（1965）為客家選定作為中原漢族的身分，提供了安身立命的論述基礎。更早的時期，徐旭曾的〈豐湖雜記〉（1808）、林達泉的〈客說〉（1866）、賴際熙的《[民國]赤溪縣志》（1867）、溫仲和所纂的《廣東省嘉應州志》（1868），以及黃釗的《石窟一徵》（1870）等，提供了羅香林論述的基礎觀察。當然還有一些外國傳教士之論述也發揮很大的作用，例如

Ernest John Eitel（1873）的 *An Outline History of the Hakkas*。關於西方傳教士的客家論述與華南客家族群的浮現方面，施添福與林正慧等已有精彩的研究。客家研究奠定了客家族群存在的樣貌。

　　客家研究與客家族群的浮現與發展關係，是多層次的。從民間學者到學院教授，從族譜記載到生物基因，從文化圖騰到語言發音，豐富了客家族群文化的內涵，增進了客家族群的意識與認同。其中語言學家對南方漢語中客語分類的認定與命名，使得客語人群的身影逐漸清晰。近年來臺灣客家研究的興起對臺灣、東南亞或中國客家文化的發展與認同都有清楚的影響。

　　基於客家相關的學術研究對客家發展的重要性，客家委員會從設立以來便相當重視客家知識體系的發展，設立客家學術發展委員會指導推動客家學術研究與發展之業務，厚植客家研究的基礎。客家研究如果要成為一門學問，不只是要有研究計畫，必需有課程規劃、教科書、專業期刊、客家研究學會、學術研討會、嚴格審查的專書、有主題的叢書與論文集彙編。《臺灣客家研究論文選輯》主題叢書的出版計畫，具有此一脈絡的意義。

　　《臺灣客家研究論文選輯》主題叢書的出版構想，源於客家委員會的客家學術發展委員會，目標是將分散於各學術期刊的優質論文，依主題性質加以挑選、整理、編輯，重新編印出版，嘉惠對客家議題有興趣的讀者，深化客家議題的討論，增益客家社會建構的能量。論文來源以學術期刊論文為主，作者無限制，中英文皆可，主要是論文議題要與「臺灣客家」相關，跨區域比較也可。以主題或次領域為臺灣客家研究系列叢書編輯的原則，能讓國內外客家研究學者乃至一般讀者，迅速掌握過去學術界對該主題的研究累積，通過認識臺灣「客家研究」的各種面向，理解臺灣客家社會文化的諸多特質，作為國家與客家族群發展知識基礎。叢書，除了彙整臺灣客家研究的各主題（特色），也望能促進學、政雙方，乃至臺灣民間社會共同省思臺灣客家的未來。

　　由於各篇論文原來所刊登的期刊，各有其所要求的格式。為了尊重原期刊的特性，本叢書各輯的論文仍保留原有的格式性質，例如註解的方式各篇並未一致，又因版面重新編輯，原有的頁數已經有所改變，這是需要跟讀者特別說明的。

　　《臺灣客家研究論文選輯》主題叢書之問世，特別要感謝客家委員會李永得主任委員的支持，客家學術發展委員會召集人蕭新煌教授的指導，各分冊主編的教授師長，一次又一次的來交通大學開會，從書本的命名到封面的討論，看見大家的投入和付出，非常感激。交通大學國際客家研究中心博士後研究員劉瑞超博士、交通大學出版社程惠芳小姐和專任助理陳韻婷協助規劃與執行，克服重重困難，誠摯表示感謝。

張維安

于國立交通學客家文化學院人文社會學系

2018-6-7

目錄

《客家研究與客家學》導論：
臺灣客家研究的典範移轉 *

蕭新煌

一、臺灣客家研究的制度化與成熟化

本書的編輯主旨是匯集近年有關客家研究（學）的相關期刊論文及研究報告，並加以必要評析，以提供讀者進一步瞭解客家研究及其知識體系建構在臺灣的成長過程、特性和已有成果。

我觀察臺灣客家研究的興起，有一個基本的前提，那就是沒有 1988 年的客家族群運動，就沒有客家研究的集結和壯大；當然也沒有後續的客家政策、行政、法律的提升，以及傳播、學術機構化的落實。

過去 15 年來，臺灣的客家研究的確呈現制度化和成熟化的發展軌跡。制度化指的是客家研究可以透過若干建制化機構來推動，而不再只是零星個別關心客家文化傳承文史工作研究者的單兵作戰。明顯指標就是「三學院、二‧五研究所和二學會的成立」。三個國立大學陸續成立客家研究學院，亦即國立中央大學客家學院（2003）、國立交通大學客家文化學院（2004）和國立聯合大學客家研究學院（2006）。有了三個學院近 60 個正式教職的開缺，亦即可以

* 本文原刊登於《全球客家研究》期刊，2018，10 期，頁 1-26。為收錄於本專書，略做刪增，謹此說明。

吸收更多正規客家學術工作者的投入。在這三個學院之外,還有兩個研究所(高師大客家文化研究所和屏科大客家文化產業研究所)和一個研究所分組(屏大文化創意研究所下設的客家研究分組),亦即二・五研究所。此外,還有兩個投入客家研究學術團體——臺灣客家語文學會(2002)和臺灣客家研究學會(2004)。這些客家研究的機構一旦存在,就代表客家研究已進入制度化的成熟學術發展階段。

在上述「三學院、二・五研究所和二學會的成立」的背後推手,當屬2001年在行政院設置的客委會。上述這些客家研究機構的設置和後續發展都可以看到客委會的身影和力道。畢竟,不同於其他部會,客委會還被賦予客家知識體系發展之推動,這可說是非常特別的「部會與特定學術領域」的制度性關係。從客委會成立迄今這17年,我相當程度目睹客委會支持了不少經費、研究和推廣計畫給上述學院、研究所和學會,這種現象真可說是全世界獨一無二的特例和個案。

成熟化所指涉當然指臺灣客家研究的成果累積成長和多元發展。兩個具體指標可以做為看板,一是愈來愈多具有代表性的臺灣客家專書的出版,以下是7本比較重要的例子:

1. 《臺灣客家族群史九篇》(臺灣文獻會主導,邀集十幾位客家學者分別以專論出版十本專書,2000年開始陸續出版)
2. 《臺灣客家研究概論》(徐正光主編,南天,2007)
3. 《客家族群與在地社會:臺灣與全球的經驗》(丘昌泰、蕭新煌主編,智勝與中央大學出版中心,2007)
4. 《多元族群與客家:臺灣客家運動20年》(張維安、徐正光、羅烈師主編,臺灣客家研究學會,2008)

5. 《臺灣客家研究專論七主題》（客委會與臺灣文獻會主導，邀集十位客家學者分別以專書論文出版七本專書，2009 年開始陸續出版）

6. 《客家的形成與變遷（上、下冊）》（莊英章、簡美玲主編，交通大學出版社，2010）

7. 《客家書寫：方志、展演與認同》（莊英章、羅烈師主編，臺灣客家研究學會，2010）

二是多元化的客家研究出版出現，其中東南亞客家研究的興起，算是最凸顯的特色。以下是另外 10 本代表出版品：

1. 《東南亞客家的變遷：新加坡與馬來西亞》（蕭新煌主編，中研院亞太區域研究專題中心，2011）

2. 《客居他鄉：東南亞客家族群的生活與文化》（林開忠主編，客委會客家文化發展中心及暨南大學東南亞研究中心，2013）

3. 《東南亞客家及其周邊》（張維安主編，遠流與中央大學出版中心，2013）

4. 《東南亞客家及其族群產業》（張翰璧著，遠流與中央大學出版中心，2013）

5. 《舊娘？新娘？馬來西亞砂拉越客家社群的婚姻儀式及女性》（蔡靜芬著，遠流與中央大學出版中心，2013）

6. 《客家文化、認同與信仰：東南亞與臺、港、澳》（張維安主編，遠流與中央大學出版中心，2015）

7. 《跨界思維：臺灣與全球客家的政策對話》（張維安、陶振超主編，交通大學出版社，2016）

8. 《走向伊斯蘭：印尼客家華人成為穆斯林之經驗與過程》（蔡芬芳著，遠流與中央大學出版中心，2017）

9.《臺灣與東南亞客家認同的比較延續、斷裂、重組與創新》（蕭新煌主編，遠流與中央大學出版中心，2017）

10.《在地、南向與全球客家》（張維安主編，交通大學出版社，2017）

二、臺灣客家研究的典範移轉

臺灣客家研究的形成和成長要算是從 1990 年代開始，說它是 1980 年代中後期客家運動的直接效應之一，絕不為過。也因此，另一說法是將客家研究的出現視為「後客家運動的現象」。一般說來，上述三個客家學院派人士對客家研究的評價較正面和樂觀（有顯學之說）；但在學院外的一般地方客家文史工作者卻持有比較負面和悲觀的態度（有邊緣化之說）。兩種評價更不時在論述的字裡行間暴露出矛盾和不一致之處。

除了上述所提到的制度化和成熟化兩大趨勢之外，還有另一個更具深層意義的發展趨勢，亦即典範移轉。

典範（paradigm）這個概念可說是社會科學近二十年來最具影響力和被廣泛引用的關鍵概念之一。這是 Thomas Kuhn 在他那本著名的書 *The Structure of Scientific Revolution* （1970）中所提出的分析概念，可是書中對「典範」的解釋竟有高達 21 種用法。如果分別依廣義和狹義的定義，不難有不同的理解。廣義的典範指的是「一個科學裡成員共同享有的信念、價值、世界觀的全貌」；狹義的典範，則指那些「在上述全貌之下，被科學家共同『採信』，可以拿來做為『解謎』依據的『範本』或『理論』、『公理』」。

Margaret Masterman （1970）進一步將典範在科學的實質內涵和作用，從三個由高到低的層次去剖析。最高的層次是形而上典範的意義，泛指某一科學領域裡的工作者所信仰的宇宙觀，亦即「看問題」的大方向和世界觀；中間的層次是社會學典範的意義，指的是科學社群中所形成的特有制度、規範、價值、

習慣和約定俗成的決定方式等；最低的層次是建構的典範意義，指的是一群科學家共同持有和使用的研究方法和工具等。

George Ritzer（1975）綜合 Kuhn 原著和 Masterman 的闡釋，也為典範做了相當清晰的定義，他說「一個典範就是在某一科學裡對研究主題的基本意象，它界定什麼應該研究，什麼問題應該問，應該如何問，甚至如何去解釋問出來的答案。典範可以說是那個科學領域中最廣泛和基本的共識，根據典範還可以劃分不同的科學團體或不同的學派。典範指涉一個學派裡共同相信的範本、理論、方法和工具。」

釐清了什麼是典範之後，可以讓我們透視所謂科學的「真理」其實是當時為當道科學家信服的主流典範所建構出來的「真實」，這其中包含著豐富的社會學現象，如社群、權威、權力、宇宙觀、規範、價值、壓力、控制、抗拒等。Kuhn 的典範概念可說是將科學（現象）社會學化。所以科學的「進步」，就像社會現象的「變遷」一樣，不必然是漸進、平和，也不必然愈來愈接近「真理」，而可能是存在著一種「科學內的革命」，是一種「組織化的大變動」，也就是一種「新典範推動舊典範」的結局。這種推翻、顛覆的過程，就像社會現象一樣可能有混亂，甚至有「危險」，直到新典範革命成功，取代了舊典範，成為典範移轉後的另一具正統地位的科學典範，才算平息終止。（蕭新煌，2006：10-12）

綜合上述所書寫有關典範的討論，最關鍵的內涵就是新舊典範之間的典範移轉（paradigm shift）。從典範移轉的概念和分析視野來觀察，最近十多年來臺灣客家研究所經歷四個已浮現的典範移轉，可簡述如下：

一是從「客家在臺灣」的源流典範移轉到「臺灣的客家」的在地化典範。新典範就是「在地化的典範」。

二是從狹隘的地方主義研究視角移轉到族群互動的視角。新典範就是「具社會科學本質的族群研究的典範」。

三是從「客家在臺灣」的墾殖史典範焦點移轉到「臺灣客家」的「族群政治及本土客家政策」的典範視野。新典範就是「族群政治的典範」。

四是從臺灣客家只與原鄉的比較移轉到臺灣客家與全球各個他鄉的比較典範。新典範就是「全球比較的典範」。

總體來說，臺灣整體社會的本土化和宏觀政治的民主化形構出相當有利於臺灣人文社會科學學術典範移轉的大環境，上述客家研究的四大典範移轉的順利進行也不例外。依我觀察，在客家學界並無出現明顯的反動、阻力和抗拒。

三、典範移轉下的客家研究或客家學？

本書收錄九篇論文，前三篇（二、三、四）是由三位推論臺灣客家研究卓有貢獻的學者所寫的綜合見解和看法。五、六、七三篇論文是以較長篇幅有系統論述客家研究的定位，如何建立知識體系，以及如何從「區域視野」從事客家研究。我個人對這六篇論文的綜合歸類會把他們視為是以臺灣本土為核心的新典範論述。我也特別選錄第八篇論文作為客家研究舊典範的例子，以做為與前述六篇傾向新典範研究宇宙觀的對照。最後兩篇（九、十）可以說是我選來作為對建構紮實的客家研究新典範必要的學術知識體系之根底和基礎。

第一篇是張維安的短文「客家意象、客家研究的客家學」，是為《思與言》雜誌在 2005 年出版的「客家研究專輯」四篇文章所寫的導論。他除了簡介四篇論文的主旨和大要外，對本書而言，他對客家研究和客家學的建構有一個有趣的討論，這也是收錄他這篇文章的最大理由。該文一開始就問了對客家研究本質一個關鍵的區別問題：「它是一門具有個別特質的學科」，還是「僅僅只是跨學科的、綜合的，以客家族群為對象、以客家族群為題材的研究」？這是

大哉問，也是我期待讀者在閱讀本書各篇文章會時時想到，也能藉此有一定程度釐清的所在。

　　質言之，這就是「獨立學科（客家學）vs. 特定研究領域（客家研究）」之辨識。張維安在文中雖然也引述了若干相關學者的見解，但讀起來，似乎仍是對客家學的定位，不甚有信心，而多以「客家研究」來界定此一以客家族群做為聚焦的學術領域。我也是比較持此立場。

　　我另有一個比較有趣的觀察，在 2000 年代，當客家研究在臺灣被視為一個應該被打造的知識體系和學術工程時，當時論者都偏好以「客家學」來稱它。這凸顯在當年的客家界是比較樂觀，也較有野心。但慢慢地，到最近，使用「客家學」此一名稱就比較收斂，反而多轉而以「客家研究」來命名和標籤此一學術領域。在我看來，這也是客家學術界走向比較務實、踏實和嚴謹化的轉向。它與新舊典範的移轉，其實也還有一些間接的關聯。

　　用張維安的提問來檢視莊英章和徐正光另外兩篇文章的看法，也更容易出現一些有意義的發現。莊英章在第二篇選文中更指出，「某某學」此一名詞的倡導是從中國學界開始興起，而且大多與「地方」、「區域」研究有關，如「泉州學」、「潮州學」和「客家學」。我觀察，這恐怕也是一種「地方 vs. 國家」、「邊陲 vs. 中心」對立和區隔用心的表現，甚至還有一些反抗意識的表達。臺灣早期也流行客家學，可能多少也受到中國（南方）地方文史研究界的反動所影響。比較特別的是如果「某某學」都與地方的空間區域為核心，那麼當初的「客家學」恐怕也因此被地方空間化，而被拘限不過只成為一個中國華南的「原鄉」區域現象，而非特殊族群的社會文化現象。這種以空間為基礎的客家學，畢竟只是中國原鄉的遺緒，這就是以原鄉為論述核心的舊典範。一旦轉向以臺灣內部族群為焦點的「客家研究」，那不也就擺脫了中國原鄉和源流的宇宙觀及其心態？所以，這就是典範移轉的展現。

　　莊英章的文章中還隱約地流露出他在客家研究新舊典範兩者之間的擺動。他未忘情舊典範是因為他似乎還相當認定客家研究就是移民社會的研究，從原鄉到異鄉的移民史，念茲在茲的仍把客家社會視為漢族邊陲的地帶。但他也走向新典範，是因為他已注意到客家移民史中的族群互動和族群認同的本土化，以及應透過比較研究來取得對全球客家全貌性的理解。他在這篇文章還提出對女性角色、親族、祭祀、宗教信仰、儀式這些制度性文化層面去理解、分析客家與福佬的異與同，並從臺灣的族群間的比較去更深入了解客家族群文化。這種想法的確已跨進新典範的範疇。

　　第三篇是徐正光的短文，聚焦在對客家的族群關係的探討。他提出的幾個研究角度，如從不同族群的廟宇信仰和客家人的義民信仰來看客家的多樣族群關係；也提醒應建立客家的主體觀點去體認其族群關係，而不要只將自己吸納到更大民族主義或民主運動的洪流當中。他也探討了臺灣三大族群（客、福、原）之間的相互衝擊關係，不該只限於從福佬族群的狹隘眼光來看待。從以上諸點論述，證實徐正光主張的客家研究是以臺灣的族群政治動態做為基礎，但又不被過度埋沒在臺灣國族主義而失去客家主體的客家研究。無疑的，他應是新典範的倡議者和支持者。這前三篇選文反映了資深和中生代的臺灣客家研究者對打造客家研究已建立某種基本共識，亦即從舊典範擺脫出來而邁向新典範的臺灣客家研究。

四、典範移轉下如何建構新客家研究？

　　從第五篇論文開始，本書即進入如何建構新典範客家研究的實質討論。楊國鑫的論文明言從方法論的角度探討「客家學」的定位，但他的貢獻倒不在於他真正找到了什麼「客家學科」的獨立而清晰的方法論，而是一則批評，一則體認現有的客家研究其實都是「借用」既有人文及社會科學的方法論和理論之

事實。言下之意，這是遺憾之處，也是未來客家學界要努力的方向之一。

　　讀完這篇論文其實也引發另一個發問：如果我們追求和企圖建構的是客家研究「新學術領域」，而非獨立於其他人文社會科學的「新學門」，那所謂「獨立而清晰的方法論」會是什麼？更根本的問題可能又是：必要有客家研究的方法論嗎？或是要追求的反而是客家研究獨特而清楚的理論視野呢？

　　如果努力的方向是理論建構，而非方法論確立，這則牽涉到本文在一開始所正確指出的一個客家研究出現的政治社會背景。客家研究之所以冒起，是關心學界人士為了反擊各方面對客家的不公義，如政府的語言政策。此一看法沒錯，一如我在前述所指出的，更精準的說法應該是客家有識之士的「抗爭運動」造就了客家研究的契機，而非反過來的因果關係。

　　如果客家研究的出現有這種很特別的社會政治運動背景，那麼它對客家研究的獨特理論視野有什麼形塑的影響？很有意思的是，楊國鑫也提到了客家研究可以看成是「後客家運動」，也指出它是「一種走向學術與運動的整合」，必須「走向客家與非客家的合作」，更要體認「民間研究者與學術界的相輔相成」。上述這些看法和期許，或許可以做為提供如何形成和打造客家研究獨特理論視野（如學術與運動的整合）和清晰方法論（如文史工作者和學院界的合作）的線索。

　　第六篇是施正鋒的論文，以族群研究的特性和觀點來看客家知識體系和原住民知識體系的本質。他指出，任何族群研究都應包括三大成分：族群自我認同的建構、與其他族群的互動和關心族群與國家的定位。換言之，如果要談客家知識體系的建立，當然就是要從這三方面著手：族群認同、族群關係和族群政治。施正鋒也清楚看到「新典範」的客家（族群）研究是 1988 客家運動的結果，之前客家人不但被視為隱形人，對客家的關心也止於（中國）漢人在臺灣移墾，亦即只看到他們的中國源流和在臺移墾經驗，客家在臺灣不過是一個

「客體」，而無「自主的主體性」。他雖沒有用新舊典範來區隔上述的大轉變，但意思應是如此。

但客家運動之後，新的客家研究論述才出現，一方面透過歷史的詮釋重建客家族群的集體記憶，一方面專注客家文化象徵的建立，也才真正浮現出前述符合族群研究的三大元素：認同、關係和政治。他並列舉下述三本書：《臺灣客家研究概論》（徐正光主編，2007）、《客家族群與在地社會：臺灣與全球的經驗》（丘昌泰、蕭新煌主編，2007）和《多元族群與客家：臺灣客家運動20年》（張維安、徐正光、羅烈師主編，2008）做為新階段客家研究成果代表。

最後，這篇論文推論客家研究及其知識體系的建立還影響原住民知識分子對建構屬於自己知識體系的用心和著力。我覺得有趣而弔詭的是，客家族群運動其實受益於原住民運動的啟發，但它的「後客家運動」的客家研究卻刺激出有「自主和主體性」之原住民知識體系的形塑。

本書所收錄的第七篇論文由新生代客家學者洪馨蘭撰寫，她在這篇文章所做的具體成績是整理和回顧了以「區域空間觀點」看「客家」和「客家研究」的文獻。這包括我前述所批評的那種以中國華南為重心的「空間地方及區域客家學」舊典範文獻，以及後來的臺灣各區域客家移墾、定居、本土化三部曲的新典範代表作。

洪馨蘭對舊典範的客家區域研究只有介紹，並無評論，也未清晰指出在中國出現的其實只是「孤立地方化的客家學」。臺灣早期的客家研究恐怕也是持此偏頗的見解，亦即不脫「源流、移墾、特殊文化慣習」這三個舊元素。從前一篇施正鋒所期許的「認同、關係、政治」新三成分，真的形成了明顯的對照。

她對後來出現的客家區域研究，倒是嘗試用不同的角度來評述。這包括「臺灣漢人社會的地方化」、「比較族群研究」、「移民史適應變遷」等，但分析立場還是不怎麼明確和清楚，也沒有從典範視野來加以闡釋。這背後也暴

露出她似乎不願也未能明顯地區分客家研究有臺灣和中國的明顯差別。她在文中不時會對中國和臺灣的客家研究做一些比較，但不夠深入。以臺灣為例，如果她能進一步深入探討「濁大計畫」和「四溪計畫」對客家研究的啟發和貢獻，我相信她會對早期中國以華南區域空間「定位」客家的「邊陲性」之舊典範和臺灣後期以臺灣整體區域空間「比較」客家「本土化」的新典範，有更清晰和截然不同的論斷。

所以，同樣的「區域觀點」在本土此一時和原鄉彼一時，早已完全展現很不同的學術典範和研究宇宙觀。

五、從新典範對照舊典範的一些特點

相對於前面幾篇已從新典範出發探討臺灣客家研究的發展與出路，第八篇由陳運棟撰寫的論文倒是相當執著於言必稱羅香林的兩本源流著作，崇原鄉和重墾殖史的舊典範。不僅如此，若要進入客家的族群考爭議，他似乎也是一位堅持客家是源於中國中原的漢人南下移民的論述者。很自然地，他主張要從客家淵源談起，含括客家研究的開端、近代（明清）客家研究、日治時期的客家研究、臺灣甚至中國大陸的客家研究都要一併談才完整。

因此，陳運棟經常會將客家源流和移民史與客家研究發展史混為一談。他在文中指出，客家研究的開端源自閩粵地區的土客械鬥，此時開始有一些關於客家源流和語言習俗的著述。近代時逢客家人向海外謀生、太平天國以客家方言為「國語」且土客械鬥愈趨嚴重，加上彼時的文獻對客家多所貶抑，「客家源流研究」因而興盛，相關社團也紛紛成立。陳運棟因此認為此一時期最具代表性的客家流研究當屬羅香林的《客家研究導論》和《客家源流考》。

日治時期殖民政府出版了幾部臺灣客家話字典與專書。但是，臺灣的客家

研究是光復後來臺的「新客」（指外省客）倡導而興起，他們刊行了介紹客家典故、人物風情、傳統習俗與歷史為主的客家同鄉會雜誌。

臺灣的客家書籍方面，有關客家風俗、源流與族群特質的，可以解嚴前後為分水嶺，解嚴前以羅香林的觀點為主，如《客族源流新志》（郭壽華，1963）、《客家人尋根》（雨青，1985）等。在文中，他提到了日本學者中川學認為羅香林為了強調血緣關係，而創導的客家研究具有「人種主義的排他性」。陳運棟一方面同意這種批評，另一方面又認為不應全盤否定羅氏為客家族群形成研究所奠定的基礎。但他倒沒清楚說明羅的論著是有力的政治宣示還是嚴謹的學術著作？

至於 1990 年之後，首任「臺灣客家公共事務協會」會長鍾肇政提出「新个客家人」概念，才帶動年輕輩的學者反省傳統客家研究過於追究祖籍、源流考的研究路徑，建構新的客家論述，也呼籲臺灣客家人應積極投入當代社會。此時，臺灣客家研究論述也開始以臺灣為出發點，如《新个客家人》（臺灣客家公共事務協會編，1991）、《臺灣客家》（楊國鑫，1993）、《臺灣新客家人》（鄧榮坤、李勝良合編，1997）等。陳運棟所列出的上述著作的確也是新客家典範論述下的一些代表作品。

顯然他也已意識到新舊客家典範的矛盾和分野。不過他在寫這篇文章的時候（1998），批評了「新个客家人」概念，認為它沒有具體形象或內容，反而有幾個特殊論點。一是泛客家現象，把客家族群形成的時空概念任意追溯或擴大，隨意將古今名人列為客家人。二是盲目追求學術突破，輕易否定前人（主要是羅香林）的學術成果。三是貶低、否定族譜的作用，只重在臺灣的田野調查，特別強調某些他們認定是客家意識的文化特徵，如「硬頸精神」。他認為這對臺灣客家族群特質的重視，雖然有助於臺灣族群內部的團結，但他卻認為會與大多數的族群理論相違，也恐怕會加深他人對客家的刻板印象與成見。不

過，他並未申論這種看重客家特殊文化元素的論述，到底為何會與什麼族群理論相違背。

　　陳運棟的論文標題是「五十年來的臺灣客家研究」，但卻花一些篇幅去介紹中國的客家研究，其目的不清楚，也未嚴謹地去做對照比較，當然也無從凸顯臺灣客家研究的特有成果和特色。他只有在文末粗淺提到「由於時代的侷限和一些其他因素的影響，海峽兩岸的客家研究程度均未達到系統性和理論性的階段」。這雖也是事實，他接下來卻論斷和恭維中國客家學界提出創建「客家學」的主張，臺灣客家學界應該有對應的措施，言下之意是中國的客家研究已超前臺灣，這其實並不正確。至於推崇中國具偏狹地方色彩的「客家學」，更是陷入中國那邊對客家族群仍只是持有狹隘地方主義之意識型態和錯誤框架而不自覺。這又再次凸顯出陳本人對新典範的陌生和對舊典範的執著。

六、如何紮實打造客家研究新典範的歷史根基？

　　第九篇和第十篇收錄的論文分別由賴旭貞和林正慧撰寫，在我看來他們這兩篇文章分別以比較具體的研究主題來打造臺灣客家研究的根基和提出有意思的新典範方向。

　　第九篇論文標明從臺灣福佬客議題看中國、臺灣、日本三國的客家研究，文中卻僅在臺灣客家研究的篇幅中說明福佬客研究。但對於福佬客與中國、日本的客家研究關係，僅約略說明福佬客此一身分轉化現象，並未細述。雖然在中國可能也有所謂客家福佬化的現象，但「福佬客」一詞卻是臺灣客家研究獨創，且本文並非是論述中國與日本有相關福佬客的研究，也不是圍繞福佬客課題發展的研究。只是因為「福佬客」現象所彰顯的族群間文化流動與融合現象，以及牽引出客家研究的兩大核心課題：客家認同意識的流動歸宿及客家因子的尋覓，是具有普遍性的文化現象，本文才出現此一副標題。換言之，這篇論文

企圖想達成的是客家研究應如何嚴肅看待客家與其他族群之間的互動,以及因此所形塑出來的界線流動和辯證關係。

似乎不可免俗,這篇文章也從羅香林(1933)撰的《客家研究導論》開頭。羅氏辯證客家的正統性,使一開始的客家研究就帶有濃厚堅持漢民族本質的色彩。毫無疑問,羅氏的論述充滿關於客家情節的自我辯護。

本文也再次提到,日本學界對羅氏學說提出反思的歷史學者中川學,從歷史學角度揭明「客家意識」的本質與客家研究的性質,認為過去的客家研究過於強調客家是漢人精髓的視角過於狹隘。文化人類學者瀨川昌久也認為各地域客家的形成或出現因客家遷移史而有所差異,他透過對地域社會中描繪的客家實像,勾勒出多元客家面貌及客畲民族之間的流動曲線,修正了客家的「純漢特殊論」。賴旭貞另外也提到兩位做臺灣客家研究的日籍學者──末成道男和渡邊欣雄,他們從祭祀活動考察客家人的生活型態與社會構成,不僅對臺灣客家研究有進一步的影響外,對照兩者研究也能觀察到臺灣南北客家的多元樣貌與差異性。

至於中國的客家研究則與其社會和政治國情密切相關。太平天國的客家背景、土客械鬥,在在引發有關客家種族屬性的爭議,當時許多文獻也均貶低客家的身分,使客家人士相繼組織客家源流調查社團、發表相關論述辯證,羅香林的客家源流論述就在這波洪流中誕生,這也為中國客家研究的開端。從此,中國的客家研究一直將客家源流作為其研究核心與重點,直到 20 世紀末,才有對羅氏的客家源流假說的批判與修正風潮,也才開始描繪出客家界線的流動可變性。陳支平的《客家源流新論》(1998)也是中國現階段客家研究的指標之一。除了客家源流研究之外,客畲相互影響的關係與所描繪出的界線變化,也是重要的研究面向之一,如謝重光的《畲族與客家福佬關係史略》(2002)。

如本文一再提到的,臺灣的客家研究早期也承襲了羅香林的觀點,也慣以

祖籍地的信仰來區分族群，例如論說三山國王是客家的祖籍神。然而，並非所有客家地區都奉祀三山國王。本文從彰化、宜蘭和恆春半島的福佬客研究，思索歷經族群接觸後，客家或客家意識何去何從。首先，文中提到許嘉明的研究，他透過臺灣移墾的歷史成因和分類械鬥，剖析彰化福佬客藉由三山國王祭祀圈組成不同型態的地域組織。此一研究讓學界正視了福佬客的存在，使福佬客家研究乃成為臺灣客家研究的議題之一。但是，研究宜蘭客家同時也是研究三山國王信仰的邱彥貴卻認為三山國王信仰並非客家專屬。他透過宜蘭福佬客的各姓氏系譜，來論述宜蘭客家史與現況。恆春地區的客家屬六堆客家的遷移外擴區域，但有語言研究學者從語言的角度，指出恆春半島的客家形象已逐漸褪去，並隱沒在福佬文化之中，而地理和語言環境更是促使其快速「福佬化」的原因之一。

20 世紀後期，新的臺灣客家研究視野已重新檢證羅氏的論述，證明客家的文化表徵其實無異於其他漢族各族群，與各個不同的族群也關係匪淺，客家界線乃隨之鬆動。至此，不論是日本、中國、臺灣的「新」客家研究路徑，都呈現出客家界線的柔軟與可動性。臺灣客家研究學界雖以「福佬客」驗證三山國王並非客家專屬，但是在臺灣民間的客家卻仍然以此來辨認客家身分。賴旭貞認為，建立客家新文化表徵似是與閩南區別、尋求定位，福佬客的存在卻彰顯了閩客雙方高度的流動與融合的事實。臺灣客家雖致力找尋自己是「客家人」的認同，但這會不會模糊了自己身為「臺灣人」的意識認同，其客家界線的游移與想像看來也是耐人尋味。

第十篇的作者林正慧利用文獻記述，整理西方人對 Hakka 的知識觀，以及藉此剖析他們對臺灣 Hakka 的認識，最後與清代文獻中的客粵含義作比較。

林正慧從「Hakka」的由來及傳教士對客家源流的看法，觀察西方人建立 Hakka 知識觀的過程。Hakka 出現的源頭，最早可溯至華南客方言群有所認識

的德籍傳教士郭士立所記錄的「Kih」、「Ka」、「Kea-jin」（客人）。後來美國浸禮會羅孝全牧師記述的「hakah」已接近現在所用的「Hakka」，他們都是以方言區分人群。她認為，「Hakka」和「客家」在 1850 年代前後已在西方人的認知中定了型，兩者的涵義也在此時趨於一致，且是客方言群可接受的自稱，更是其自我認同的族群標誌，如傳教士韓山文的《太平天國起義記》（1854）、洪仁玕《資政新篇》（1859）。

另一方面，土客械鬥和當時文獻的論述引發中外人士研究客家源流的潮流，如傳教士 Eitel 和 Piton。從文獻年代來看，西方傳教士比客家知識分子更早研究客家源流，如 Eitel 在 1873 年利用客家族譜及口頭傳說，建構客家源流圖像，主張客家南遷「五波說」。客家知識分子則要到光緒初年才有相關論說。1905 年後，有英國傳教士 George Campbell 提出客家南遷「三波論」，並認為客家比其他中國人優秀。顯然，此一論述更成為日後羅香林等客家知識分子證明客家南遷史與具有優良漢文化的依據。

西方人在 19 世紀對臺灣 Hakka 的認識，主要來自在中國建立的 Hakka 認知觀及在地的觀察。19 世紀中葉，因為天津條約和北京條約的簽訂，天主教、基督教在臺灣紮根發展，教會陸續派出傳教士來臺宣教。他們多經由中國的華南來臺，因此也影響了他們對臺灣人群的認知與論述。19 世紀中葉後，有關臺灣的西文文獻，客方言群皆被稱為 Hakka 或 Hakkas，不同於 19 世紀以前隨中國官方以「閩粵移民」稱呼之習慣。Hakka 只有來臺的西方人使用，臺灣閩南人則以「ke-lang」（客人）稱之。另外，也可能是受中國華南土客械鬥，廣府人將客方言群貶抑為非漢種的影響，許多西文文獻的「Hakka」往往也會與「Chinese」（漢人，指閩南移民）做區別。

有關西方人對臺灣 Hakka 的在地觀察，林正慧將它歸納為分布、產業、族群關係、風俗教育，以及對西方宗教的態度等面向。

　　關於 Hakka 分布的紀錄，如甘為霖的中壢、貓裡、Steere 的岸裡大湳、竹塹市、Pickering 的南庄、下淡水阿緱、Gendre 的恆春半島，Ede 則提到東部巴塱衛有很多客家人的房子。

　　19 世紀時，臺灣主要的產業有樟腦和石油。有文獻指出，茶葉、木炭和樟腦業的發展都與客家人有關，甚至還要歸功於客家，如 Dodd、Gendre、法文的《福爾摩沙考察報告》均作如是觀。石油則因其產地恰好是客家人分布的地區，而與客家人又有了關係。

　　在族群關係面向，19 世紀中葉後來臺的西方人能依方言分辨臺灣的漢人族群，如 1889 年的百科全書就將福爾摩沙居民分三類，其中之一是包含閩南和客家的中國漢人。對於閩客、客家人與平埔族、客家人與高山族之間的關係，西方人也有所記載，如 Elisée 曾提到閩客間的爭端，馬偕也曾記述竹苗地區客家話已有流失的情形。White Francis 提到客家與平埔族的關係不良。Gendre 和 Pickering 則記述了客家與高山族間的通婚關係。

　　在風俗教育方面，讓西方人印象最深刻的是客家女性不纏足的習慣，如 Dodd、Pickering、馬偕、Steere 都對此有記述；攝影家湯姆生則注意到臺灣客家樂觀並善於適應環境的天性。

　　臺灣客家與西方宗教信仰的關係在南北地區有不同的呈現。就新教而言，北部的接受度較高，南部則是困難重重，如 1885 年的二崙事件。就天主教而言，在傳入六堆前，當地客家人與福佬化的平埔族呈對立關係，也因此與敵對陣營的天主教衝突不斷。林正慧認為，此時西方宗教未能獲得客家人青睞，除了與個別地域的政經地位及族群實力有關，傳教士沒有積極學習客語向客家地區傳教是另一個重要的原因。她指出，因為 19 世紀來臺的西方人較重視平埔族和高山族，當時留下的臺灣 Hakka 印象未必全面和客觀，但若與清代文獻或私人文書對照，還是有其重大意義。

　　清代臺灣史志中的「客」，指涉兩個不同層次的人群內涵：一、指別於土著，閩粵皆「客」；二、依省籍區別閩主粵客。但是，文獻中專指粵東移民的「客」未必是指客方言群。林正慧最後認為，清臺灣史志中的「客」，其意涵有依時遞變的情況。一開始，多述及其移墾方式、佃耕身分或負面形象。而後則少了這些形象的描述。就清代官方文獻來看，除了覺羅滿保指出在臺粵民存在不同方言群外，其餘都皆以省籍為分類方式，確實與以方言為界線的 Hakka 分類概念不同。

　　上述的這些討論與對照，的確有助我們對「客家」語源及改變的歷史脈絡有相當多而有意義的了解。更有價值的是，以上這些饒富經驗觀察的文獻，相當具有現代社會科學研究旨趣，更可以做為以臺灣經驗為核心的新典範客家研究之有意義的根基和基線資料。

參考文獻

丘昌泰、蕭新煌主編，2007，《客家族群與在地社會：臺灣與全球的經驗》，臺北：智勝文化／桃園：中央大學出版中心。

林開忠主編，2013，《客居他鄉：東南亞客家族群的生活與文化》，臺北：客委會客家文化發展中心／南投：暨南大學東南亞研究中心。

客家委員會、臺灣文獻會，2009，《臺灣客家研究專論七主題》。

徐正光主編，2007，《臺灣客家研究概論》，臺北：南天。

張維安、徐正光、羅烈師主編，2008，《多元族群與客家：臺灣客家運動20年》，臺灣客家研究學會。

張維安主編，2013，《東南亞客家及其周邊》，桃園：中央大學出版中心／臺北：遠流。

_____，2015，《客家文化、認同與信仰：東南亞與臺、港、澳》，桃園：
中央大學出版中心／臺北：遠流。

_____，2017，《在地、南向與全球客家》，新竹：交通大學出版社。

張維安、陶振超主編，2016，《跨界思維：臺灣與全球客家的政策對話》，新
竹：交通大學出版社。

張翰璧，2013，《東南亞客家及其族群產業》，桃園：中央大學出版中心／臺
北：遠流。

莊英章、簡美玲主編，2010，《客家的形成與變遷（上、下冊）》，新竹：交
通大學出版社。

莊英章、羅烈師主編，2010，《客家書寫：方志、展演與認同》，臺灣客家研
究學會。

臺灣文獻會，2000，《臺灣客家族群史九篇》。

蔡芬芳，2017，《走向伊斯蘭：印尼客家華人成為穆斯林之經驗與過程》，桃
園：中央大學出版中心／臺北：遠流。

蔡靜芬，2013，《舊娘？新娘？馬來西亞砂拉越客家社群的婚姻儀式及女性》，
桃園：中央大學出版中心／臺北：遠流。

蕭新煌，2006，〈臺灣典範轉移的過程、成果和挑戰〉，頁 10-27，收錄於《臺
灣新典範》，蕭新煌等著，臺北：財團法人群策會李登輝學校。

蕭新煌主編，2011，《東南亞客家的變遷：新加坡與馬來西亞》，臺北：中研
院亞太區域研究專題中心。

_____，2017，《臺灣與東南亞客家認同的比較延續、斷裂、重組與創新》，
桃園：中央大學出版中心／臺北：遠流。

Thomas Kuhn, 1970, *The Structure of Scientific Revolution*. Chicago: The University
of Chicago Press.

Margaret Masterman, 1970, "The Nature of a Paradigm" pp.59-90 in *Criticism and
Growth of Knowledge*, edited by Lakatos and Masgrave. Cambridge: Cambridge
University Press.

George Ritzer, 1975, *Sociology: A Multiple Paradigm Science*. Boston: Allyn and
Bacon.

客家意象、客家研究與客家學 [*]

張維安

一、前言

在學術界，涉及客家族群相關的研究，已經有很長的歷史。但是對於「客家學」的討論，還是非常的年輕。客家學究竟是什麼？甚至有沒有客家學？用「客家研究」（Hakka Studies）或「客家學」（Hakkaology）比較妥當？目前似乎還沒有取得共識。針對「客家學」的討論，學者常與「客家研究」對稱起來討論，過去幾年來客家研究逐漸受到各界的重視，因此客家研究的性質、目的與方法也引起注意，特別是在客家研究被學院化之後，[1] 日漸受到挑戰與討論。客家研究究竟是一門具有個別特質的學科，還是僅僅只是跨學科的、綜合性的，以客家族群為對象，以客家族群為題材的研究？如果是一門新興的學門，像當初人類學、社會學那樣宣稱為一門新的學科，那麼它成為一門學科的基礎在哪裡？如果是作為像紅學、漢學或苗栗學那樣的學術，那它的特質又在哪裡？客家學作為一門新的學門，是否有它自己的認知興趣、獨到的處理方

---

* 本文原刊登於《思與言》，2005，43 卷 2 期，頁 1-10。因收錄於本專書，略做增刪，謹此說明。作者張維安現任國立交通大學客家文化學院人文社會學系教授。

1 2003 年中央大學成立全球第一個客家學院，2004 年交通大學成立客家文化學院，同年高雄師範學院設立客家文化研究所、國立聯合大學開始籌備客家學院。

法與這個學門所堅持的理想？[2] 客家研究要研究什麼？怎樣才可以稱為客家研
究？

　　本專輯的幾篇論文，包含了客家學的討論，某種程度回應了客家學與客家
研究這一個議題的討論，另外三篇是關於客家意象與客家研究的分析，分別是
關於客家男性的意象，以及族群通婚過程中，對閩客間的族群意象與看法，還
有敬字亭與客家意象的論述等，可以作為切入客家研究的重要觀點。

二、建構客家學的辯論

　　關於客家學的建構，在中央大學客家學院舉辦的「客家學及整合計畫規劃
工作坊」中，[3] 林修澈教授針對客家學的歷史，提出一個比較長期的、整合性
的觀察：「前人對於客家學建構的思考，可以從 1933 年羅香林開始，但是比
較完整的論述卻要等到 1990 年的吳澤，整整等了 57 年。莊英章長年研究客家，
但是他對客家學的建構思維，卻到 2002 年才提出」。「2004 年出現兩張圖解
的客家學建構圖，施正鋒提出前一張，側重學科整合的方法論，林修澈提出後
一張，側重學科建立的核心概念」。[4]

　　莊英章教授則在〈試論客家學的建構〉一文中，[5] 從族群互動、族群認同
與文化實作的角度，指出同時性、貫時性及實踐論的典範在客家學建構中的重

---

2 張維安，2004，〈分散與聯繫：客家研究的議題〉，「第七屆臺灣歷史與文化研討會」
　論文，東海大學通識教育中心，2004/2/6-7。
3「客家學及整合計畫規劃工作坊」在中央大學客家學院舉行，有莊英章、林修澈、楊
　國興與張維安等發表論文，2005/2/25。
4 林修澈，2005，〈客家學的建構與發展〉，「客家學及整合計畫規劃工作坊」論文。
5 莊英章，2004，〈試論客家學的建構〉，《田野與書齋之間》，頁 348-358。臺北：
　允晨文化公司。

要性。具體地陳述他心目中關於客家學建構的意義與可能性，並以許多實作的基礎提出這個見解。

客家學這個名詞，被創造出來雖然已經有一段時間，但是，作為像社會學或人類學這樣的「客家學」，我認為還沒有自己的基礎，目前仍屬於在吸收各學科養分的階段，來自於各學科的觀點對「客家學」的建構都很重要。我贊成客家學具跨學科的氣質，需要吸收其他學科的觀點、方法與技藝。但是，更重要的是，其基本旨趣必須是一個具有經驗性、詮釋性與規範性的學科。客家學作為一門獨特的學門，兼具實證的、詮釋的，以及反思與批判的認知旨趣，是一門跨學科的綜合性學科，熟稔其他既有學科的理論與方法，將有助於客家學的發展與論述。各種社會科學的理論中，有些對於客家議題的關心與思考具有較強的選擇親近性，並逐漸吸收或轉化為客家學核心知識的訓練基礎，這些知識可能來自人類學、社會學、歷史學、政治經濟學、語言學、各種田野考察、深度訪談、口述歷史、敘事分析、文化論述、社會記憶、系統與生活世界、解構與建構的思考，以及族群想像、族群邊界等等的理論思維。[6] 這些辯論與相應的發展，相信將持續一段時間，直到有一兩個客家研究的典範誕生，[7] 客家學才算誕生。

三、打開客家研究的括弧

楊國鑫先生的〈現階段客家學的定位：從方法論的角度探討〉可以說是分析客家學的佳作。在哲學研究所讀博士班的楊國鑫先生，是年輕一輩的客家研

---

6 張維安，2005，〈客家研究與客家學的構成要素〉，「客家學及整合計畫規劃工作坊」論文。

7 T. Kuhn 刊在 *The Structure of Scientific Revolutions* 一書中所定義的典範。

究者，但是他從事客家研究的歷史相當早，他有田野經驗、現場體驗，以及社會運動的體察與解析，[8] 可以說在實際的參與和文字的寫作上都有相當的經驗學者，在這個基礎上他開頭就這樣問：「有客家學嗎」？

「有客家學嗎？」楊國鑫的答案是：可以是有，也可以是沒有。在他的論文中詳細的說明：「有與沒有之答案的區分（distinction），在於有無清楚明確獨立之方法論與理論。現階段而言，客家學沒有清楚明確獨立之方法論與理論的客家學。不過，未來要朝向有清楚明確獨立之方法論與理論的客家學發展」。「『客家學』之推動可看成是後客家運動，是一種走向學術與運動的整合，走向客家與非客家的合作，以及民間研究者與學術界的相輔相成。進而共創全球人類的發展，因為人類有共同的未來，也有共同的困難。如何在『同』與『異』之間，謀求合作規範『客家學』是具有積極意義的研究與學問」。

〈現階段客家學的定位〉一文，除了討論客家學興起的背景之外，還從當時的社會環境、政治生態、經濟發展來解析「客家學」出現的理由。例如，回應社會中對於客家的不公義，以及一些特殊的目的。從「現階段客家學的定位」中，可以閱讀到這一門學問本身所具有的社會性，也說明客家學並不是憑空誕生，不是憑藉學者抽象推論而誕生的知識。臺灣的客家研究是針對臺灣客家社會運動的回應而來，雖然他認為「現階段客家運動的結果，坦白說臺灣學術界還來不及回應」。但是，臺灣的客家研究，也是客家運動思想的支撐，做為客家運動的必要條件之一，沒有客家研究，客家運動是做不起來的。客家話的研究就是客家研究與客家運動最有交集的地方。[9]

---

8 參見張維安，2005，〈把民間學者拉進來：臺灣民間客家研究者的研究取徑〉，《2005全國客家學術研討會》論文。中央大學客家學院，2005/5/26-27。

9 根據曹逢甫的研究，1983 至 2004 年是客家語言研究的茁壯期。他說從 1983 年到 2003 年在臺灣各大學撰寫與客家語言有關的碩博士論文共 55 篇，其中 5 篇為博士論

　　楊國鑫的論文，原來用了現象學的手法，要把「客家學」放入括弧。但是最後卻從鑲嵌於社會的方式來論述客家學的可能性，他把客家研究的括弧拿掉，他的觀點有了轉變，這個轉變體現了哲學家的社會轉向（social turn）。

四、日常生活放入括弧

　　楊國鑫原來把「客家學」放入括弧的用心，可能是想要針對這個用詞的背後，做一些清理爬梳，或是像 Max Weber 在討論社會科學的「客觀性」時，將「客觀性」一詞用括號括起來，[10] 以區別於學界其他人的既成看法與定義。這個概念可進一步延展出現階段客家研究的一個態度。如果說日常生活中所看到的一切事物，其實都是一種習慣、一種樸素的態度，這些看法無法讓我們掌握現象，把日常的習慣變成議題，在不疑之處探求道理。那麼放入括弧的目的，在於將生活世界中視之為當然的一些現象，重新加以討論，不以過去的傳說作為答案，也不認為存在就是合理的，這也是客家研究現階段所需要的態度。

　　張維安與王雯君的「客家意象：解構『嫁夫莫嫁客家郎』」，就是想針對一些日常的成見加以拆解、分析而欲還其本來面貌。「嫁夫莫嫁客家郎」這個議題，明白「勸告」女性不要嫁給客家男人。雖然，這句話有沒有發生作用，並無清楚的實證研究資料，但是經過該文對於婚友社的訪談經驗及網路上 BBS 的網友之間的熱烈討論來看，「嫁夫莫嫁客家郎」的確在許多人的日常生活中發生作用。究竟這些想法怎麼來的？這些想法背後所代表的意義為何？經過拆

文。關於客家語言研究的回顧與展望，詳述請參見：曹逢甫，2004，〈客家語言研究的回顧與展望〉，臺灣客家研究學會編，《臺灣客家研究學會成立大會手冊》，2004年2月，頁 23-26。〔此註為引文原有〕

10 Weber, Max. 1949, The Methodology of the Social Sciences. New York: Free Press.

解，重組再還原他的意義，在現階段客家研究中，仍具有重要的意義。相同的，有些人認為客家人比較勤勞，客家人比較重視教育，這樣的正面形象，也一樣是需要重新對待的議題。

　　婚前，可以挑三撿四，婚後，族群認同對女性本身或其下一代具有何種意義？當「性別」遇上「族群」，是王雯君在〈婚姻對女性族群認間的影響：以臺灣閩客通婚為例〉一文中所要討論的重點，因為中國傳統家庭觀念對於女性的束縛，她從許多被視為理所當然的性別規範作為族群認同的思考著手。她的研究發現，基本上族群認同還是以血緣為基準，但是通婚也是一個可能改變女性認同的機制，有些受訪者接受多重認同的選項，當然「情境」則是另外一個可能轉換的機制，但細緻去分析，可以發現「受訪者普遍受到閩客交融的文化影響，特別是女性在家庭的生活適應上要做較多的犧牲，以順從夫家，而閩客族群在文化影響層面上不同，族群邊界移動的方式也有差異，特別與傳統客家族群的負面刻板印象或現今社會結構的閩客族群情勢有關」。關於母親對於子女的認同，「受訪者普遍認為子女的族群認同應該從父認定」，不分族群的，父權的優勢詮釋依然明顯，而這些日常生活中的細微處對於族群認同的影響，許多女性仍然認為這是無庸置疑。所以，婚姻和族群的關係，在客家研究中是很容易遇見的問題，其中也會發生許多習以為常或無庸懷疑的概念左右我們的思維，甚至影響對於族群認同的看法。因此，客家研究從日常印象開始，把許多習以為常的現象放入括弧，重新思考，並從通婚後的女性在日常生活中碰到的瑣事開始，族群通婚所必須面對的許多細緻現象，都在這篇文章裡有詳細的討論。

五、客家意象與族群建構

〈敬字亭與客家社會意象的建構〉一文指出，敬字亭的記憶似乎被聯繫到特定的普遍化脈絡中，形成客家社會特有的文化表徵，並相對地有意忽略其他族群同樣存有的記憶。在這篇文章中，傅寶玉一方面分析敬字亭所承載的社會文化意涵，一方面分析當代的敬字亭記憶，以及客家社會如何通過此記憶再現客家意象。

除了生活世界的操作、故事、傳說之外，文中還論及與惜字習俗關係密切的文昌信仰，也被歷代中央政府加以冊封，說明地方社會透過信仰的關係被納入國家政權中。她說：文昌信仰「惜字信仰」的正統化，乃象徵「國家」觀念與意志的體現。她也從這些現象來解釋客家人對藝文功名的重視，以及客家人對於文人或文明之神的特別尊敬等，間接說明客家人重視教育的原因或深層的因素。由於重視教育，講求科舉功名，客家社會上自士紳，下至鄉民，多藉由敬字亭的設立以自我振奮和鼓勵。

除了歷史上的「證據」，她也藉由許多民間故事來加強這些意象，例如「位於屏東客家庄田裡一角的賴家村聖蹟亭，賴建和老先生說起這亭子的歷史：小時後有一次颱風過後，刻有敬聖亭文魁閣的兩塊石磚皆被吹落。當時他的父親身為村長，特地找來村裡一戶四代皆為老師世家，其中一位擁有博士文憑的子弟負責在正式典禮中重新安置此二石磚。他的父親說：文昌和魁斗都是讀書神，要有文憑者才夠資格為這亭子掛匾額。」像這樣的故事，對於客家意象的建構具有重要的意義。

〈敬字亭與客家社會意象的建構〉一文，指出「歷史不是只有一種聲音，許多不同時代、不同社會人群都在爭著述說自己的過去，爭著將自己的過去一般化、普遍化，以成為當代的社會記憶，並抹殺他人的記憶。」雖然敬字亭非客家社會專有空間場域，惜字文化亦非客家族群特有文化，但是在當代臺灣客

家社會建構的過程中，卻漸漸凸顯敬字亭與客家的關係，未來極為可能為客家
所獨有。

六、結語

　　族群特色的建構需要多方面的進行，族群記憶通過生活世界的許多文化實
作，如祖先記憶的細緻操作，拜拜的內容，儀式的進行、家務處理的各種慣習
與口味、生活方式與生活品味的強調，乃至於語言的使用與實作都會影響族群
記憶，影響到族群的建構。[11] 近年來，當客家文化之建構如火如荼的進行之時，
許多過去已經存在的，但是沒有注意到的，或者同時存在於跨族群的現象，都
可能被拿來重新論述某一個族群的特色。所以，族群是建構出來的， 例如擂
茶、客家菜、油桐花、花布的特色等等。敬字亭也是客家意象建構的基礎，只
是其在客家人心中擁有較長的歷史。

　　前面關於族群通婚的選擇，或客家男性、客家女性的特質，常牽涉到一些
刻板印象。這些刻板印象可能與真實有一段距離（如果真實可以知道的話），
但是我們卻經常從這些刻板印象來認識一些我們周圍的事物，甚至於靠這些刻
板印象來生活、來互動。客家意象在其他族群的心中，在客家人自己的心中，
也逃脫不了這樣的限制。從本質論的觀點對於認識客家有所限制的情況下，客
家意象、客家印象、客家刻板印象，都是我們認識客家的切入點，也是現階段
客家研究的對象。

　　本專輯中關心客家議題的研究者，都有一個共同的特色，就是在客家學的
可能性與不可能性在爭爭擾擾之時，把那些習以為常的，日用而不自知的，視

---

11 王雯君，2005，《閩客族群邊界的流動：通婚對女性族群記憶與認同的影響》。桃園：
　　中央大學客家社會文化研究所碩士論文。

之為當然的或是鑲嵌在生活世界的總總，都視為一個需要研究的議題。放入括弧也好，拆解分析也好，能夠進一步去理解，也就能夠進一步去論述，也能夠進一步去建構。雖然客家研究並不只限於從這個角度切入，但卻是一個瞭解客家的必要之路。

族群互動、文化認同與「歷史性」：
客家研究的發展脈絡 *

莊英章

17世紀末臺灣初入清版圖時，客家人被禁止渡臺，一直到康熙末年才漸弛禁，客家人渡臺始漸增加。在臺灣，客家族群無論在各方面都有相當重要的地位，但在歷史發展過程中，客家文化的傳承卻明顯面臨著危機。隨著地方文化與族群意識的高漲，1980年代以後，愈來愈多的研究者投入客家文化的研究，於是有了「客家學」的名稱。作者認為，對於客家移民研究，應捨棄過去溯源式的推敲論辯，轉向由全球化過程的歷史脈絡來觀照客家移民史，以擴大客家研究視野。

一、前言

　　臺灣歷史發展過程中，客家長久以來幾乎是「沒有聲音」的族群。但在近十餘年來，無論媒體或學術領域中，與客家相關的論述飛快成長，客家族群對

＊本文原刊登於《歷史月刊》，2004，201期，頁31-40。因收錄於本專書，略做增刪，謹此說明。作者莊英章現任中央研究院民族所兼任研究員、國立中山大學社會學系榮譽講座教授。

於自身的認同似乎也達到無比高亢的程度。我們雖然不難從政治、社會等大環境的變遷解釋這個現象，但更基本的問題是，客家族群在臺灣歷史發展過程中與其他族群的互動方式？以及除了語言之外，客家有哪些顯著的，或是足以顯現出與閩南人不同的社會文化特質？因此，本文主要從早期客家研究的背景談起，接著探討閩南與客家族群的社會文化差異，希望從族群互動、文化認同與「歷史性」的視野，略論客家社會文化的特質，以及客家族群的發展脈絡。

二、客家研究的歷史脈絡

臺灣是一個多元族群社會，其中的客家族群無論在人口比例或社會文化型態都有相當重要的地位，但在歷史發展過程中，客家文化的傳承卻明顯面臨著危機。這不僅僅為客家族群，更是臺灣整體社會，一個命運共同體必須正視的問題。隨著地方文化與族群意識的高漲，客家研究在 1990 年代逐漸興盛，也格外受到海內外學界的重視，有關客家研究單位亦相繼成立，幾次客家學國際研討會的召開，更凸顯客家研究的蓬勃發展。另一方面，近年來政府基於多元族群的文化政策，成立了客家事務委員會，同時在中央大學、交通大學分別設立客家學院和客家文化學院，將客家研究納入正式的教育體系。如果從現代學術性的角度來看，客家研究大致以羅香林在 1933 年出版的《客家研究導論》為嚆矢。在《客家研究導論》中，羅香林將客家研究的發展劃分為四個時期，從早期外國傳教士對客家人的歷史、語言及其他相關問題的初步探討，到客家研究團體闡述客家源流，以至五四新文化運動興起以後，一些從國外留學回來的民族學者、民俗學者，採用新興學科之知識，研究中國人種、民族與民俗等課題，其中包括對華南地區客家民系的調查與研究。到 30 年代以後，學術機構開始對客家民系作廣泛的現代學術探討。

　　1950年羅香林在香港崇正總會三十週年紀念刊上發表的〈客家源流考〉，進一步奠定客家歷史研究的基礎。他根據大量的族譜記載，歸納出客家乃漢族中一個系統分明、富有忠義思想與民族意識的民系，客家先民受到中國邊疆少數民族的侵擾之影響，才逐漸從中原輾轉遷到南方。我們可以發現，當時的客家研究是以探討客家源流與遷移歷史為重，旁及客家方言、民俗與婦女特色等文化特質。

　　從1950年到1970年代末，可說是客家研究的停滯期。中國大陸的客家研究沈寂了一段時間，在臺灣雖然仍有若干客家書籍問世，但基本上並沒有超出羅香林論述的內容與觀點，僅稍微擴大補充臺灣的遷移資料而已。這段時間反而有兩位美國人類學家Myron Cohen（1969）與Burton Pasternak（1969）在南臺灣的客家社區從事人類學的社區田野研究。然而，他們並不是以客家為研究的主旨，只不過是挑選到客家社區作為人類學的社區研究對象，他們很少處理客家源流的問題。兩人的興趣大致在於漢人的家族、宗族組織及祖先崇拜等議題，並據以評論英國人類學者Maurice Freedman的華南宗族發展理論（1958）。Pasternak稍後又在嘉南平原的閩南社區進行田野研究，並進一步對閩客方言群的家族、宗族、婚姻與生育行為等，作系統性的比較分析，開創了閩客方言群或族群的比較研究。

　　1980年代以後，中國大陸的客家研究再次興起，臺灣、香港及星馬地區也都有更多的學者投入客家研究。中國大陸仍然以客家源流與遷徙為重點，針對羅香林的論述提出評論與修正，如房學嘉針對羅香林的客家中原正統論，提出客家非「純漢」之說，他認為客家是古百越族的一支，與歷史上少數移居客家地區之中原人混化後形成的人群共同群。換言之，「客家」的中國文化之特殊形式，乃是地域性的文化與民族和某些已具漢文化特質的「漢化」民族長期婚媾和文化交流的結果，這種見解與長期以來人們憑族譜中有關族源之

記載，認為客家之源在北方之論述有相當的差異（房學嘉，1996）。此外，陳支平也運用族譜學與史學之知識方法，同時援引客家人與非客家人之族譜，修正羅香林有關客家源流的觀點；並且認為客家民系是由南方各民系融合形成的，客家血統與閩、粵、贛等其他非客家漢民血統並無差別。他根據族譜資料也發現許多客家宗族與非客家宗族擁有同一始祖，以及不同來源的人群因功利性的需求而整合為同一客家宗族的現象，說明客家人「族群認同」之形成是一種動態的過程（陳支平，1997）。這種論點正足以說明，中國大陸的客家研究已向前邁進一大步。此外，特別值得一提的是由法國遠東學院教授 John Lagerway（勞格文）所主持的「中國農村社會的結構與原動力」集體計畫，他從 1992 年起邀請學者及當地文史工作者實地田野調查，並陸續出版《客家傳統社會叢書》，迄今將近 20 冊。研究區域包括跨三個省份，探討的主題也涵蓋客家民間文化的重要面向，特別是集中在家族、宗族組織、宗教信仰與儀式、墟市與地方經濟等等主題，這些實地的田野素材可說是客家研究的重要基礎。

臺灣在 1980 年代以後，愈來愈多的客家研究者投入客家移民拓墾史的研究。人類學者強調客家社區民族誌研究，針對特定的問題取向而深入探討。筆者也從臺灣中部的閩南社區轉移到北部客家社區的民族誌研究，進而從事閩客社區的比較研究，探討閩、客方言群之間宗教信仰、宗族組織、家庭生活，婚姻與婦女角色之異同（莊英章，1994）。90 年代，甚至延伸到臺灣與閩、粵及江南地區的社區研究，希望透過區域性與族群性的比較研究，以瞭解漢文化與其次文化的共同性與變異性之所在。

三、客家文化的生成

清代臺灣移民有泉州人、漳州人與客家人三大勢力，隨鄭氏渡臺者多是泉民，從施琅征臺者多漳民。在臺灣初入清版圖時，客家人被禁止渡臺，一直到

康熙末年清廷漸弛其禁，客家人渡臺始漸增。根據戴炎輝等學者的說法，泉、漳人先到，所以占海濱平原，而爲墾戶（業戶俗稱頭家）、佃戶或營商（泉屬）；客家人後到，故多居附山地帶，且初時大率爲佃戶。然而施添福卻認爲，清代臺灣漢人分布的地理區域與其祖籍地及客來臺先後並無太大關連，主要關鍵在於祖籍地之生態環境。例如，來自粵東的潮、惠、嘉應等州府及閩西汀州的客籍人士，由於早已適應原鄉丘陵、山地、河谷的生態，來臺後也以類似的生態地區爲建立家園的優先考量。無論上述哪一種解釋較趨近於事實，重點是客家族群的分布確實是在較晚開發的桃、竹、苗，或是屏東、花蓮一帶。

　　已故的華裔歷史學者梁肇庭（Sow –Theng Leong,1939-87）曾探討客家族群意識與精神的形成、土客的衝突及棚民的活動等主題（梁肇庭，1997）。梁先生研究的重點，首先是晚清客家與棚民的時空分布形態如何被決定，其次探討的是族群與次族群間衝突發生的情境。他的論述主要根源於史堅雅（W. Skinner）的區域系統（regional System）理論，並提出族群意識反映於區域經濟的環境轉變之假設，此對客家原鄉族群的形成及其往外遷徙有創新性的解釋。事實上，客家族群在閩、粵、贛原鄉地區的分布，主要也是散落在三大區域系統地區的邊緣地帶。客家社會處於漢族邊陲地帶，其特殊性一方面在於族群發展史上，長期與少數民族維持密切的互動，另一方面在族群意識上，又堅稱自我爲漢族之血統精粹，兩種不同張力的互相拉鋸形成了客家文化。

　　客家社會文化形成雖然與周邊少數民族密切關係，如客家與畬族，但在另一方面，客家又很強調自己是從中原過來的漢文化，而且是一個正統的漢文化，很強調血統的純正性，維持其原始族群認同而爲漢族一員，甚至自視爲漢族中血統最精粹者。透過客家的研究，我們可以探討族群的互動，也可以研究同樣的客家族群在不同地區的變異性。因此要展現客家文化的特殊性，不能停留在種族中心論，如漢文化或客家文化中心的視野，必須從族群互動的角度，

尤其是採貫時性的歷史社會變遷角度，來探討客家社會在不同區域發展的族群關係與歷史文化過程（莊英章，2002）。同時，以客家爲研究對象的客家學，其特性就是以族群的互動關係，討論族群內的社會文化，客家研究的第一個意義就在於反駁漢族中心主義，以及探討中國境內漢人社會的區域性差異。

以往我們理解的漢人研究、漢學研究，或者華人研究，常常充滿著種族中心主義。種族中心主義是一種極爲偏頗的態度，長久以來以漢族爲中心的結果，常常忽略了原住民或少數民族的社會文化對漢族的影響，例如臺灣過去的原住民研究，通常著重漢族如何影響少數民族。其實許多證據顯示，漢文化裡面有很多少數民族的成分，例如花蓮大港口也有不少漢人阿美族化，而類似的例子是相當多的。此外，我們也經常忽略漢族本身，以及中國境內各個區域間的變異性、多元性，認爲中國就是統一的、整體性、同質性的。但愈來愈多的研究，或西方學者在 80 年代也企圖用不同學科來探討，爲什麼中國社會是一個統一的，但各個地方的變異性又那麼大？[1] 跟西歐比較起來，西歐包括很多 states 與文化，但是中國是一個 state，而且包含很多不同文化，區域性變化又那麼大，爲什麼會產生這種現象。從這些研究我們可以發現，中國境內漢人社會的區域性差異相當大，以至於很難明確地說什麼叫做漢人？或漢人文化是什麼？

例如，我曾觀察幾乎完全漢化的畬族與客家婦女服飾幾乎一致，畬族語乍聽之下也很像客家話，他們的信仰裡面，雖然有獨特的成分，但也包括很多漢族的民間信仰。所以針對客家和非客家的互動研究，尤其透過到四川、廣西，或者臺灣、海外所看到客家移民，可以觀察客家文化的再生，或如何創新社會

---

1 Johnson David, Andrew J. Nathan and Evelyn S. Rawski eds, 1985 "*Popular Culture in Late Imperial China*" Berkeley: University of California Press.

文化的過程。1970 年代的臺灣史研究中，歷史學家李國祁（1978）提出「內地化」，人類學者陳其南提到「土著化」（1984）的觀點，事實上這兩組觀念都隱含漢族到臺灣以後，如何與土著、原住民互動，形成一種新的文化現象。林衡道提到所謂「鄉黨主義」，就是漢人移民團到臺灣都以同鄉、祖籍地為認同的指標，後來慢慢變成以新的地緣團體為認同指標，過去祖籍地被淡化。所以不管閩南、客家，或者是漳、泉，大家可以在一個新的地緣，崇拜新的神明，而逐漸發展出來。所以三山國王就不見得僅僅為客家人專屬的神明，很多閩南人也崇拜此神明。

　　以往人類學對族群問題的探討，大致認為族群的界定包括共同的語言、生活環境、文化特色等等，但在快速變遷的現代社會，共同語言與生活環境受到極大的衝擊，不再成為族群認同的重要指標或唯一指標，自我文化認同反而成為最重要的因素。客家族群到底透過那種特殊的文化邏輯選取他們所認為的特色，使其成為一種文化認同，並在實際的生活上發揮功能。血緣性的親屬組織、地緣性的民間信仰組織，以及漢人社會極為普遍的道教信仰習俗，可能均是比較研究各特定客家社區之間的社會結構的重要指標。例如，在一特定的生存環境及歷史脈絡架構下，宗族組織的祖先崇拜可能成為客家最重要的文化認同象徵；在另一特定地區內，居於少數的客家居民，其宗教信仰可能隨優勢族群變化，也可能長期維持其宗教信仰的保守性。這些同時性研究之成果，將成為我們分析漢人多元文化現象的堅實基礎。

四、客家文化的特質：主觀的認定還是客觀的事實

　　從個人過去在南投竹山閩南社區，以及頭份、中港溪一帶從事客家社會研究的結果顯示，南部跟北部的客家其實也不見得那麼一致，例如語言就不一定能夠完全溝通。而閩南與客家雖然有差異性，但相似性更多。閩南人觀念中的

客家文化，閩南本身似乎也有。因此，我試圖透過婦女、婚姻、家庭，以及信仰儀式等面向，比較閩、客的差異。例如，不論在臺灣或大陸，客家婦女都沒有纏足，即所謂天然足，而閩南婦女大部分都纏足，這在 1910 年，或者說 1900 年之前，應該是一個事實。我們發現，閩南婦女纏足比例幾乎是百分之七、八十，客家婦女則很少，或許是客家婦女必須到農田工作、到市場做買賣，分擔很多閩南男性的工作。

　　爲了理解這些現象，我想把婦女當作一個指標、變項來看，婦女是不是參與很多勞動，在家庭中的地位就比較高？客家婦女在家庭中的決策權是不是應該比閩南婦女高一點？還有家庭分化、結合的問題，客家人分家的時間較快或較遲？ 在我們的刻板印象裡，客家人是大家庭居多，而閩南人在兄弟完婚後很快就分家了。我們透過日治時期的戶籍資料或不同的問卷調查，不同社區的比較，用具體的材料來說明這些刻板印象的真實性。再說到祖先崇拜，客家的祖先崇拜跟閩南是不是有重大的差異性，客家人在掃墓或祠堂崇拜時，也有一次好幾百人的情形，像竹北六家的林家， 他們掃墓可能有上百人一起，閩南人就很少這種共同祭祖、掃墓的現象。後來經過一些材料的驗證，閩、客其實差異性並不是那麼大，即使仍存有變異性，但基本的核心觀念還是一樣。換句話說，客家可能只是漢文化裡面的一個次文化（sub- culture）。

　　筆者最近利用鹿港的香火廟、社區廟，跟竹東、芎林一帶的客家社區廟比較，希望透過民間信仰看客家的特色，提出一個所謂「客家族群的歷史性」的概念， 藉此瞭解客家到底有什麼樣的特色或特質。這個當然又牽涉到我要處理的是中國文化的統一性、變異性的問題。我們從鹿港與竹東地區社區裡面的香火廟，或者社區的公廟，希望探討這些廟爲什麼會受到當地居民的崇拜與供奉。首先，廟具有靈力，超自然的靈力，就是神明有一個超自然的靈力。第二個是社區與廟表現出來集體的象徵、表徵，就是代表那個社區本身。我們在

1970 年代提到祭祀圈的概念，所謂的祭祀圈就是神明繞境的範圍，在地域範圍內的家庭有權力請神明到家裡供奉，或者居民有交丁口稅的義務。社區神明具有靈力與權威兩個特質，神明的靈力就像 Max Weber 說，所謂天堂展現超凡的力量，神明的權威一方面跟靈力有關，另一方面神明權威來自社區，來自社區集體的認同，就是社區成員認為這是屬於社區，屬於我們的神明，神明的權威（authority）是透過社區的集體認同。

而閩南人的社區廟，例如鹿港一帶有很多乩童。附近居民認為神明的靈力可以幫人治病，所以很多人都去祭拜。但是客家人的香火廟、社區廟很少乩童，到廟裡拜拜不是因為乩童靈驗，而是崇拜神明。如三山國王或義民廟，相傳曾經協助皇帝、朝廷而得到冊封的事蹟，不是因為乩童很靈，會幫人治病。一個社區成員崇拜社區廟的神明，因為神明崇高的身分，但神明的身分卻不會吸引社區以外的人，所以形成客家社區的封閉性。在閩南社區，如鹿港很多王爺，因為靈力吸引很多社區外的人，此一現象就與客家社區不同。因而也凸顯客家族群具有比較強烈的注重群體認同或團結的特性，這是跟閩南社區稍為不一樣的特點。

目前學界對集體記憶、歷史記憶興趣很濃厚，社區儀式各種象徵，鄉民的種 種歷史傳說，都是集體或歷史記憶。這些傳說跟記憶可能是一段開墾的故事，可能是一段社區內部衝突的記憶，也可能是一次跟鄰近村落有關的歷史。換句話說，社區儀式在塑造鄉民歷史意識上，扮演很重要的角色。從這些簡單的論述，我認為客家族群大概有三個特質。第一是客家族群具有比較強烈的群體認同、群體團結的傾向。第二是客家族群有比較強的關心族群命運的特質與傾向，也就是關懷自我的社區（community）、自我的族群（ethnic group）的傾向。第三，客家族群比較強調對中原正統身分的認同，也就是強調來自中原，漢文化的正統。如果我們掌握這些特質，則有助於我們對客家族群行為模

式進一步的理解。當然這些都必需更多的材料支持。

　　日本學者末成道男（1995），不僅研究客家社區，也曾在閩南社區作研究，也在臺灣的原住民社區作過研究。他曾在苗栗研究客家社區的喪葬儀式行為，以及道士、師公的派別。根據他的觀察：當地客家人總是強調自己社區的喪葬儀式與閩南人不同。換句話說，就是從儀式的「獨特性」顯現客家特質。這位日本學者後來發現，那個苗栗客家社區的報導人所提供的並不是正確資訊。因為強調當地、強調客家跟閩南差異的部分，其實只是道教派別的不同，而不是方言群的差異。有些閩南社區也有一樣的道教派別，做的儀式也差不多。但是對當地人來說，這個並不重要，當地人會認為這就是所謂客家的特色。但是對一個透過區域性比較，或泛文化比較的學者而言，會覺得這個儀式並不是那麼重要的指標，而只是某個地區或某個社區的特色，或者只是某種宗教儀式的呈現而已。這個例子可以說明，如果要進行客家研究，應該在不同地區，或者跟不同族群，例如閩南或剛才提到的苗栗賽夏族比較。中研院民族學研究所已故王崧興教授曾經提到從周邊文化看核心文化的觀念。他認為要瞭解漢文化，不見得要從漢文化本身來研究，也可以從周邊的文化來看。我認為這樣的概念值得繼續推動，也能夠為客家研究帶來新契機。

五、客家學的建構

　　前面曾提及，客家學是一門關於移民社會的研究，過去有關客家移民史的探討，一直侷限於漢人由中原南遷的歷史過程，而忽略了客家人由原鄉向外移民在全球化過程中的意義。尤其是忽略了客家移民過程中與其他族群的互動，以及因不同族群的互動所產生的結果。客家在原鄉社會中，畬、客互動密切，形成一種文化合成的交融現象，亦即客家文化中包含有南方土著文化的特徵。當客家移民離開原鄉到達四川、廣西，以及海外的臺灣，而有再生

（reproduced）或者創新（making）的社會文化過程，這個過程是諸多變項互動的結果，族群的互動是其中一項主要的動力。

「客家學」大概是 1980 年代、90 年代被提出來的，這個名稱被提出來，在學術上有三個重要的意義 （莊英章，2002）。第一個是對華人研究，或者說漢人研究的一種嚴肅的反思。第二個意義如「客家」之名，是一門關於移民社會的研究，羅香林先生等學者有許多關於客家名稱源流的討論。他們企圖瞭解客家怎麼從中原南遷，到了閩西、粵東、贛南一帶，然後又到四川、廣西，甚至來到臺灣、東南亞。事實上， 客家歷史就是一部移民史。在客家移民的階段，大概跟世界資本主義勢力擴張同 一個時期，世界資本主義挾著政治、經濟、軍事的優勢，擴展到亞洲季風太平洋地區，甚至更廣大的地區。就是說資本主義勢力外移與客家從原鄉往外遷徙，大概是差不多的時代。將客家移民史的研究放在資本主義擴張的脈絡下，可以觀察全球族群分布活動的範圍，同時也可以看出國家、族群，與本土化運動對全球化運動的回應。

第三個學術意義是凸顯人文與社會科學這種武斷的劃分。其實人文與社會科學，一方面分得很細，現在看起來，愈來愈多是互相摻雜在一起。例如人類學和歷史或者跟社會學的研究結合在一起。不同學科，如社會科學跟人文學事實上很難很武斷的區分。客家學的建構，必須強調以跨學科的方式共同從事客家研究。換句話說，透過客家的研究可以看出，人文社會科學必須互相採借，才是一個適當的策略，才能展現學術的意義。

以上提出的三點，一個是從族群互動的角度來看，就是從貫時性，從族群互動來看社會歷史變遷。因為客家社會本來就是處在漢族邊陲的地帶，在族群發展過程中，長期跟少數民族有密切的互動；在另一方面客家又自認是很正統的漢族。也透過這樣的拉鋸，而形成客家文化。要展現客家文化的特殊性必須從族群互動的角度，不能停留在客家種族中心主義這樣的視野，或者說漢族

中心這樣的視野。剛剛也提到客家是一個移民社會，客家學要特別研究客家歷史，就是研究客家移民從中原南遷，然後到原鄉的過程。

第二個就是族群認同。就是同時性的社會結構分析。以前的觀念認為，族群的界限包括共同的語言、生活環境、文化特色，有這些共同特色的，就是一個同樣的族群。但在快速變遷的現代社會，這些特徵慢慢淡化，或者像某位客家大老所提到，不會講客家話的客家人有一千萬，但是會講的才兩百萬。因此，語言就不見得是最重要，或者唯一的指標，反而是族群認同的問題變得愈來愈重要。第三個部分我們強調從實踐論的典範出發，從文化實踐的概念進行跨學科，或者跨地域的整合，這也是一個很重要的事。透過不同學科，如建築、語言、音樂、文學這些領域對客家的論述，然後從地區的比較研究，提出一些客家的社會文化特色，進而透過這樣的研究，來建構客家學。對我來說，區域性的比較研究也是相當重要，如果我們只研究臺灣客家，不研究中國大陸原鄉，得到的可能就是一個臺灣所呈現獨特的客家印象。如果不包括東南亞地區，甚至從閩粵贛移往四川或廣西的客家人，不瞭解各個地方客家族群社會文化現象的特色，可能所掌握的只是一個片段，而不是一個全貌性的客家社會與文化。因此，透過比較研究所取得全貌性的理解，更能凸顯客家文化的特色。

從上文可以瞭解客家社會文化的研究，除了要考慮族群互動、認同與文化實作的貫時性及同時性的探討，更應從事區域性的比較研究，這樣才能建構所謂的客家學。我們也有必要檢討過去客家研究中關於漢族本位或客家中心的意識型態，強調由族群互動的視野從事客家研究，為漢人研究提供反思的具體素材。對於客家移民研究，應捨棄過去溯源式的推敲論辯，轉向由全球化過程的歷史脈絡來觀照客家移民史，以擴大客家研究視野。捨棄過去個人研究型態，強調跨學科、跨地域的深度整合與比較研究，以新的典範開創客家研究契機。

參考文獻

李國祁，1978，〈清代臺灣社會的轉型〉，《中華學報》5（3）：131-159。

房學嘉，1996，《客家源流探奧》。臺北：武陵出版社。

陳支平，1997，《客家源流新論》。南寧：廣西教育出版社。

陳其南，1984，〈土著化與內地化：論清代臺灣漢人社會的發展模式〉，刊於《中國海洋發展史論文集》，頁335-360。臺北：中央研究院三民主義研究所。

莊英章，1994，《家族與婚姻：臺灣北部兩個閩客村落之研究》。臺北：中央研究院民族學研究所。

＿＿＿＿＿，2002，〈試論客家學的建構：族群互動、認同與文化實作〉，《廣西民族學院學報》4：40-43。

羅香林，1993，《客家研究導論》。臺北：南天書局出版社。

＿＿＿＿＿，1950，《客家源流考》。北京：中國華僑出版社。

Cohen, Myron, 1969, "Agnatic Kinship in South Taiwan." Ethnology 8:167-182.

Freedman, Maurice, 1958, *Lineage Organization in Southeastern China.* , London: Athlone.

Pasternak, Burton, 1969, "The Role of the Frontier in Chinese Lineage Development." The Journal of Asian Studies. 28(3): 551-561.

＿＿＿＿＿ , *Kinship and Community in Two Chinese Villages*. Stanford: Stanford University Press.

Johson, David, eds. 1985, *Popular Culture in Late Imperial China*. Berkeley: University of California Press.

Suenari, Michio（末成道男）, 1985, "Two Types of Territorial Organization: A Preliminary Report of a Hakka Village in Taiwan" , Bulletin of the Institute of Ethnology 39. Taipei: Academia Sinica, Pp.29-46,

臺灣客家族群關係研究的回顧 [*]

徐正光

有關客家族群關係的研究大約有下列幾個方向：一、由早期拓墾史的過程，看客家人與福佬人、原住民間的關係，即由拓墾史觀點看客家族群關係；二、日治時期以來的客家研究成果較少；三、近來有關客家社會文化的研究蔚為風潮，客家人的特質、總體性的討論等田野研究資料頗豐。

一、從拓墾史看早期臺灣的族群關係

（一）從三山國王信仰看客家族群關係：原鄉信仰與祖籍認同

由拓墾史觀點看客家族群關係的研究，包括歷史學者和施添福教授等地理學家皆是從開墾史角度來研究客家。（1）臺北地區：如研究臺北、新莊地區發展的尹章義教授，認為早期臺灣的移民現象是屬於福佬、客家、原住民的混居方式，至建立基礎後因水利、經濟的衝突，族群意識出現而建立了各族群的寺廟，新莊同時有客家的三山國王廟、漳州的開漳聖王廟及其他族群的廟宇。這是族群定居後發展到某一程度因接觸頻繁、利益衝突所產生特殊現象。有關

＊本文原刊登於《客家文化研究通訊》，1998，1 期，頁 30-33。作者徐正光現任中央研究院民族學研究所兼任研究員，曾任中央研究院民族學研究所研究員兼所長。

客家與其他族群的關係論述，在缺乏文獻資料情況下，通常以宗教廟宇的分布如三山國王廟來推斷客家人存在。（2）中部地區：如研究臺中地區開發史的洪麗完的論文，也提及乾隆初年在沙鹿、清水一帶建立的三山國王廟，雖然現在清水、沙鹿兩地區已看不見客家人的蹤跡，但由三山國王廟的遺址推測當時客家人曾在此居住了一段相當長的時間。移民建廟須具備土地、財產、經濟因素，從而了解到客家人至臺中地區的發展過程，後來客家人離開了墾殖地漸漸往葫蘆墩、東勢、豐原方面發展。（3）南部地區：中研院民族所許嘉明則探討在臺灣建立第一座三山國王廟的彰化永靖地區客家人的族群關係。族群關係在歷史過程中因不同的地區而產生不同的閩客合作或競爭的關係。有些地區閩、客之間關係較為緊張，而形成如高屏地區的六堆組織；有些如林爽文事變，則不同地區有不同的情況，某些地區有客家人與漳州人結合共同對抗泉州人的現象。同時也可以從三山國王廟的祭拜所形成聯莊現象看當地的族群關係。上述皆以三山國王廟信仰，來看當時客家人的開發，或族群關係的演變。

（二）義民與義民信仰：本土化族群關係的形成

　　另外，有關客家人在臺灣歷史上的義民爺信仰問題爭論較多。客家文化研究起步較晚，常帶有防衛性的論述，由於過去有關客家研究的歷史解釋權或解釋的架構使客家人遭受忽視、扭曲，客家人希望重新建構客家人的立場，或還原客家人的歷史發展過程，於是有關義民、義民信仰乃成為重要的話題。而所謂的義民信仰在臺灣歷史發展上是否像連雅堂或如史明著作中所提到的「客家人是比較容易被統治者作為統治工具的一個族群」，則引起爭論。但客家人所謂的義民是指客家人在臺灣的開墾過程中，對臺灣的開墾有相當貢獻，為確保辛苦開拓的基業在時局變亂中不受其他族群的侵擾掠奪情況下，很自然發展出的現象。現在客家學者研究義民現象，不是把義民的政治意涵或是政治效果放在最優位，而是將義民放在開墾過程中自然發展形成的現象。客家人在臺灣人

口較少，屬於弱勢的族群，通常也較容易以感恩的心情來祭拜過去那些對臺灣開墾有貢獻或犧牲的人。同時以義民信仰來合法化或重新建構客家人的族群意識，包括南部竹田忠義祠有各種儀式活動來凝聚六堆客家人的團結力，並塑造六堆客家族群的形象。北部枋寮義民廟發展的義民信仰方向與南部義民廟迥然不同，有聯莊方式及隆重的祭典。現在臺北市的客家運動者也希望透過臺北縣市義民的祭拜，重新塑造客家人的族群性或凝聚力，成為現代的新發展現象。

（三）客家與中介人、原位民的關係

施教授剛提及早期開墾閩南人比客家人先來，而中間有中介的人物，他們在大陸時與閩南人較接近或語言相近，據我了解在六堆有此現象。文獻探討有關開拓過程中客家與閩南關係的資料較多，但客家人與原住民的關係其實也非常密切，因為客家位於開拓先鋒，是第一線開墾者，與原住民是接觸最多的族群。客家人與原住民互動的關係，最近也有學者研究，雖尚未形成一套系統的看法。但由客家莊建築可以看出民居比較具有防衛性格，如六堆地區包圍在閩南人或福佬化的平埔族、高山族間，因此當地住居的形式，如外圍、柵門、刺竹皆反映出防衛性及緊張性。

二、民族國家建構與客家的族群性

另一類客家研究是由現階段臺灣逐漸邁進民族國家的建構過程中來看族群關係。此方面，楊長鎮發表了多篇論文，探討反對運動中所形成的國家建構，如何處理黨綱中的族群問題，以及面對新的民族主義運動或新的民族國家的建構過程，客家人如何的反應。

特別是批判羅香林式族群建構的論述，楊長鎮認為羅氏的論述，是源於客家人在政治變遷過程中被其他族群污名化的情況下，所產生防衛性的論述方

式，而把客家人歸成最精粹的漢人民族，是最具有中原文化的漢人，並把漢人及其他少數民族納入到中華民族的族群系統中；相對於此，新客家人論述則是面對政治現實的強烈反應。繼還我母語運動、臺灣民主運動過程之後，如客家公共事務協會乃提出一種新的客家人的觀點。因為客家過去對於原鄉的濃烈情結，顯現處處為家，處處為客的心態，無法把自己定位在認同臺灣這塊土地上來處理，所以提出新的客家人，以認同自己是臺灣這塊土地上的主人身分為立場。楊長鎮認為這種新的客家人的論述也具有其危險性，如 1930 年代羅香林建構中華民族的論述一般，臺灣的民族主義運動建構出新的臺灣民主主義亦存在危機。新的客家人論述除了納入民主運動的思想潮流外，應該進一步思考的是整個客家人在臺灣未來族群關係發展中如何去定位。客家人從主體性的觀點如何明確提出臺灣族群關係，否則一味把自己納入臺灣民族主義或民主主義建構中一環，會陷入相當危險的情境。

三、族群書寫與地方族群認同

還有一類是年輕學者探討新的族群現象。自從 1985 年客家人在臺灣快速變遷的發展過程中，因為經濟、生存、周邊不同語言族群的種種因素而逐漸形成隱形人現象。最近幾年，客家知識精英試圖將隱形化的客家族群身分重新浮現。知識分子透過歷史過程、重要人物，以及文化上的要素重新建構客家族群形象，但是在此過程中，精英分子與老百姓所認知的客家人有何不同？最近有一篇碩士論文即朝此方向研究，雖是剛起步，但卻值得深入探討，一般客家精英的論述是朝整體的客家人立場或是族群建構的立場來探討問題。而一般老百姓則從生活經驗來看問題，兩者間有落差；知識精英所建構的客家人形象及族群性與平民百姓以生活經驗所建構的未盡相同。

四、族群關係的理論

有關族群關係的理論，簡炯仁提出客家開墾過程中形成一種所謂的撞球理論、三明治理論，即認為客家人經由與福佬人撞擊後，形成客家人夾在閩南、原住民之間的三明治現象。（A → B〈ᵇ〉）簡言之，在發展過程中，閩南是優勢族群 A 球、撞擊客家人 B 球、再撞擊 C 球（平埔族）、D 球（高山族）。此理論或許過於簡化，臺灣的族群關係建構不能以 A → B〈ᵇ〉的理論型態來理解，而是頻繁且密切的互動關係。發球者不限任何族群，而撞球理論只流於閩南族群（A）發球的直線化論述過程。

五、客家人在當代族群關係結構中的位置

另一類則是探討客家文化消失問題的論述，如語言保存探討的比較多。調查資料顯示客家人都希望不要忘記祖宗語言，但在臺灣歷史發展的過程，客家話一直快速的消失，不管福佬客是否在大陸原鄉就已經福佬化或文化特質福佬化了。但從臺灣歷史看臺灣客家人所居住的不同的經驗過程來看，客家人受周邊閩南文化的影響，其語言逐漸消失，在歷史上形成被閩南包圍的方言島現象。這種方言島的特徵亦存在原先單純的客家聚落中，特別在新一代的客家人或與其他族群通婚的客家人身上，語言消失情況更為嚴重。故造成日後「還我母語運動」活動。語言是建立族群性或族群基本文化的要素，族群性是隨著不同的空間、時間一種建構的過程，但基本的要素仍然存在，這些基本要素建構不同身分的認同；同時這些基本的文化特質建構了族群性重要的特徵。而族群關係是指透過文化接觸後所產生文化特質的變化，或是產生新的社會關係、意識形態、思想模式的建構，來解釋包括客家人與其他族群之間的關係。文化接觸中語言是相當重要的，但是對於所產生的文化現象研究尚不充足，不同的客

家地區，族群長久接觸後其文化間如何互相吸收，文化特質如何流失、建構，或在那些方面保留了客家原先社會組織（如客家婚姻、祖先崇拜），那些方面接受了平埔族的觀念及社會組織，以及與閩南文化接觸的問題都是值得進一步探討。

目前，臺灣客家人的族群建構及客家論述常以客家主體性為出發，對建立臺灣客家學研究是很重要的步驟。過去有關客家研究可能是其他族群建立出來的形象或觀點，現在把自己客家本身當成主體，建構臺灣歷史發展過程或臺灣社會發展有其必要性。但由一個族群自己的觀點出發，對於臺灣早期歷史的論述或對現在其他族群論述亦容易形成防衛性、反應性的論述。因此客家文化的各種研究尚屬開始階段，尚需藉由文獻資料、考古、訪談等各種資料重新建構。臺灣的客家在不同地區的發展關係研究，均有待從各方向的文獻、田野的資料做深入調查，才能有較清晰完整的面目呈現。

現階段客家學的定位：
從方法論的角度探討 *

楊國鑫

一、前言

　　對客家進行研究不是臺灣特有的產物。在馬來西亞、新加坡、香港與中國已有相關的專家學者進行不同領域的研究。這些地方也是客家人較多與影響較明顯的地方。這些不同地方對客家進行研究，各有其特色與取向。

　　客家研究（hakka studies）這個名詞的使用是比客家學（hakkaology）還要早，但依照現在的發展趨勢，客家研究這個名詞已經不足以回應對客家進行研究的整個面貌。同時客家研究為客家學所包含了，而且有了過去客家研究的基礎，進一步開展客家學研究應當是胸有成竹的。所以本文把客家研究當成是客家學的前身，而且客家學這個名詞也可包括客家研究。

　　然而，這裡要提問的是，就現階段的客家學而言，它是與人類學、歷史學、社會學等一樣具有獨立與清晰的方法論（methodology）特性的學科（discipline），還是說它是運用既有各學科的方法論，以對客家這個特定對象進行研究的學科？本文方法論這個名詞的使用是與人類學方法論、歷史學方法

＊本文原刊登於《思與言》，2005，43 卷 2 期，頁 11-41。因收錄於本專書，略做增刪，謹此說明。作者楊國鑫現任新竹縣內思高工專任教師。

論、社會學方法論等的使用是同義的。而這裡所說獨立與清晰的方法論,是做為區別不同學科間重要依據的一個因素。

　　本文的問題意識是透過方法論的角度,來判定現階段的客家學是否如人類學、歷史學、社會學一樣具有獨立與清晰的方法論。接下來就從為什麼會有客家研究與晚近客家學的倡導,這兩個主題來找尋客家學的方法論,進而判定現階段客家學的定位。亦即探討客家研究的目的因(final cause),把客家研究當作一個存有(being),這個存有從無到有的目的因會控制到它的特性,以及對它是什麼是有所確定的。而客家學的倡導,是否也出現了方法論呢?還是借用既有各學科的方法論呢?這就是本文所要探討的重點。

二、為什麼會有客家研究

　　客家研究的出現與當時該地區的社會環境、政治生態、經濟發展、族群關係等有關。就實際的研究成果來看,客家研究的產生亦與對客家現象的驚奇(wonder)以及對此現象的回應有關。為什麼會有客家研究,主要可分三個方面來探討,以下依序論述。

(一)回應對客家的不公義

　　羅香林[1]會寫《客家研究導論》,其實是在許多有志人士回應當時一些文獻對客家的污名與攻擊之後,他可說是在此回應之集大成,而完成了此書。相

---

1 羅香林(1905-1978),廣東省興寧縣人,畢業於清華大學史學系,曾任教於廣東中山大學、南京中央大學、上海暨南大學、香港大學、香港珠海書院等。著作有專書40本,論文200餘篇,其中《客家研究導論》(廣州:希山書藏,1933)是羅氏繼《粵東之風》(1928)之後的第二本客家研究專書,當時羅氏任職於廣州中山大學。於1939年新加坡客屬總會為之再版。該書1942年由擔任臺灣銀行臺北分行調查課課長的有元剛氏翻譯成日文在臺灣出版。1981年由臺北眾文圖書公司重刊,1992年由

關文獻稱「客家」為客賊、犭客賊（客字左邊加犭部），例如：

> 本地系譜人的紀錄，則竟稱該次參與械鬥的客民為客賊，新會縣志
> 更稱他們為犭客賊，吳大猷等修四會縣志以中文無犭旁客字，乃以
> 「或曰客乃犭乞之訛」。[2]

如此字眼，顯然會引起回應與反擊，尤其是以客家知識分子為主。又如：

> 上海徐家匯教堂所編中國地輿志，謂「廣東種族有曰客家福老二族，
> 非粵種，亦非漢種」。[3]

這樣子的非漢種說，更是讓客家人士不滿，紛紛籌組客家源流研究會之團
體，以回應客家非漢族說。還有如：

> 上海商務印書館出版西人烏耳葛德（R. D. Wolcott）編的英文世界地
> 理（Geography of the world），於廣東條下，謂「其山地多野蠻的
> 部落，退化的人民，如客家等等便是」。[4]

臺北南天書局重刊。他除了《粵東之風》與《客家研究導論》之外，另有兩本客家研
究專書：《客家源流考》（崇正總會三十週年紀念特刊），香港：崇正總會，1950 年。
《客家史料匯編》，香港：中國學社，1965 年。關於羅香林之生平事略，可參考：
羅敬之，〈羅香林先生年譜初編〉，珠海文史研究所學會主編，《羅香林教授紀念論
文集》，臺北：新文豐出版公司，1992 年 12 月臺一版，頁 9-139。
2 羅香林，《客家研究導論》，臺北：眾文圖書公司，1981 年，頁 4。
3 羅香林，《客家研究導論》，頁 5。
4 羅香林，《客家研究導論》，頁 7。

　　客家被稱之為野蠻的部落，除了研究客家源流之外，更組織團體進而向商務印書館抗議，要求其聲明錯誤。

　　羅香林等相關人士會寫出客家的相關文獻，花了許多的心力來回應相關文獻的污名與攻擊，可以用文鬥來形容，而此文鬥實乃之前土客械鬥[5]之延續，甚或視為是當時的客家運動（Hakka movement）的一環，因為除了研究客家之外，許多的客家團體亦在同時期成立、辦報紙、辦雜誌、向相關單位抗議等等，而有志之士如丘逢甲、黃遵憲、鄒魯等人皆參與了當時的客家運動。[6]這種客家研究，是一種族群爭取權益求生存的一種行為。

　　臺灣的客家研究，回應對客家之不公義更是關係密切。當時臺灣政府對客家語言的禁止與打壓，透過教育單位與媒體的控制，使得客家語言在臺灣大量的流失。許多客家有志之士，感到如此不公義之對待，與基本人權之喪失，亦紛紛籌組客家團體、讀書會，辦報紙、辦雜誌，甚至上街頭向政府抗議及爭取客家語言文化的發展空間。這些有志之士不分東西南北，也不分社會各階層，目標一致要為客家的語言文化傳承盡一分心力。

　　其實，臺灣的客家研究，是客家運動思想的支撐，做為客家運動的必要條件之一，沒有客家研究，客家運動是做不起來的。而此客家研究，客家話的研究是其中之大宗，[7]從羅肇錦以降的客家話研究，各專家學者的參與，如雨後

---

5 這一場土客械鬥從咸豐5年（1855）至同治6年（1867）達12年之久。初起於鶴山，延及於開平、恩平、高明、高要、陽春、新會，終至於新寧，而相鬥以新寧最烈。時而客與官合作打土，時而土與官合作打客。單單新寧土客械鬥，就互相殺死二萬三千人以上，戰亂疾病流行致死超過二萬人，大量居民流落他鄉，更遠的被土人擄賣或自賣到南美洲的客家人達兩三萬人。詳述請參見網頁：http://www.tsinfo.com.cn/tsls/15.htm〈土客械鬥十二年〉（3.5.2004）

6 這樣子的客家研究，實可解讀為當時客家運動之一環，就是說客家研究不會無中生有，是有其時代背景與當時社會的各種條件配合，關於當時客家運動之詳述，請參見：羅香林，《客家研究導論》，頁2-12。

春筍般蓬勃發展大量出現。

　　關於這一時期的回應，誠如羅肇錦在《講客話》的序文中所描述：

　　「激動」是數年來我對客家情懷的牽扯，真的是「剪不斷、理還
　　亂」，所以教書之餘的大半時間，都投入了客家文化的工作。尤其，
　　對弱勢客語的不平之鳴，曾經一而再，再而三的在各報章雜誌呼籲，
　　終於有「還我客家話」運動的回應。那天，走在街頭，我滿心激動，
　　有股說不出的感慨和激切，於是我轉而投入「客家雜誌」，又投入
　　臺視「鄉親鄉情」的客語推廣工作。[8]

　　當然，那一個時期的有志之士，不只羅肇錦一人，有辦報紙、辦雜誌的，
編撰客語字典、辭典的，發行客語歌謠錄音帶的等等，可以說各行各業都有熱
心人士為客家語言的推廣與保存盡力。要推廣保存客家話，客家研究尤其客家
話的研究，就是非做不可的工作。[9]有了客家話的研究成果，那客家話的教育
工作也就跟著推展開來。前述所說的有志之士，後來就成為「客家界」的人士，
早期[10]的如鍾肇政、陳運棟、鍾孝上、楊兆禎、李永熾、李喬、徐正光、黃榮洛、

---

7 根據曹逢甫的研究，1983 至 2004 年是客家語言研究的茁壯期。他說從 1983 年到
　2003 年在臺灣各大學撰寫與客家語言有關的碩博士論文共 55 篇，其中 5 篇為博士論
　文。關於客家語言研究的回顧與展望詳述請參見：曹逢甫，〈客家語言研究的回顧與
　展望〉，臺灣客家研究學會編，《臺灣客家研究學會成立大會手冊》，2004 年 2 月，
　頁 23-26。

8 羅肇錦，《講客話》，臺北：自立晚報，1990 年 8 月，頁 1。

9 我們認為客家話的流失，分內在與外在的雙面原因。內在原因是客家人自己對自己的
　了解不夠，所以解決內在原因就是要做客家研究；外在原因不外乎政府的語言政策與
　傳播媒體對客家人的不公義，所以要對不公義之事進行抗議與爭取合理的對待，而這
　也要做客家研究。關於上述的詳細說明，請參見：楊國鑫，《臺灣客家》，臺北：唐
　山出版社，1993 年 3 月，頁 5-8。

10 在此所謂的早期以客家風雲雜誌創刊之前，即 1987 年之前謂之早期。

范文芳、楊鏡汀、羅肇錦、林光華、黃卓權、張致遠、陳石山與筆者等。這大部分的人後來就籌組了「臺灣客家公共事務協會」，繼續為臺灣的客家運動打拚，為臺灣的客家研究努力。以致會有之後的行政院客委會成立、各大學的客家學院客家系所設立與客家電視的開播等等，他們早期所投入的心力及對執政黨所施的壓力，可謂功不可沒。

　　檢視上述回應對客家的不公義，他們所採用的方法論是沿用既有學科的方法論。例如羅香林採用歷史文獻的方法回應客家的源流，《客家研究導論》（1933，廣州：希山書藏）、《客家源流考》（1950，香港：崇正總會）與《客家史料匯篇》（1965，香港：中國學社）等就是其代表作。又羅肇錦採用語言學的方法論回應客家話及母語教育的研究，《客語語法》（1985，臺北：臺灣學生書局）、《臺灣的客家話》（1990，臺北：臺原出版社）與《講客話》（1990，臺北：自立晚報）就是其代表作。

（二）以客家為對象回應學術相關議題

　　雙羅（羅香林、羅肇錦）的客家研究，涉及了兩個層面，一個是做為客家運動的思想與內容的支撐，另一個也回應了學術研究的議題，也可以說雙羅兼具客家運動者與學者這兩個身分。另外有許多的學者（包括中、港、臺、新及其他國家的學者），他們具有人類學、社會學、歷史學、語言學、音樂學、醫學等的學術訓練背景。他們以客家做為研究的對象，以回應相關學術研究的議題。謝劍就曾舉例說：

　　　有名的英國人類學者傅里曼（M. Freedman），在其著作中很多資料
　　　均來自新、港兩地的客家研究，他自己也曾在香港新界客家社區從
　　　事田野調查。他在討論閩、粵兩省的宗族組織時，自稱以楊慶堃等
　　　學者的著作為起點，但客家材料也是重要參考資料之一。另一英國

人類學者貝克（H. D. R. Baker）在研究中國親屬制度的成就，如果
說主要是建立在客家研究之上，應是很中肯的說法。[11]

這種學術研究的成果，是建立在以客家為主要對象的基礎上，把客家做為
學術研究的一種場域，或說實驗地。把客家做為一種觀察的對象，進而從中以
回應學術的相關議題。這種模式的研究在人類學上是很常見的，過去是如此，
未來會更多。謝劍他自己的研究也是如此：

本人對四九年後來港新客，特別是惠州群之志願社團加以研究，以
觀察其在都市化中的適應，都是比較具體的實例。[12]

這樣子的研究，也在歷史學家、社會學家、地理學家等被採用，有的是以
客家為主要資料，有的是做為比較資料之一。

以客家為研究資料的不僅是在社會科學，也出現在其他領域，例如臺北馬
偕醫院血庫諮詢實驗室及輸血醫學研究室主任林媽利教授的研究。她主要是做
輸血醫學的研究。她從組織抗原看閩南人、客家人，所謂「臺灣人」的來源，
她說：

A33-B58-CW10-DR3 只有在臺灣的閩南人、客家人會有相當高的頻
率，然後新加坡、泰國的華人也都一樣的出現，但在別的族群少見，
當然白種人沒有，我想這大概是屬於古代越族……被完整保留下來

---

11 謝劍，〈為有源頭活水來：客家研究的回顧與前瞻〉，賴澤涵編，《客家文化學術
　研討會論文集》，臺北：行政院客家委員會，2002 年 12 月，頁 3。
12 同前註，頁 3。

古代越族的基因。研究的結果,閩南人和客家人是屬於南亞洲人種,這結果就剛好配合民族史的記載,認爲臺灣人是大陸東南沿海原住民「越族」的後代。這並不是我創造出來的,是要配合民族史的記載才有辦法這樣講。[13]

這種客家研究,回應醫學的問題,是具有學術與實踐意義,頗值得鼓勵。客家人一直就有與人不同的「客家病」,做「客家病」的研究,在學術上有意義,在實際的醫務上更是有價值。

檢視上述以客家爲對象回應學術相關議題的研究,他們所採用的方法論是沿用既有學科的方法論。例如傅里曼與謝劍就用人類學的方法論,林媽利採用醫學的方法論。

這種以客家爲研究對象以回應學術相關議題,以及在學術的成就上,也對認識客家有所助益,進而使客家運動的思想與內容更加豐富。而客家運動的成果也造成客家研究在學術上的研究推動,兩者是互動的相輔相成的。

縱使是在回應學科的理論研究,它的研究成果也相當程度回應了客家是什麼。就如人類學家關於客家研究的兩個例子:(1)羅香林與史蒂芬生的廣東人種測驗,這是有關體質人類學的研究。1932年羅香林接受北京燕京大學國學研究所的委託,與史蒂芬生合作進行關於華南民族的測驗與民系的調查,它的測驗分量度(measurement)與觀察(observation)兩類也包括對體態及頭面特別的加以拍照,量度包括體格、頭部、面部、鼻部、手部,觀察包括皮膚、毛髮、眼部、鼻部、耳部、顎之角度、頷之突起、牙齒。他們選定的樣本是以廣

---

13 林媽利,〈從組織抗原推論閩南人及客家人:所謂「臺灣人」的來源〉,原文請參見網頁:http://www.taiwancenter.com/sdtca/articles/9-03/12.html。(Date visited: May 2, 2005)

東地區的士兵為主，原本的計畫是以客家、福佬、廣府與蜑民、畬民、黎人為主要的對象，不過他們並未完成全面測驗的計畫，他們合作的只有客家、廣府與蜑民三項（羅香林 1966：202-210）。這樣子的研究可以理解客家人的體質，以及與互動族群的關係，同時可以理解各族群在體質上確有不一樣的地方，[14]這些測驗資料同時是在做體質人類學的研究。（2）美國哥倫比亞大學孔邁隆（Myron L. Cohen）的美濃研究，其實是關於人類學的研究，同時也可看成是關於美濃客家地區的研究。關於孔邁隆的研究，莊英章談到：

> 當時他們來到美濃或屏東平原，並不是要專門研究客家，他們是想找一個臺灣社區來研究，以替代沒有辦法去中國大陸實地田野的缺憾，因此他們的研究很少處理客家源流的問題，而是探討生活在這個社區的居民日常的運作、種種的社會經濟行為，尤其著重在家族、宗族以及婚姻、人口現象等問題的探討。[15]

這樣子的研究，事實上兩個部分都有回應，一方面理解美濃客家是什麼，例如孔邁隆在研究清代期間美濃家族之中社會與經濟的差異時，就提到美濃地區各村落一起成為右堆（Right Unit），加入南臺灣有名的客家六堆（Six Units）組織，這是地方的鄉團義兵（militia），當時右堆在整個六堆組織具有領導地位（Cohen 1998：4）。另一方面是對於人類學相關理論的回應。

關於回應客家是什麼，除了羅香林之外，學者陳運棟在這個部分可說是著

---

14 就鼻形指數而言，廣府人為 73 左右，客家人為 72 左右，潮洲人為 75 左右，水上蜑戶多在 85 至 90 左右。所謂的鼻形指數是鼻長除鼻寬再乘以 100。關於鼻形的問題可參見：羅香林，1966：61-63。

15 莊英章，〈客家研究的人類學回顧〉，《客家文化研究通訊》，1998，創刊號，頁 23。

墨不少,他主要是以歷史文獻來回應客家是什麼,這其中以《客家人》(1978,
臺北:聯亞出版社)與《臺灣的客家人》(1989,臺北:臺原出版社)為代表。
另外社會學(人類學)者徐正光的《臺灣客家族群史社會篇》(2002,南投:
臺灣文獻館)、社會學者張維安的《臺灣客家族群史產經篇》(2000,南投:
臺灣文獻館)、歷史學者謝重光的《畬族與客家福佬關係史略》(2002,福州:
福建人民出版社)、地理學者江金波的《客地風物──粵東北客家文化生態系
統研究》(2004,廣州:華南理工大學)等。上述的學者無不用既有的學科來
回應客家是什麼,至此仍找不到有屬於客家學自己的方法論。

(三)回應特殊目的客家研究

為什麼要做客家研究,除了回應對客家的不公義與以客家為對象回應學術
相關議題之外,有時候它的背後是另有目的。以下四種目的是比較常見的,包
括回應傳教工作、回應僑政工作、回應客家票的爭取、回應學位論文的撰寫等,
以下分別論述。

1. 回應傳教工作

西方人士來到中國,接觸到與人殊異的客家,進而研究客家這是很可以理
解的。這西方人士除了西方的相關學者之外,就是西方傳教士。這些傳教士對
客家研究涉入很早,謝劍說:

> 香港於 1842 年開埠之後,華洋雜處,若干西人就曾注意到本地土、
> 客之間的差異,最早如 1859 年牧師高懷義(Rev. R. Krone)所著《新
> 安縣誌略》,就曾記載今廣東寶安縣境內客家村落的分佈,及其姓
> 氏源流與南遷經歷。之後,西人艾特(E. J. Eitel)於 1867 至 1869
> 年間,更有「客籍華人之民族誌記述」一系列論文之發表。同時代
> 的西人如梅耶斯(W. F. Mayers)、牧師黎力基(Rev. R. Lechler)、

牧師畢安（C. Piton）及牧師韓山明（Rev. T. Hamberg）等，對客家
研究的肇始均有貢獻。[16]

　　羅香林認為傳教士（也包括西方學者）對客家問題的討論是客觀的探
討，[17]不涉入對客家的辯護與詆毀。

　　傳教士對於客家的歷史文化有興趣之外，更重要的工作是在於傳教的需
要。尤其是在訓練傳教士的客家語文能力上下不少功夫，而編寫了一系列的客
家字典、客家對話錄等；在傳教的實務工作上，更直接的翻譯出版所謂的客語
聖經。根據聖經公會的記載：

　　瑞士巴色差會（The Basel Mission）在 1860 年出版大陸客家話羅馬
　　自馬太福音，此後，陸續出版路加，使徒行傳等單行本。1883 年方
　　與英國海外聖經公會（The British and Foreign Bible Society）於大陸
　　出版客家話新約聖經。1890 年共同完成詩篇的翻譯，1916 年出版新
　　舊約聖經。[18]

　　可見傳教士在客家研究方面用功頗深，不僅在對客家的了解，更進而回應
客家地區傳教的實務。當他們在傳教工作遇到瓶頸時，會思考到對客家進一步
研究，以找出問題的原因，提出解決的策略。也就是說要在客家地區進行傳教，
除了要會說客家話之外，更要瞭解客家人的思想，以及影響客家人行為的因素

---

16 謝劍，〈為有源頭活水來：客家研究的回顧與前瞻〉，賴澤涵編，《客家文化學術
　　研討會論文集》，頁 1。
17 對於客家問題的主觀辯護與客觀探討的說明，請參見：羅香林，《客家研究導論》，
　　頁 12。
18 聖經公會編，《客語聖經》，臺北：聖經公會，1993 年，頁 i。

是什麼,尤其是在探討客家人的信仰態度,這更是教會所關注的客家研究。回應「客庄是臺灣福音的硬土」這個觀念,夏忠堅牧師寫了一本《隱藏的一群:臺灣客庄和客庄教會》。他除了介紹臺灣的客庄與客家文化特質之外,最重要的就是研究客家人的權威體系,以理解影響抉擇的權威體系,進而關注到客家人對基督教的接觸與反應。最後他依據聖經的宣道原則、客家民系的特性、影響客家人抉擇的權威體系與客庄教會現況,提出了對臺灣客庄宣道的策略,共有 12 項獻議:

1. 廣泛傳遞客庄宣教的使命
2. 訂定宣教區
3. 宣教與牧養並重
4. 善用拓植增長策略
5. 在都會區成立客家教會
6. 推行福音與客家文化之關聯化
7. 運用群體歸主的策略
8. 智慧地運用語
9. 加強福音預工
10. 舉辦福音性專題講座
11. 老、中、青三管齊下
12. 以人際佈道為最優先佈道策略
13. 優先向較現代化的人佈道
14. 建立強有力的協調單位 [19]

---

[19] 關於對臺灣客庄宣道的策略獻議的詳細說明,請參見:夏忠堅,《隱藏的一群:臺灣客庄和客庄教會》,臺北:客家宣教協會,1983 年 8 月,頁 124-129。

雖然傳教士做客家研究有其目的，但是對客家研究是頗有貢獻的。譬如說在客家語音詞彙方面的紀錄，客家歌謠的採集，客家民俗信仰的研究等。實在的說，傳教士做的客家研究有許多的資料在今天來看是彌足珍貴的，例如：D. MacIver 編的《客英大辭典》（1926 年初版，1982，臺北：南天書局再版）、陳建中編的《客語聖歌集》（1985，臺北：天恩出版社）、彭德修編的《大家來學客家話》（1989，臺北：南天書局）等。

2. 回應僑政工作

中國近期的客家研究主要時間是在 1980 年代末期，這個時間與臺灣如火如荼展開的客家運動差不多。[20] 羅香林之後中國對客家研究就少了，直到 1980 年代末期，中國的改革開放後，各地的客家研究開始興盛，吳澤在《客家史與客家人研究》創刊號的序文中提到：

> 遺憾的是大陸學者長時期來對客家研究沒有引起足夠的重視，不僅沒有專門研究機構和組織，而且有關客家研究的資料也十分匱乏。近年來，為適應改革開放的需要，適應統一祖國大業的需要，客家研究引起了學術界各方面的重視。[21]

做客家研究可以對客家地區的經濟發展有幫助，當然對僑政的推動及所謂的統戰也有幫助。中國的第二波客家運動就此展開，除了客家研究之外，成立

---

20 尹章義認為客家研究的抬頭，固然與客家意識的覺醒及政、經、社會結構的改變有密切關係，但是與兩岸暗中較勁恐怕不無關係，也就是說非學術因素的進入，也對客家研究產生影響。關於尹章義的見解，詳述可參見：尹章義，《臺灣客家史研究》，臺北：臺北市政府客委會，2003 年 12 月，頁 30。

21 吳澤，〈群策群力開創客家研究的新局面〉，《客家史與客家人研究》（一），上海：華東師範大學，1989 年，頁 2。

了許多的客家表演團體，同時對海外的招商工作也搭配進行，還無中生有蓋起了「客家公祀」，[22] 可見中國的用心良苦。

　　這個時期不到二十年，中國的客家研究成果頗豐，大量的專家學者投入是它能夠快速有成的主要因素。事實上，從回應僑政的工作，到回應學術的議題，到對中國客家地區的發展，中國是投入不少的研究與成本。中國的客家研究以歷史學為進路的可說成果豐碩，例如：楊彥杰的《閩西客家宗族社會研究》（1996，香港：國際客家學會）、房學嘉的《客家源流探奧》（1996，臺北：武陵出版社）、王東的《客家學導論》（1998 臺北：南天書局）、陳支平的《客家源流新論》（1998，臺北：臺原出版社）、謝重光的《客家源流新探》（1999，臺北：武陵出版社）等。

　　3. 回應客家票的爭取

　　從 1996 年開始，臺灣的總統改為直接民選。這是華人世界的創舉，人民當家做主人。不過第一次的臺灣總統大選，它的客家政策不顯。到了 2000 年的總統選舉時，各候選人的客家政策白皮書才紛紛出籠，以爭取客家選票。[23]2004

---

22 始於 1980 年代末期的中國客家運動，相當的用心於僑政工作。對於許多族譜記載的客家共同祖地──石壁，設立了所謂的「客家公祀」或稱之「客家祖廟」或「客家總祀」。羅香林在探究廣東客家各姓族譜時，發現族譜多載其上祖避黃巢之亂，曾寄居寧化石壁葛藤坑，再轉徙各地。關於他的寧化石壁村的探究，可參見：羅香林，〈寧化石壁村考〉，《客家史料匯篇》，臺北：南天出版社，1992 年 7 月臺灣 1 版，頁 377-387。陳支平在反駁羅香林的「客家是中原最純正的正統漢人的後裔」的觀點時，認為許多客家族譜的記載稱其上祖來自寧化石壁村，是一種淵源上的精神認同，而並非完全確有其事。同時他特別強調在運用族譜資料時不可不慎加鑑定辨別。關於陳支平對於石壁村的這種精神認同當作歷史事實的論述，請參見：陳支平，《客家源流新論：誰是客家人》，臺北：臺原出版社，1998 年 5 月，頁 175。

23 事實上，在臺灣不僅是總統的選舉，在臺北市、高雄市的市長選舉與之前的臺灣省長選舉，也有同樣的客家票訴求。而且在上述的選舉中客家票皆是關鍵的。2004 年 2 月剛成立的臺灣客家研究學會，第一場舉辦的討論會（與客家雜誌合辦，時間：4 月 10 日，地點：國家展望文教基金會）即是「客家與 2004 年總統大選座談會」。座談會的兩個子題是：民調專家看族群投票行為、客家人如何看總統大選。

年的總統選舉，客家票更是兵家必爭之地，客家票成為關鍵票，各陣營無不絞盡腦汁來研究客家，用以回應客家政策，最後要爭取客家選票。

2004年臺灣總統選舉的結果是五五波（6471970：6442452，相差0.228%）。如此可說，臺灣任何地區的選票都是關鍵票，臺灣任何屬性的選票都是關鍵票。當然，達數百萬所謂的客家票是關鍵的，如何做好客家研究，以回應客家票的爭取，顯然是各政黨未來的重點工作之一。這一方面的研究，使得政治學者的參與有了發揮的空間，以政治學做為客家研究的方法論，其中就有施正鋒的《臺灣客家族群政治與政策》（2004，臺中：新新臺灣文化教育基金會）與范振乾的《存在才有希望：臺灣族群生態客家篇》（2002，臺北：前衛出版社）等。

4. 回應學位論文的撰寫

問 A 君為什麼要做客家研究，他的答案是：因為要寫學位論文。問 B 君為什麼要做客家研究，他的答案是：因為要做作業要寫報告。的確是如此，而且做客家研究不僅可以拿到學位，更可以申請客委會的碩博士論文補助，一舉多得，附加價值不少。碩博士論文的客家研究更是以該研究所的學術探討取向為主，幾乎都是以既有學科入手。

特殊目的的客家研究，其實凸顯了客家具有某種價值。而此價值多少與客家運動有關，可以說客家運動與客家研究對現階段的客家學有著重要作用。中國與臺灣的客家學基本上都回應客家地區的發展，當然有些附加價值（value-added），像僑政的效果，而在臺灣可以回應客家政策，爭取客家選票。凡此種種，皆是良性的互動，對客家地區的發展與其他的目的都有益處。也就是說，做客家研究可以是有多重原因的，每一個涉利者（stakeholder）都可得到所需，這是頗值得鼓勵的研究。不過他們的入手與進路仍是以既有的學科做為他們研究的方法論。

三、客家學的倡導

　　客家學的提倡與建構實在是很令人興奮的事，因為其他大多的學門皆發展得頗成熟，能讓後進者開發的空間不多。要把客家學建構成一門專門且獨立的學門，的確有很大的發揮餘地。張維安就提到：

> 建構客家學，舉凡研究刊物的出版、全國性研討會的開辦，乃至落實跨校選課的事宜千頭萬緒。然而可喜的是各地的文史工作者透過田野調查的深耕、經營，往往來自民間的支持比學術的研究更豐富，更非政治支票所能涵括的關懷與視野，而非學院體制的成果藉重學院式的研究概念來處理，必能在分工和互補中建構出客家學的良性互動。[24]

　　張維安對客家學的建構提出了一個可行的方案，但仍有待實踐。接下來所要探討的是，到底客家學是何時有人來正式的提倡呢？
　　許多的學者皆提到客家學是羅香林所提倡的。謝劍說：

> 賴、羅二氏應是現代客家研究的開拓者，事實上，「客家學」（Hakkaology）這一名詞，也是由羅氏所倡導（羅香林，1933），較發軔期主要是傳教師的表面觀察，當然是前進了一大步。[25]

---

24 徐翠真，〈「客家學的建構：與社區文史工作者對談」座談會〉，《國立中央大學客家學院電子報》第 13 期，2004 年 9 月 28 日出刊，http://140.115.170.1/Hakkacollege/big5/network/paper/paper013.html#06。
25 謝劍，〈香港地區的客家研究及其影響〉，中央研究院民族學研究所編，《第四屆國際客家學研討會》，臺北：中央研究院民族學研究所，1998 年 11 月，頁 52。

王東在闡述客家學是一門獨立的學科時，也有類似的說法：

客家學（Hakkaology）一詞，是羅香林先生在 30 年代研究客家民系
形成問題時，所提出來的一個學科名詞。但限於當時國內外關於客
家民系的研究狀況及實際水平，羅先生實際上只是提出了這一學科
名詞，而對這一學科的具體構建及總體設想，基本上沒有涉及。[26]

羅香林在客家研究的貢獻是相當關鍵，沒有他可能沒有今天的局面。不過
就客家學一詞，雖然出現在他的《客家研究導論》書中，但是他是抱持保留的
態度，而且客家學一詞也不是羅香林所提的，是他一位任職於英文新民日報編
輯的友人鍾一帆所提的，[27]這件事情是發生在1930年，他寫作《客家研究導論》
的三年前，在該書的第一頁他就說：

三年前，我在北平，遇著一位辦報的朋友，他便主張將「客家研究」
這門學問，逕以「客家學」名之；但我總以為我們對於凡百學問，
都須有一個適當的態度，研究時儘宜絕對的狂熱，說話時亦宜絕對
的冷靜；有意要為某一問題或某一學問，東拉西扯，張大其詞，到
底不是學者應有的態度，我們應得避牠！[28]

---

26 王東，《客家學導論》，臺北：南天書局，1998 年 8 月，頁 11。
27 Hakkaology 一詞，並沒有出現在《客家研究導論》的本文中，而是出現在該書的註
　釋中，詳述請參見該註釋：羅香林，《客家研究導論》，頁 24-25。
28 羅香林，《客家研究導論》，頁 1。

　　事實上，羅香林在寫作《客家研究導論》的重點工作，是在回應當時客家社會所關心客家的源流等問題，而不是所謂的客家學。如此，他也就不會在客家學的建構上多費功夫，當《客家研究導論》寫完之後，他的研究重心也移往他處了。就羅香林的著作而言，雖然客家的研究是他主要的工作之一。但是當該書可以回應當時的問題到某一程度，客家研究的工作就羅香林而言，就停留在導論階段。剩下的工作就要由後人來完成。

　　比較正式且大規模的倡導客家學，可就要到 1990 年代了。當海峽兩岸都在如火如荼進行客家運動之時（當然也包括成果頗豐的客家研究在內），在香港由中文大學的謝劍所領軍的學者包括鄭赤琰、勞格文、張雙慶、鄒桂昌、劉義章等，得到了崇正總會的黃石華主席與客籍女企業家胡仙的資助，於 1992年 9 月在香港召開第一屆國際客家學研討會。此會議明白揭示客家學為探討主題，英文就用 Hakkaology。而且就此機會成立了國際客家學會。而他們所用的方法論會是什麼呢？這從吳澤對客家學的外延定義可看出：

> 客家學的外延則是：從歷史學、社會學、人種學、民族學、語言學
> 和民俗學等眾多學科的視角出發，全面地、多方位地研究客家民系
> 與漢民族共同體及中華民族大家庭、大文化的關係，分析客家人的
> 民系個性和特徵，揭示這些個性和特徵在文化人類學上的意義，進
> 而科學地論證客家民系對漢民族，對中華民族乃至對整個人類所作
> 出的重大貢獻及其原因。[29]

　　這樣子的定義，清楚透顯出客家學研究是採用既有學科如歷史學、社會

---

29 吳澤，〈建立客家學芻議〉，《客家學研究》，1990，第二輯，頁 3。

學、人類學、語言學等的方法論做為客家學的方法論。2002 年出版的《客家文化導論》，房學嘉談到：

> 客家學（Hakkaology）是一門多學科的綜合性的學科，許多基本問題仍在爭論之中，真正成熟的客家學還沒有建立起來。但這並不影響我們的學習和探討，因爲客家是客觀存在的。客家文化研究的對象是客家人及其文化。[30]

筆者同意房學嘉的講法，現階段客家學是一門多學科的綜合性的學科，而筆者解讀爲現階段的客家學是各種學科對客家進行研究的叢集（cluster）。房認爲真正成熟的客家學還沒有建立起來，筆者同意，但是筆者認爲真正成熟的客家學是有其自己獨立清晰的方法論與相關理論，這是未來客家學界所要努力的方向之一。

關於整合各學科以建構客家學基礎的思維已經出現了。張維安提到：

> 客家學作爲一門獨特的學門，兼具實證的、詮釋的以及反思與批判的認知旨趣，是一門跨學科的綜合性的學科，熟稔其他既有學科的理論與方法，將有助於客家學的發展與論述。……如何整合轉化爲客家學的核心基礎，有待進一步細緻的經營。[31]

---

30 房學嘉，《客家文化導論》，廣州：花城，2002，頁 1。
31 張維安，〈客家學的構成要素〉。《國立中央大學客家學院電子報》第 25 期，2005 年 3 月 1 日 出 刊。http://140.115.170.1/Hakkacollege/big5/network/paper/paper25/41. html （5.2.2005）

　　丘昌泰對這個部分的構思頗值得參考，他說：

　　客家學的方法論究竟應該包含那些內容？就科學哲學方法論的發展
歷史而論，應與一般社會科學方法論所說的一樣，作為一位客家研
究者，必須學習以自然科學方法論為主軸的「實證科學方法」，以
人類文化科學方法論為主軸的「詮釋科學方法」，以及破解權力、
制度、意識型態為主軸的「批判科學方法」，融合了這三種不同角
度的方法論，自然就奠定了客家研究的基礎。[32]

　　張維安與丘昌泰有這樣的想法與企圖，是指引出客家學的方法論與相關理
論建構的方向，是走向客家學體系的建立，但是這也意謂現階段的客家學是沒
有屬於自己獨立清晰的方法論，有待未來進一步的努力。

四、結論

　　本文的結論只有一個，那就是現階段而言，沒有具有獨立清晰的方法論的
客家學。從前面的論述可以理解，客家學具有客家運動與客家研究的雙層意
義。可以說客家學為客家運動與客家研究的交集，用數學交集的表示式為：

　　客家學＝客家運動∩客家研究　（參考圖 1：客家學發展圖）

　　如此之客家學，與過去所出現的一些學問都不太一樣。不過具有它們的一
些特性。例如就儒學[33]（Confucian Studies）、紅學[34]而言，客家學與它們在

32 丘昌泰，〈從「科學」與「學科」析論「客家學」的建構〉。《國立中央大學客
　家學院電子報》第 25 期，2005 年 3 月 1 日出刊。http://140.115.170.1/Hakkacollege/
　big5/network/paper/paper25/40.html（5.2.2005）

33 儒學是研究儒家的學問，臺灣在東吳大學、臺灣大學與中央大學皆成立儒學中心，

研究對象明確固定的此一特性相同。儒學是研究儒家思想（Confucianism）的學問，紅學是研究《紅樓夢》的學問，客家學是研究客家的學問。

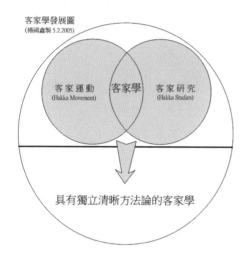

圖1：客家學發展圖
資料來源：作者繪製

　　客家學與潮洲學、苗栗學[35]等，具有對研究對象促進其發展之目標的相同特性。潮洲學是研究潮洲地區的學問，具有促進潮洲地區發展的目標；苗栗學是研究苗栗地區的學問，具有促進苗栗地區發展的目標；同樣客家學是研究客家地區（或客家人）的學問，具有促進客家地區（或客家人）發展的目標。

關於儒學研究的相關訊息，可參考網址：http://www.ncu.edu.tw/~phi/confucian（中央大學儒學研究中心）（3.13.2004）。

34 臺灣的中央大學，原址南京，與紅學淵源至深。《紅樓夢》作者曹雪芹之家族，世居該地近一甲子。在臺復校的中大中文系，長期開有《紅樓夢》之課程，並以紅樓夢工作小組實際工作，又於1993年正式成立「紅樓夢研究室」，與紅樓經典的關係遂更加落實與強化，以致形成特色獨具的一項學問。關於紅學研究室的緣起、展望與大事記，請參見網址：http://www.ncu.edu.tw/~chi/rooms/red.htm（中央大學中文系紅學研究室）（3.13.2004）。

35 聯合大學設有苗栗學研究中心。關於苗栗學的相關訊息，請參見網址：http://miaoli.nuu.edu.tw（聯合大學苗栗學研究中心）（3.13.2004）。

客家學與人類學、歷史學、哲學、社會學、心理學、政治學、語言學、音樂學、醫學等明確分明的學門，以學術理論進行研究的相同特性。但是卻與它們不一樣的是沒有明確獨立的進路（approach）與理論（theory），而是借它們的相關理論進行研究，使客家學具有學術研究性質。就此學術研究性質，客家學可以說是以相關學術理論對客家進行研究之叢集。

客家學具有客家運動與客家研究的雙層意義。而其研究的特性與儒學及紅學明確固定的對象相同，與潮洲學及苗栗學的對研究對象的發展做出貢獻的目標相同，與人類學、歷史學、社會學等以學術的理論進行研究相同。

雖然各地有成立了「客家學會」，也有學術的「客家期刊」，甚至也辦理了多次的客家學術研討會。不過一個成熟的學科其最重要的是，有一清楚且獨立的方法論與理論，也就是說客家學還不宜稱為是一個成熟的學科。

所以，筆者在客家學發展圖（如圖1）中畫了一條較粗的水平線。此一水平線，對客家學做一個定位，其實也是一種限定，亦即說此客家學還未成為成熟的客家學，這樣的工作是一消極的（negative）工作。

在客家學發展圖中劃上了一條水平粗線，似乎是一種消極的限定作用，把客家學限定在水平線之上。用一條粗線也表示要從客家學到成熟的客家學是不容易的。然而對客家學界而言，此一條水平線的劃定，卻顯出清楚的與積極的（positive）一面，即明確的方向往成熟的客家學邁進。至於未來能否達致成熟客家學的目標，能否突破這一條水平線，那就看大家的努力了。

五、建議與結語

現階段而言，客家學就是如圖1的上半部，沒有清楚明確獨立之方法論與理論的客家學。不過，未來要朝向有清楚明確獨立之方法論與理論的客家學發展。現階段客家運動的結果，坦白說臺灣學術界還來不及回應，就接二連三設

立了客家學院與客家系所。如此，除了在客家運動與客家研究繼續推動之外，往成熟的客家學之路當要啟動。

成熟的客家學之推動可看成是後客家運動，是一種走向學術與運動的整合，走向客家與非客家的合作，以及民間研究者與學術界的相輔相成。進而共創全球人類的發展，因為人類有共同的未來，也有共同的困難。如何在「同」與「異」之間，謀求合作規範，客家學是具有積極意義的研究與學問。如此，透過論證或證明客家人與其他人的「同」是什麼、「異」是什麼，以回應出客家人的優處或缺處，來提出解決問題的方法或策略。此方法或策略在於解決客家本身的問題，或甚至解決其他人的問題。因為解決他人的問題與解決客家自己的問題，有時候是同等重要的。

現階段的客家學是沒有它自己獨立明確的方法論，這是就現階段而言，不代表以後沒有。21 世紀初的今天，把客家研究提升到客家學研究的這種事情是有所必要的，因為把客家學當成一個學科來討論，就會進一步思考與討論它的目的、方法論、理論、方法等。討論不一定會有結論，但是一定要討論，而且通常討論之後會更清楚。至於客家學是什麼？客家學的方法論是什麼？這是接下來要進一步另外為文探討的。

對客家學做批判的定位，是消極的作用，然而誠如康德在純粹理性之批判做為消極的工作，他說事實上也是積極面。也就是說，使現在的客家學成為前客家學，而往成熟的客家學邁進，相信 21 世紀初的客家學界不會沒事做的。

參考文獻

尹章義，2003，《臺灣客家史研究》，臺北：臺北市政府客委會。

王東，1998，《客家學導論》，臺北：南天書局。

吳澤，1989，〈群策群力開創客家研究的新局面〉，《客家史與客家人研究》
　　（一），上海：華東師範大學。

＿＿＿＿，1990，〈建立客家學芻議〉。《客家學研究》第二輯：1-10。

房學嘉，2002，《客家文化導論》，廣州：花城。

夏忠堅，1983，《隱藏的一群：臺灣客庄和客庄教會》，臺北：客家宣教協會。

曹逢甫，2004，〈客家語言研究的回顧與展望〉，臺灣客家研究學會編，《臺
　　灣客家研究學會成立大會手冊》。

莊英章，1998，〈客家研究的人類學回顧〉。《客家文化研究通訊》創刊號：
　　22-29。

陳支平，1998，《客家源流新論：誰是客家人》，臺北：臺原出版社。

楊國鑫，1993，《臺灣客家》，臺北：唐山出版社。

聖經公會編，1993，《客語聖經》，臺北：聖經公會。

謝劍，1998，〈香港地區的客家研究及其影響〉，中央研究院民族學研究所編，
　　《第四屆國際客家學研討會》，臺北：中央研究院民族學研究所。

＿＿＿＿，2002，〈為有源頭活水來：客家研究的回顧與前瞻〉，賴澤涵編，《客
　　家文化學術研討會論文集》，臺北：行政院客家委員會。

羅香林，1966，《民俗學論叢》，臺北：文星出版社。

＿＿＿＿，1981，《客家研究導論》，臺北：眾文圖書公司。

＿＿＿＿，1992，《客家史料匯篇》，臺北：南天出版社。

羅敬之，1992，〈羅香林先生年譜初編〉，珠海文史研究所學會主編，《羅香
　　林教授紀念論文集》，臺北：新文豐出版公司。

羅肇錦，1990，《講客話》，臺北：自立晚報。

Cohen, Myron L., 1998, "Social and Economic Differences among Minong Family
　　during Qing: An Essay on the Historical Anthropology of a Hakka Community
　　in Southern Taiwan" Paper presented at The Fourth International Conference on
　　Hakkaology, Nankang, Taipei, Taiwan: The Institute of Ethnology, Academia
　　Sinica, November 4-7, 1998.

網頁文獻

http://www.tsinfo.com.cn/tsls/15.htm〈土客械鬥十二年〉（3.5.2004）

http://www.ncu.edu.tw/~phi/confucian（中央大學儒學研究中心）
（3.13.2004）。

http://www.ncu.edu.tw/~chi/rooms/red.htm（中央大學中文系紅學研究室）
（3.13.2004）。

http://miaoli.nuu.edu.tw（聯合大學苗栗學研究中心）（3.13.2004）。

http://140.115.170.1/Hakkacollege/big5/network/paper/paper013.html#06 徐翠真，
〈「客家學的建構：與社區文史工作者對談」座談會〉，《國立中央大學
客家學院電子報》第 13 期，2004 年 9 月 28 日出刊。

http://www.taiwancenter.com/sdtca/articles/9-03/12.html，林媽利，〈從組織抗原
推論閩南人及客家人：所謂「臺灣人」的來源〉（5.2.2005）

http://140.115.170.1/Hakkacollege/big5/network/paper/paper25/40.html，丘昌泰，
〈從「科學」與「學科」析論「客家學」的建構〉。《國立中央大學客家
學院電子報》第 25 期，2005 年 3 月 1 日出刊。（5.2.2005）

http://140.115.170.1/Hakkacollege/big5/network/paper/paper25/41.html，張維安，
〈客家學的構成要素〉，《國立中央大學客家學院電子報》第 25 期，
2005 年 3 月 1 日出刊。（5.2.2005）

原住民族知識體系與客家知識體系 *

施正鋒

收割期已經過去,夏天已經完結,我們仍沒有獲救!

舊約聖經(耶肋米亞書,8:20)

It is a peculiar sensation, this double-consciousness, this sense of always
looking at one's self through the eyes of others, of measuring one's soul
by the tape of a world that looks on in amused contempt and pity.

W. E. B. Du Bois(2007: 168)

We refuse to be What you wanted us to be; We are what we are: That's
the way (way) it's going to be. You don't know!

Babylon System(Bob Marley, 1979)

一、由知識到社會知識論

所謂「知識」[1](knowledge),是指我們對於某個東西(subject)的理解。

---

* 本文原刊登於《臺灣原住民族研究學報》,2013,3 卷 2 期,頁 115-142。因收錄於本專書,略做增刪,謹此說明。作者施政峰現任國立東華大學民族事務與發展學系教授。

1 西方的哲學傳統將知識的構成分為三部分:相信(belirf)、為真(truth)、有道

「知識體系」[2]（knowledge system）可以有兩種解釋，首先，就組織上而言，它是指與知識生產、組織、傳遞、分配、儲存，以及運用的相關機構及角色（Holzner & Mark, 1979: pt. 3）；另外，就實質內容而言，它也可以指在特定的社會結構，包括權力關係、溝通的網路或是經濟體系，所構成的參考架構，以及進而塑造的知識觀點（Holzner & Mark, 1979: xviii-xx, 173-75）。有關於知識體系的討論，大體有微觀及宏觀兩個途徑：前者著重於特定的傳統知識的採集，譬如原住民族的生態保護智慧，後者則關心知識體系的理解與建構；前者以人類學者為主，後者屬於哲學的範疇。

在哲學裡，對於知識的研究、或是有關於知識的理論，稱為「知識論」[3]（epistemology）（圖 1）。知識論主要在探討「甚麼是知識」、「知識是如何取得的」、「我們可以理解到何種的程度」，以及「如何知道『我們已經理解了』」（Wikipedia, 2012; Moser, et al., 1998: 1）。就取得知識的各種途徑當中，「社會知識論」（social epistemology）強調知識的社會面向，也就是社會因素如何影響知識的生產，或是說，科學是鑲嵌在社會脈絡，因此，如果想要了解知識的治理，就必須研究知識的社會特徵。

理（justification），也就是「有道理相信是真的」（justified true belief）（Moser, et al., 1998: 14-16）。Stanfield（1985: 390-91）根據發展的過程，將社會知識分為魔法、神學、默想、科學及技術。我們這裡所提的知識是「科學知識」（scientific knowledge）。

2 或是稱為「知識的社會體系」（social system of knowledge）（Holzner & Mark, 1979: xviii）。

3 在希臘文，episteme 的意思是知識，logos 是理論或是解釋（Moser, et al., 1998: 3-4）。知識論探討的是「知道」（knowing），而本體論研究的是「存在」（being）。

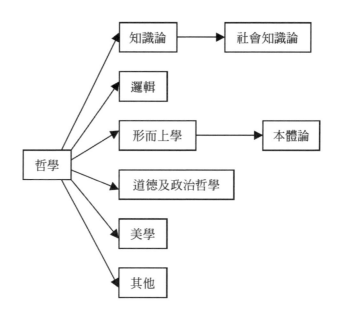

圖 1：哲學的內容

最早使用社會知識論的是圖書館學家 Jesse Shera，強調社會結構（social fabric）對於思想生產、流通、整合及消費過程的影響；[4] 不過，從 Plato、John Lock 到 David Hume 都有提到知識的社會性。當然，我們比較熟悉的是 Karl Marx 所提出的意識形態理論，指出包括人的理念、世界觀或是意識在內，都是受到他們的社會情況或是利益影響。Karl Mannheim 進一步發揚光大，認為每一個社會團體的思想可以追溯到他們的社會情況或生活條件。而法蘭克福學派的批判理論更是主張，一個行為者（agent）若要獲得解放跟啟蒙，就必須去發掘隱藏在環境中的壓迫，以便決定自己的真正利益。Michael Foucault 更是直言，知識的追尋其實是在服務政治權力及社會支配。

---

4 這部分整理自 Stanford Encyclopedia of Philosophy（SEP, 2006a）。

　　如果說古典知識論的特徵是追尋真理，那麼，上述哲學家的知識強調的是心理過程，因此可以歸類為「個人的知識論」（individual epistemology）。相較之下，Alvin Goldman 於 1970 年代末期及 1980 年代中期提出「社會的知識論」[5]（social epistemology），強調社會互動的過程對於知識生產的影響，特別是透過結構的制度化，將特定的價值灌輸為「真實的價值」[6]（veritistic value）。基本上，個人知識論的關注在描述、或是解釋，而社會知識論關心的是規範。

　　接著出現的反古典知識論，比較想要理解、甚至於顛覆知識生產背後的社會力量；[7] 他們挑戰所謂的普世理性，強調特定社群／共同體有其文化及理性規範，也就是說，知識一定會受到社群、文化或是脈絡所約制。對社會因素影響知識產生的方式，有兩種看法：（一）知識在基本上就是政治權力鏖戰的場域，[8] 因此，科學社會學者或是科學歷史學者的責任，就是想辦法打破科學知識的權威，尤其是揭露現有的科學信念，探究到底是如何在特定的社會歷史片段中被炮製出來的；[9]（二）所有知識都是經過社會建構而來，也就是說，我

---

5 不過，一直要到 1980 年代末期及 1990 年代初期，社會知識論才在知識論學界大放異彩（SFP, 2006b）。

6 由於人類社會往往寧可相信有權有勢者所說的話，因而造成「知識論的不公義」（epistemic injustice）。譬如在臺灣，學界的支配者認為理工科的人所從事的才是科學、或是論文發表 SSCI 期刊、或是外國期刊的才是「特殊優秀人才」。當然，這樣的關懷難免被誤解為將知識「政治化」。

7 Goldman（2010）因此認為這一派不能算是真正的社會知識論，不過，SEP（2006a）認為這是舊瓶新酒，不傷大雅。

8 「知識社會學」（sociology of knowledge）或是「科學社會學」（sociology of science）強調要找出決定科學知識的社會面向，也就是說，科學家個人往往會受到階級利益、政治權力或是其他社會因素左右（SEP, 2006a）。不過，僅管知識社會學與社會知識學有共同的關懷，兩者還是有點不同，也就是後者對於規範性的執著（SEP, 2006b）。

9 譬如說，學界是如何透過呼群結黨、相互標榜來獲得地位。

們所看到所有被呈現出來的科學真相，都是被建構出來的，這就是社會建構主義（social constructivism）（圖2）。總之，除了個人式古典社會知識論，其他三種社會知識論都強調社會差異對於知識生產的影響，都可以算是廣義的社會知識論。

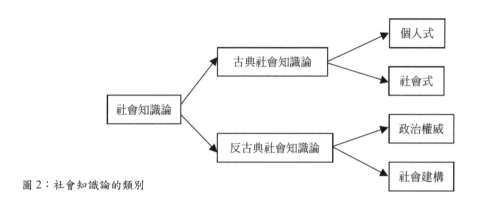

圖2：社會知識論的類別

　　整體來看，社會知識論的基礎是社會因素會影響我們的認知。在這裡，所謂的「社會」，並非止於經濟利益或是政治權力，而是指人與人之間的各種可能的關係。[10] 從宏觀的分析途徑來看，社會知識論所重視的知識主體（epistemic subject）是社群／團體／集體，包括種族、性別或是族群；她們／他們主張社會關係會扭曲認知及知識，因此認為沒有所謂的普世理性原則。譬如女性知識論者相信，[11] 由於科學社群在組織上的性別分工，在這樣具有偏見的脈絡下生產出來的知識，所反映的就是權力關係的分配。相對之下，如果

10 這部分整理自 Stanford Encyclopedia of Philosophy（SEP, 2006c）。
11 不過，並非所有女性知識論者都採取社會知識論。這部分整理自 Stanford Encyclopedia of Philosophy（SEP, 2006b）。

從微觀的研究角度來看，社會知識論想要考察的是特定科學研究社群內部如何取得共識。

根據「立場理論」（standpoint theory），一個人所處的「社會場域」（social location）會左右其經驗（圖3，a），進而影響其觀點（b），最後，決定其「知識論場域」（epistemic position）（c）。這裡所告訴我們的，並非單純的心理機制而已，也就是因為經驗不同而導致觀點不同（b），還要強調，經驗上的差異並非隨機所致，而是因為所處的社會場域不同，在不知不覺中就被社會結構有系統地約制（a）。不過，我們還必須進一步釐清由觀點不同到知識差異（c）的機制，特別是制度因素的介入（d）。譬如說，表面上看來是中性的知識生產機構，有可能被某些具有特定觀點的一群人所支配（e）；甚至於，立足點早就直接決定了各種社會制度的分配（f），根本不必輾轉經過心理層面的經驗、或是觀點（a、b）來影響。

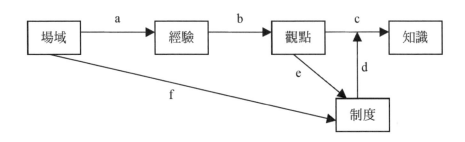

圖3：社會場域與知識的取得

然而，不管是心理（a、b）、或是政治（f）路徑，光是社會結構無法解釋為何要控制知識的生產，除非我們能了解心理、政治及社會因素背後的文化認同差異，否則，就要落入社會決定論的陷阱。

二、由群體中心主義到彩繪知識論

Stanfield（1985）提出「族群中心主義」[12]（ethnocentrism）來解釋文化[13]如何影響知識的生產。他承續社會知識論的基本想法，也就是社會環境左右人的認知風格，而群體有各自不同的經驗、優先順序及理念（p. 400），不過，他還進一步主張，認為人類的建構避免不了受到深層的文化基礎影響；也就是說，族群中心主義並非建立在原生的群體特質，而是族群的文化思想控制。具體而言，知識的生產是受到族群中心主義所左右，特別是經過制度化、被國家權力結構吸納的社會科學（p. 409）：社會上一群具有特權的人（privileged subset of the population）（p. 389），透過國家機器的控制，尤其是媒體、教育機構及知識生產機構，讓被支配者產生自卑感，造成知識的階層化，也就是上尊下卑的族群分工。

原本，族群中心主義有凝聚族群、自我激勵的正面功能，可以動員組織來對抗外部的威脅，然而，當它被拿來對付他者，卻變成邪惡的支配工具，讓對方感到自卑；當一群人對於本身的集體認同失去信心，就只能仰賴別人來定義自我文化（Stanfield, 1985: 393）。基本上，支配關係形塑了被支配者的認知方式、思考過程，以及對於現實的詮釋（p. 400）。為了削弱被支配者的集體意識及尊嚴，支配者硬是把一套意識型態加在對方身上，並透過實際的作為，想辦法讓對方委曲求全調整自己的思想及行為來配合本身的利益。因此，即使被支配者終於取得足以匹敵的技能，在主人的面前，還是必須刻意戴上順從的

---

12 按照字面來翻譯，「族群自我中心主義」並沒有錯，然而，Stanfield（1985: 393）把這個名詞作廣義的解釋，還擴及種族、性別、機構、社群及社會。因此，實際上議為看，「群體自我中心主義」會比較恰當。

13 在這裡，文化包含情感認知、規範標準、維生模式、溝通方式、科技、宗教信仰及政治理念（Stanfield, 1985: 388）。

面具;相對地,對於支配者而言,即使是處於社會經濟地位的最底層者,還是自認為比被支配者還要優秀(p. 395)。

其實,族群的看法或許有不同,然而,並沒有優劣之別。因此,支配者並非在思想上高人一等,而是他們壟斷基本資源及機構,特別是知識的生產及分配(Stanfield, 1985: 396-97)。支配者為了要合理化不公平的資源及地位分配,必須對被支配者進行社會化,特別是透過說書人或是歷史學者來彰顯族群的輝煌過去,藉著媒體及學校來洗腦,並不斷地以節慶來形塑傳統,以張揚自己獨特的優越性(p. 394)。在這個過程,被支配者的語言、文化或是行為,要不是被視為奇風異俗而消費、就是貶抑為病態現象而鄙夷,而膽敢出面點破國王新衣者,當然要被打為麻煩製造者、情緒化的人、瘋子,或是被支配者內部的邊緣份子(pp. 400-401)。

Gordon 等人(1990)提出「群體[14]中心乖離」(communicentric bias)的概念,用來解釋時下社會科學知識論的偏差:他們認為,政治、經濟及社會結構所組成的脈絡,會把特定群體的想法拿來當作整個社會的共同思考架構,進而形塑、甚至於限制我們的思想及知識生產;也就是說,由於被支配族群的參與不足,觀點不是被忽視、限制、扭曲或截斷,甚至於視為有缺陷,因此,所生產出的知識是有偏限性的。他們指出,這種知識論並非刻意針對被支配的群體,而是文化霸權限制了研究的視野。

同樣地,Scheurich 與 Young(1997)提出「知識論種族主義」(epistemic racism)的概念,說明支配者的歷史文化塑造知識論,進而強化現有的支配關係。相較於個人的、制度性的或是社會上的種族主義,知識上的種族主義是無

---

14 這裡的群體包含男性(androcentric)、文化(cultrocentric)或是族群(ethnocentric)的沙文主義(Gordon, et al., 1990: 15)。

影無形的，傷害人而不自知，因此也是最糟糕的種族主義形式（p. 12）。由於支配者往往對於被支配者的知識論認為是不入流的、或者視而不見，因此，面對充滿敵意的主流研究社群，被支配者的學者為了要生存，必須花很多的時間精力去證明自己，特別是被迫披上對方的知識論外衣，如果僥倖搭上線而不被排除，才能經過實力、勇氣及毅力，擺脫種族的偏見及知識的倚賴（pp. 9-10）。

　　Scheurich 與 Young（1997）提出「彩繪知識論」（coloring epistemology）的概念來對抗知識論種族主義，也就是從多元文化主義著手，強調種族、性別或族群等社會文化差異，主張建構具有文化敏銳度的知識論，以新的思維來從事研究。他們認為讓被支配者應該成為研究的主體（subject），要以自己的知識論來研究自己，不再老是被別人（學者、他者）所研究的客體（object）。他們又建議，雙方除了應該進行轟轟烈烈的對話及辯論，主流社會的學者更是必須正視少數族群的知識論，包括鼓勵學生使用族人的觀點來從事學位論文寫作、將少數族群學者的研究成果列入參考書單、接受他們的學術刊物、甚至於邀請他們擔任主流學術期刊的客座編輯（p. 11）。

　　類似的建議有 Gordon（1990）的 African-American epistemology、Bernal（1998, 2002） 的 Chicana feminist epistemology 與 critical raced-centered epistemology、Dillard（2000）的 endarkened feminist epistemology，以及 Ladson-Billings（2000）的「族群知識論」（ethnic epistemology）。雖然她／他們未必都主張族群／群體之間的知識安排都是階層化的，不過，至少都同意社會文化的差異對於知識生產的影響，同時主張以多元的知識論來進行研究，來達成思想的解放及行動的賦權。

　　總之，支配與知識是一個相互建構的社會控制機制：一方面，族群中心主義是用來製造知識的階層化，另一方面，知識的宰制又回頭強化族群中心主義；因此，唯有被支配者拒絕臣服，才有可能打破惡性循環（Stanfield, 1985: 395-

96）。Gordon 等人（1990: 14, 17）指出被支配者的責任，也就是說，由於受害者本身往往未能積極解決困境，自己反而在不知不覺中被吸納而淪為幫兇。因此，儘管可能事倍功半、甚至於徒勞無功，然而，批判是必要的努力，唯有不斷地提出駁斥、擴充洞察力及揭穿假面具，才能透過多元的知識論來獲致有創意的知識生產。

　　Wright（2003: 202）也認為，被支配群體的研究者必須了解自己有雙重的責任，一方面對抗種族主義，另一方面挑戰知識支配：首先，身為群體的成員，必須對於共同體的命運進行反思、付出關懷、採取行動，再來，作為研究社群的一員，有義務對於現有的研究典範、科學建制、或是知識霸權展開介入，積極在知識論的高度從事改造的工作；前者是政治性的奮鬥，而後者則是實利的努力（圖4）。也就是說，既然與現有的研究典範格格不入，被支配群體的研究者與其削足適履、逆來順受（p. 203），不如發揮原本被自己拿來當生存法寶、卻被訕笑的「雙重意識」（double consciousness）或「意識分叉」（bifurcation of consciousness）（pp. 208-209），勇敢地批判現有的論述、並另起爐灶來擘劃自己的知識論。

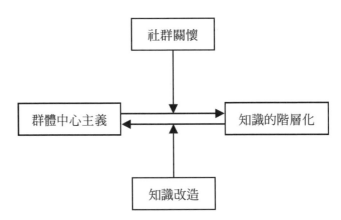

圖4：群體與知識的相互建構及學者的角色

三、原住民族知識體系

巴蘇亞・博伊哲努（2005：8）將原住民族知識定義為「生物及文化多樣性」：

> 面對擁有各樣地質地形的臺灣土地，原住民族分別發展出刀耕火墾
> 輪作、採集、狩獵、漁撈的運用方式，從而衍生出龐雜的土地共處
> 倫理，對於高山、深谷、河川、海洋以及樹木、花草與棲息其間的
> 鳥獸蟲魚之類，亦都有其複雜的對待態度與深層的宗教、哲學構想。
> 由於這樣的倫理與構想，以及具體的實踐，……

他強調原住民族知識的記錄、分析及統整，透過集體知識的回溯及詮釋，從新啟用族人傳統的經驗及知識，「禮失求諸野」，因此，所謂的原住民族知識，就是原住民族因地制宜的生存智慧（pp. 6-8）。

應該是受到客家知識體系的論述影響，從 2000 年代開始，原住民族的知識分子也比較有系統注意到這個課題。在臺灣原住民族教授學會的主導下，由當時任教於佛光大學哲學系的張培倫（2008）規劃，向行政院原住民族委員會提起「建構臺灣原住民族知識體系」的研究計畫，於 2008-2009 年透過工作坊及學術研討會來進行探索的工作。[15] 接著，考試院在 2010 舉辦「國家考試與

---

15 該計畫的共同主持人是蔡中涵及汪明輝。共舉辦四場工作坊，見臺灣原住民族教授學會（2008）。研討會與東華大學原住民民族學院合作，於 2009 年 5 月 15-16 日舉辦「第一屆原住民族知識體系研討會」，發表 15 篇論文（楊曉珞，2009）。部分論文於會後刊於《臺灣原住民研究論叢》5-6 期，包括施正鋒與吳珮瑛（2009）、張培倫（2009）、林福岳（2009）、郭祐慈（2009）、夏曼・藍波安（2009）、陳毅峰（2009）、楊曉珞與雅柏甦詠・博伊哲努（2009）。

原住民族知識學術研討會」（12 月 21 日），希望能透過國家考試加以推廣。
另外，臺灣師範大學原住民族發展中心在汪明輝的領導下，從 2008 年秋天開
始舉辦「原無疆界知識座談會」，嘗試著從不同面向來探討原住民族的知識。
再來，東華大學原住民民族學院也在 2010 年舉辦「原住民民族研究學術研討
會」（4 月 24 日），探討美澳紐加等國的原住民族研究的發展及現況（施正鋒，
2010），來自加拿大的主題演講者 Frank Tough（1990）特別以「倡議事研究」
（advocacy research）相勉。圖書館學界針對原住民族研究的主題，也嘗試著
進行原住民族知識的分類[16]。

　　最具有企圖心的是張培倫（2008、2009）。他首先指出重建原住民族知識
體系的三個背景：原住民族自主性提高、民族教育體制的迫切性，以及生存世
界的急速變遷。關注的課題包括方法論、知識論及系統論。基本上，他把原住
民族知識體系的建構視為解殖民的重要手段，也就是說，除了彌補主流社會知
識體系的不足，還要透過原住民族的知識主體性來重構原住民族的認同，並達
成權力及資源分配的平等。再來，他指出原住民族知識獨特的整體性（holistic）
世界觀，以及作為核心範疇知識的原住民族哲學。最後，他想像原住民族知
識變化的可能途徑。他隨後把這些想法用來檢驗目前的原住民族教育（陳張培
倫，2010）。

　　張培倫（2010：37-38）同意 Sidney Stephen，原住民族的傳統知識體系與
主流社會的知識體系是有交集（Barnhardt, 2005: 16, Fig. 1）。同時，我們也可
以看到他受到 Linda Tuhiwai Smith（1999: 117, Fig. 6.1）的原住民族研究議程
影響（張培倫，2008：圖 1），也就是原住民族的研究是以生存、復原、發展

---

16 譬如陳雪華（2010）、陳雪華與朱雅琦（2009），以及朱雅琦與陳雪華（2010）。另外，
　　行政院也有施政分類的架構（Categorized Administrative Knowledge Entity, CAKE）
　　（行政院秘書處，2008）。

及自決為目標，沿著解殖、癒合、改造及動員等四個方向在努力。然而，由於該計畫並未獲得延續，暫時看不出要如何作出跨越十四族的整合（圖5）（張培倫，2008：圖2）。汪明輝（2009：圖1）在從事鄒族傳統領域資源管理知識研究之際，將知識分為社會性、歷史性及空間性三類，嘗試以三度空間的方式，初步勾勒出鄒族知識體系的架構，圖像更為明晰（圖6）。

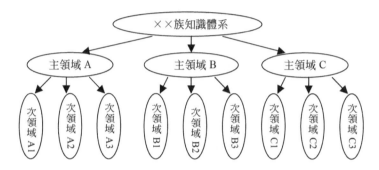

圖5：原住民族知識體系分類表範例

圖6：鄒族存有及知識本體架構

四、客家知識體系

　　徐正光與張維安（2007）把客家研究的發展分為三階段：1988 年之前的隱形人、客家運動中的族群建構及客家知識體系的追求。首先，根據他們的觀察，早期對於客家族群的研究，若非迎合「漢人在臺灣移墾」的政治正確、再不就是當作了解中國的替代性工具，一直要到 1980 年代末期，客家還我母語運動出現，客籍學者積極投入關懷，啟動客家研究的發軔。在第二階段的論述，一方面是透過歷史的詮釋，來重建客家族群的集體記憶，另一方面則專注文化象徵的建構，尤其是語言、宗教、文學、音樂及戲曲的研究。[17] 當前，客家研究的特色在於如何制度化，特別是以大學為中心的研究，[18] 研究的重點包括客家族群性與族群意識的發展、民主化／本土化的參與、國家政策的影響及族群互動。臺灣客家研究學會在 2004 年成立，更進一步自我期許要把「客家研究」（Hakka Studies）往上提升為「客家學」（Hakkaology）的境界；《臺灣客家研究概論》（徐正光，2007）、《客家族群與在地社會：臺灣與全球的經驗》（丘昌泰、蕭新煌，2007），以及《多元族群與客家：臺灣客家運動 20 年》（莊英章，2008）的出版，意味著第三階段的初步成果驗收。

---

17 如果我們不論羅香林（1992/1933）在戰前出版的《客家研究導論》，在 1990 年代初期，徐正光在所編纂的《徘徊於族群和現實之間：客家社會與文化》（1991）、臺灣客家公共事務協會所出版的《新个客家人》（1991）及《臺灣客家人新論》（1993），代表社會運動界與學術界攜手合作客家研究的初試啼聲，當時，陳運棟（1991）就初步提出客家學研究的意涵。由中研院民族所的徐正光所編的四大冊《第四屆國際客家學研討會論文集》在 2000 出版，顯現出國內外研究者的加持。進入 21 世紀，由鍾肇政擔任總召集人、國史館臺灣文獻館出版的《臺灣客家族群史》（臺灣客家族群史）各篇相繼出爐，包括總論、產經、語言、民俗、移墾、社會、政治、學藝，表示客家研究已經獲得國家的正視。

18 中央大學客家學院、交通大學客家文化學院及聯合大學客家研究學院從 2003 年起陸續招生，象徵著客家研究的制度化，特別是舉辦「全國客家學術研討會」及「臺灣客家研究國際研討會」。

　　徐正光與張維安（2007：1）指出，在研究當中有客家變項，並非就是客家研究，關鍵在於「有沒有客家主體意識」。他們主張，要由客家研究進入客家學，在於研究社群是否具有共同的典範，包括獨特的研究對象、知識的性質及學者的社會角色；所謂的知識性，他們提出經驗性、詮釋性及規範性等三大構成要素（頁 10-11），也就是 Habermas 所提的技術性、實踐性及解放性等三種知識（IHMC CmapTools, n.d.；見附錄 1）。他們特別指出客家學「反思性、批判性」的背景（頁 13）：

> 不論是在羅香林時代或當前的臺灣社會，客家研究之所以受到重視，和一個社會的不合理發展具有密切的關係，不論是為了正名客家族群為漢人，或者是要爭取客家話的發聲權，都是因為客家族群感受到在社會中受到扭曲與壓迫。所以打從一開始，客家學的發展和客家社會運動具有密切的關係，因此反省、思考一個合理的社會的建構，推動多元族群文化社會的理想，一直和客家學的發展有密切的關連。
>
> 也就是說，客家學的發生與實證的、詮釋的社會科學傳統，固然有相當的關連性，但是客家族群所處的時代的不公平、不正義以及扭曲的公共資源的分配與不合理的族群關係，可能是更重要的原因。特別是在一個以市場導向為思考根據的社會裡，族群資源的分配經常以市場的邏輯為根據。

　　張維安（2004）認為客家研究是一個科際整合的領域，立基於社會學、人類學、歷史學、政治經濟學及語言學（圖 7）。林修澈（1994：8-9）主張民族及文化是客家學的核心，這是民族史及民族誌的課題，而客家人的定位

是根本，因此民族學／民族理論是基礎，至於民族發展則交給其他學科去發揮（圖 8）。

圖 7：客家研究以社會科學相關學科為基礎

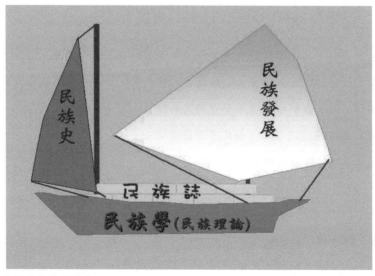

圖 8：客家學的學科體系

　　成立於 2001 年的行政院客家委員會，[19] 持續委託研究及獎助優良碩博士論文，也有相當的主導功能。特別是《客家基本法》（2010）明定「政府應積極獎勵客家學術研究，鼓勵大學校院設立客家學術相關院、系、所與學位學程，發展及厚植客家知識體系」，客委會提出「臺灣客家知識體系深耕計畫」三年計畫時程，希望達成「形塑優質客家學術研究環境，提升客家研究品質，建構客家知識體系完整論述，奠定『客家學』在臺灣人文社會科學中的學術地位」等目標，委託學者進行「建構『客家知識體系』規劃研究」、「六堆客家研究」及「客家區域整合型研究」（客家委員會，2012、2012）。

　　由客家研究的萌芽、客家學的成長，到客家知識體系的茁壯，目前正尋覓學術領域的成熟。由江明修（2012）所領銜的《建構「客家知識體系」規劃研究》團隊，在短短的半年期間，除了調查過去 20 年來的客家研究社群及其成果、並加以分類，探究當前再制度面的困境，檢討現有的獎助機制，還提出未來 6 年的發展政策建議，更重要的是嘗試勾勒客家知識體系的分析架構及理論基礎。

　　江明修等人（2012）將客家知識體系是由三個分為經驗、行動及理論三個部分；[20] 他們認為，過去 20 年來的客家研究著重於前二場域，未來應該強化理論基礎（江明修等人，2012：總 3）。至於要如何來建構客家知識體系，他們的看法是以客委會當作火車頭，來推動學術機構及文史工作者的研究，因此，花了相當的工夫在檢討現有的獎勵機制。他們根據國科會的十二個學門，

---

19 其實，在徐正光擔任客委會籌備處主任之際，便把客家知識體系當作客家論述的基礎；日後，客委會更成立「客家學術發展委員會」（徐正光與張維安，2007：5）。

20 不過，由頁 1-10 的圖來看，他們好像認為客家知識體系不包含行動的部分。另外，所謂的理論，到底是要解釋客家現象、還是客家知識體系的產生，並不清楚，因此，很難判斷其適用。

將客家知識分為教育法制、社會經濟及語言文化，大體符合客家關心的課題及客家學院的建制；如果以他們所呈現的「客家知識體系概念圖」來看（頁總3，圖1），八個關注的領域雖有連結、卻沒有交集，由於沒有明顯的環環相扣，令人擔心是否會因而零碎化。或許是羞澀，他們並未描述客家知識的生產組織及社會結構的病理分析，那麼，難免讓人質疑「核心價值及定位亟待釐清」的藥方何從而來（頁總61）。

五、我們的摸索

究竟客家研究要如何才能成為一個專業領域？[21] 我們認為：

> 「客家研究」應該是「以客家為中心」（Hakka-centered、或是
> Hakkacentric）的學科，也就是強調以客家的觀點，來呈現客家形象、
> 以及詮釋客家經驗；同時，我們希望以批判的態度，除了要糾正歷
> 史殘餘的負面刻板印象，還要在了解自我的過程中，嘗試著去正面
> 型塑客家人的認同；最後，我們希望能挖掘、推敲出客家族群所企
> 盼的意識形態（或是理念），以保障客家族群的群體權利（group
> rights）、以及推動客家人的集體福祉。

我們當時被要求以政治學的角度來看客家研究（施正鋒，2004）：[22]

---

21 如果以專業的角度來看，每個學術領域對於成員都有自己不同的專業要求，除了起
  碼的專業倫理、社會責任及研究能力以外（Goodin & Klingemann, 1996: 6），還要
  包括彼此有共同的基本立場、關鍵概念、核心課題、主要理論、研究方法，以及重
  大挑戰（Karenga, 1993: xv; Anderson, 1990: 2）。
22 請參考丘昌泰（n.d.）、莊英章（2004）及楊國鑫（2009）。

從知識論（epistemology）的角度來看，政治學（Political Science）如果要能稱得上是科學的話，應該有三項任務：診斷、醫療、以及預防；也就是說，族群政治的學者應該像醫生一樣，必須先能正確地描述族群現象，再來是提出合理的解釋，然後才能提出有效的化解族群齟齬之道，以便達到避免族群衝突的目標。如果我們服膺「多元文化主義」（multiculturalism）的價值觀的話，下面是政治學者必須處理的課題。

在概念上而言（conceptually）我們必須先解答一個最基本的問題：客家人是否為「族群」（ethnic group）。再來，我們應該尋求「客家人」的定義為何，也就是說，就客家族群的集體想像當中，作為一個客家人，應該在客觀上、以及／或是客觀上有哪些條件？是共同的血緣、語言、文化、還是經驗／記憶／歷史？再來，客家人的個人認同、「學理上／民族學」的辨識、以及法律上的身分，三者是否有區別？這些是否有政治哲學上有關權利的意義？回答了上述問題，我們才可以問，到底客家族群的人口數有多少？是否應該在人口普查的結果呈現出來？應該是由當事人填寫自己的族群認同、還是由官方來認定？個人的族群認同是否應該公布（譬如戶口名簿、還是身分證件）、還是作為整體施政的參考用即可（譬如財源的分配）？

在實證上（empirically），我們必須考察客家族群在政治權力、經濟資源、文化價值、以及社會地位上的分布為何，尤其是客家人物資料庫的建立刻不容緩。在這裡，除了客家族群菁英與百姓的認知以外，如果有可能建立相對客觀上的具體指標，是否具有額外的意義？在上述政治（行政、立法、司法、或是考試）、經濟、文化／

語言、或是社會場域的分配，彼此是相互強化、還是有相互切割而弱化的傾向？它們又與城鄉差距是否有關聯？統治者的政策扮演何種角色（推波助瀾、還是戒慎規避）？政黨的立場（追求、忽視、或是排斥）又有何種影響？客家菁英自來採取何種應對的態度（積極、或是消極）、或是策略（合縱連橫、或是孤立自保）？客家族群的政黨認同、民族認同、以及國家定位與其他族群是否有別？客家族群在歷史上與其他族群互動的模式爲何（圖 2）？臺灣的客家族群與其他地方講客家話的人士（中國、南洋、或是其他地區），其跨越國界的關係爲何（政治、經濟、或是文化）？由臺灣移民他國的客家人，其國家認同與國內的客家人是否有所差異？

在理論上（theoretically），我們必須解釋客家認同是如何產生的、如何由文化集團凝聚爲客家族群？客家運動（還我母語、族群公平）是如何來動員的？在這裡，可供我們選擇的理論有「原生論／本質論」（primordialism/essentialism）、「結構論／工具論」（structuralism/instrumentalism）、以及「建構論」（constructualism），那麼，在不同的階段裡，我們是否採取不同的理論來解釋？它們是否相互排斥，還是可以作某種程度的合成（synthesis）？譬如說，表面上是以原生論作辨識的基礎、並且以結構論作動員的訴求，客家族群實際上是在進行 Benedict Anderson 式的集體認同建構。就本體論而言（ontologically），作爲個體（agent）的客家族群，究竟與結構（包含政治、經濟、社會、或文化）的關係爲何，特別是國家機器（朝廷、殖民者、政府）？是試圖擺脫結／駕馭、命定接受制約、還是相互調適？更重要的是，這些應該立足在何種概念架構（conceptual framework）來分析？也就是說，這是一個墾殖社會（settlers'

society），或是被征服的原住民土地，還是移民（immigrant）所構
成的國度？

　　由於我們擔心客家研究很可能出現各行其是的孤島情形（圖9），主張這
應該是聚焦的「跨領域」（interdisciplinary）研究，也就是把客家研究當作「學
術領域」（academic discipline）來看待，至於其他領域只能算是研究者的「專
長」（specialty）（施正鋒，2007：6-8）（圖10）。我們針對原住民族研究，
進一步提出「超領域」（transdisciplinary）的族群研究看法（圖11）（施正鋒，
2011a：圖4），希望研究對象應該有所交集，由盲人摸象、拼圖式的合作、
到共襄盛舉。

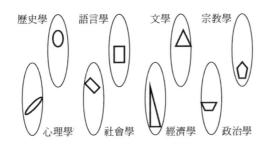

圖9：孤島式的客家研究

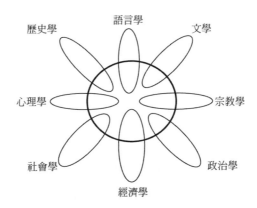

圖10：跨領域的客家研究

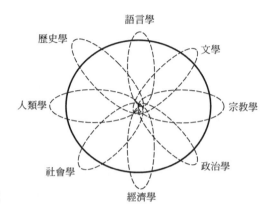

圖 11：超領域的族群研究

　　針對客家研究，我們由學術領域、教育機構（行政組織及師資聘任）及社會服務三方面來切入（施正鋒，2007），進而運用到分析原住民族研究。在研究定位上，我們認為（施正鋒，2011a）：

　　　宏觀來看，大學教育的任務不外乎研究、教學、以及服務；其中，除了奢侈的「為了研究而研究」，也就是所謂的「純研究」，專業研究還要提供教學、以及服務所必須的學術基礎。至於教學，並非侷限於知識的傳遞，還包含對學生進行啟蒙的工作、以及對族人提供賦權（empowerment）的契機。同樣地，就服務而言，不只限於對國家提供政策建議，還要能幫助社會改造、促進社會和諧／和解，尤其是對於少數族群的權利保障。

六、結語

　　我們主張族群研究的目標有族群個體、族群關係及族群與國家的關係等三個面向；具體而言，就是族群自我認同的建構、與其他族群進行合理的互動及

尋求與國家的合理定位。換句話說，族群研究並不是狹隘地限定在對於族群本身的探究而已，研究的對象應該還要包含族群與族群之間的關係，以及族群與國家的關係（施正鋒，2011a）：

> 首先，爲了要完整地（holistic）紀錄某族群的過去經驗、呈現現在的狀況、以及描繪未來的願景，族群研究當然要針對該族群的知識（價值、哲學、世界觀）、歷史（記憶）、文化（語言、宗教、文學、藝術、習俗、生活方式）、制度（政治、經濟、社會）、以及心理（尊嚴），做通盤的認識。基本上，族群研究是以族群自己的觀點爲中心，來詮釋本身的經驗、並重新呈現自我。
>
> 接著，族群研究除了關心族群的自我定義，還要嘗試著去了解該族群與其他族群的接觸，特別是與最重要的他者（significant other）如何維持相當程度的族群界線。具體而言，族群研究必須要探討，在一個國家的族群結構中，該族群的權力關係爲何？可以獨善其身、順服、還是支配？在合縱連橫的過程中，到底要視議題做權宜性的合作、漢賊不兩立、扮演忠誠的盟友、還是仲裁者的角色？如果要選擇結盟，是要限定在菁英、群眾、還是不分層級？究竟在不同的部門（政治、經濟、社會、文化），必須採取一致性的策略、還是可以選擇性地切割？
>
> 最後，族群研究更要關心族群與國家的定位。譬如說，到底國家是支配性族群控制其他族群的工具、捍衛遊戲規則的中立裁判、還是具有相對自主性的個體？國家應該積極介入族群關係、還是順其自然就好？對於族群差異，到底是要採取色盲的態度、正式承認、還是制度化？對於族群分歧，希望隨時間逐漸消逝、還是正面看待？

只要消極地反歧視就好、還是要積極地保障少數族群的權利？對於
過去的族群衝突，究竟要採取遺忘、淡化、還是化解？更基本的是，
這是單一文化、雙文化、還是多元文化的國家？

我們點出原住民族在教學、研究及服務方面的挑戰（施正鋒，2011a）。
首先，要脫離點綴的出發點，必須重新思考當初設置這些機構的初衷；我們特
別指出，在教育部、原民會及學校相互推諉的情況下，爹不疼、娘不愛、孤
兒院長嫌賠錢，多元文化主義淪為口號、原住民族教育遙遙無期（施正鋒，
2011b）。有關於知識累積，還是要回到到底要用甚麼指標來衡量自己，要如
何讓已經入行的人獲得公平的學術待遇：

面對習慣圈地捍衛學術地盤的傳統領域，我們不甘於永遠當 C 咖，
就必須開創新的公共空間，讓圈內的學者有相互切磋的場域。為了
防止被打壓、支配、敵視、歧視、邊緣化、瑣碎化、視為雞肋、敷
衍、攏絡、或是吸納，我們可以立即努力的工作，包括專業學會、
年度研討會、以及學術期刊，以免年輕的原住民族研究學者四處尋
覓發表成果的園地，沉淪為 O'Brien（2003: 692-93）口中的「意外
的遊客」（accidental tourist），或是為了提高論文雀屏中選的機率，
想辦法掩飾自己的原住民族風味。

如果我們「知識就是權力」的老生常談，那麼，不管是在國際、還是國內
的場域，知識當然可以被當作支配（domination）、控制（control）、甚至於
壓迫（oppression）的工具，特別是有上下位階關係的知識分配（施正鋒、吳
珮瑛，2009）。我們做如下的期許：

由於原住民學者、或是原住民族研究學者的社會關懷天職，難免
會被質疑是否把「社會運動者」（activist）的角色隱藏起來、假裝
自己是學術圈的人，也就是「政治化」、或是「不夠客觀」的指
控。……。就像一名醫生，作為一個社會科學家，豈可在做完成診
斷、並做病理分析以後，仍然頑固地拒絕開藥方？難不成，本身對
於藥理是一竅不通？難道，對於原住民族迫切關心的議題，學者就
不可以有任何社會責任嗎？

參考文獻

巴蘇亞・博伊哲努，2005。《從部落出發：思考原住民族的未來》。臺北：國
　　家展望文教基金會（翰蘆）。

丘昌泰，n.d.。〈從「科學」與「學科」析論「客家學」的建構〉
　　（http://140.115.170.1/ Hakkacollege/big5/network/paper/paper25/40.html）
　　（2012/9/29）

丘昌泰、蕭新煌（編），2007。《客家族群與在地社會：臺灣與全球的經驗》。
　　桃園：中央大學出版中心／臺北：智勝文化。

朱雅琦、陳雪華，2010。〈阿美族物質文化知識組織架構之建制〉《圖書資訊
　　學研究》5 卷 1 期，頁 75-107。

江明修、孫煒、陳定銘、王俐容、周錦宏、李世暉，2012。《建構「客家知識
　　體系」規劃研究》行政院客家委員會委託研究成果發表會會議手冊。臺北：
　　政治大學公共行政學系。

行政院客家委員會，2011。〈行政院客家委員會委託辦理「建構『客家知識體
　　系』規劃研究」勞務採購案需求規範說明書〉（http://www.hakka.gov.tw/
　　ct.asp? xItem=125208&ctNode=16&mp=1）（2012/9/29）。

_____，2012。〈客家委員會委託辦理「東部客家研究：回顧與展望」勞務採購案需求規範說明書〉（www.hakka.gov.tw/dl.asp?fileName= 2688455971.doc）（2012/9/29）。

行政院秘書處（編），2008。〈行政院施政分類架構（流通版）〉（http://www.ey.gov.tw/ Upload/UserFiles/1p.pdf）（2012/9/29）。

汪明輝，2009。〈臺灣原住民族知識論之建構：以鄒族傳統領域資源管理知識為例〉發表於臺灣原住民教授學會、東華大學原住民民族學院主辦「第一屆原住民族知識體系研討會」。壽豐，東華大學原住民民族學院國際會議廳，5 月 15-16 日。

林修澈、2004。〈客家學研究史論：客家學的成立與發展〉發表於行政院客家委員會主辦「2004 客家知識論壇」。臺北，國際藝術村，12 月 19 日。

林福岳，2009。〈原住民族知識體系中傳播研究的可能脈絡〉《臺灣原住民研究論叢》5 期，頁 55-98。

施正鋒，2004。〈客家研究的政治學面向〉宣讀於臺灣客家研究學會成立座談會「邁向客學之路：客家學研究的回顧與展望」。臺北，臺灣大學法學院國際會議廳，2 月 14 日（參見施正鋒，2004）。

_____，2004。《臺灣客家族群政治與政策》。臺北：翰蘆。

_____，2007。〈客家研究的思考〉收於丘昌泰、蕭新煌（編）《客家族群與在地社會：臺灣與全球的經驗》頁 3-20。臺北：行政院客家委員會、臺灣客家研究學會。

施正鋒（編），2010。《原住民族研究》。壽豐：東華大學原住民民族學院。

施正鋒，2011a。〈由族群研究到原住民族研究〉《臺灣原住民族研究季刊》4 卷 1 期，頁 1-37。

_____，2011b。〈多元文化主義與原住民族教育：東華大學三年的觀察〉《臺灣原住民族研究學報》1 卷 4 期，頁 1-53。

施正鋒、吳珮瑛，2009。〈臺灣的學術殖民主義與原住民族的知識主權〉《臺灣原住民研究論叢》5 期，頁 1-23。

夏曼・藍波安，2009。〈蘭嶼達悟族的海洋知識〉《臺灣原住民研究論叢》5 期，頁 125-54。

徐正光（編），1991。《徘徊於族群漢現實之間：客家社會與文化》。臺北：正中書局。

＿＿＿＿（編），2000。《第四屆國際客家學研討會論文集》（四冊）。臺北：中研院民族所。

＿＿＿＿（編），2007。《臺灣客家研究概論》。臺北：臺灣客家研究學會。

張培倫，2008。〈建構臺灣原住民族知識體系之規劃研究」計劃〉（未刊稿）。

＿＿＿＿，2009。〈關於原住民族知識研究的一些反思〉《臺灣原住民研究論叢》5 期，頁 25-53。

張維安，2004。〈客家研究與客家學〉宣讀於臺灣客家研究學會成立座談會「邁向客學之路：客家學研究的回顧與展望」。臺北，臺灣大學法學院國際會議廳，2 月 14 日。

莊英章（編），2008。《多元族群與客家：臺灣客家運動 20 年》。臺北：臺灣客家研究學會。

莊英章，2004。〈邁向客家學之路：客家族群史的回顧與展望〉宣讀於臺灣客家研究學會成立座談會「邁向客學之路：客家學研究的回顧與展望」。臺北，臺灣大學法學院國際會議廳，2 月 14 日。

郭祐慈，2009。〈阿美族傳統農業知識〉《臺灣原住民研究論叢》5 期，頁 99-124。

陳張培倫，2010。〈原住民族教育改革與原住民族知識〉《臺灣原住民研究論叢》8 期，頁 1-27。

陳雪華，2010。〈臺灣原住民族知識組織架構建構方法之探討〉《教育資料與圖書館學》48 卷 1 期，頁 61-86。

陳雪華、朱雅琦，2009。〈臺灣原住民族上層知識組織架構之建制〉《大學圖書館》13 卷 2 期，頁 1-23。

陳運棟，1991。〈客家學研究導論〉收於徐正光（編）《徘徊於族群和現實之間：客家社會與文化》頁 10-15。臺北：正中書局。

陳毅峰，2009。〈原住民傳統知識體系及生態空間保護區策略〉《臺灣原住民研究論叢》6 期，頁 1-26。

楊國鑫，2009。〈客學的定義的芻議〉《新竹文獻》36 期，頁 45-65。

楊曉珞，2009。〈第一屆原住民族知識體系研討會〉《原教界》28 期，頁 90-91（http://www.knowhow-design.com.tw/demo/alcd/User_upload/pub/1329205451851.pdf）（2012/9/28）。

楊曉珞、雅柏甦詠‧博伊哲努，2009。〈鄒族美學知識〉《臺灣原住民研究論
　叢》6 期，頁 55-80。

臺灣客家公共事務協會（編），1991。《新个客家人》。臺北：臺原。

＿＿＿＿＿（編），1993。《臺灣客家人新論》。臺北：臺原。

臺灣原住民族教授學會，2008。〈歷年活動〉（http://www.tips.url.tw/history/
　tips. history.html）（2012/9/28）。

藍姆路，2009。〈地方知識的流動性：以阿美族吉拉米代部落 malati' ay 為例〉
　《臺灣原住民研究論叢》6 期，頁 193-216。

羅香林，1992（1933）。《客家研究導論》。臺北：南天書局。

鍾肇政（總召），2001-2006《臺灣客家族群史》（總論、產經、語言、民俗、
　移墾、社會、政治、學藝）。南投：國史館臺灣文獻館。

Anderson, Talmadge. 1990. "Black Studies: Overview and Theoretical
　Perspective," in Talmadge Anderson, ed. *Black Studies: Theory, Method, and
　Cultural Perspectives*, pp. 1-10. Pullman, Wash.: Washington State University
　Press.

Barnhardt, Ray. 2005. "Indigenous Knowledge Systems and Alaska Native Ways of
　Knowing." *Anthropology and Education Quarterly*, Vol. 36, No. 1, pp. 8-23.

Bernal, Dolores Delgado. 1998. "Using a Chicana Feminist Epistemology in
　Educational Research." *Harvard Educational Review*, Vol. 68, No. 4, pp. 555-
　82.

Bernal, Dolores Delgado. 2002. "Critical Race Theory, Latino Critical Theory,
　and Critical Raced-Gendered Epistemologies: Recognizing Students of Color
　as Holders and Creators of Knowledge." *Qualitative Inquiry*, Vol. 8. No. 1, pp.
　105-26.

IHMC CmapTools. n.d. "Concept Map." (http://cmapspublic3.ihmc.us/rid=
　1247634595750_598536694_14160/Knowledge%20Types%20from%20
　Habermas.cmap) (2012/9/30)

Dillard, Cynthia B. 2000. "The Substance of Things Hoped for, the Evidence
　of Things Not Seen: Examining an Endarkened Feminist Epistemology in
　Educational Research and Leadership." *Qualitative Studies in Education*, Vol.
　13, No. 6, pp. 661-81.

Du Bois, W. E. B. 2007. "The Souls of Black Folk," in *Three African-American*

Classics, pp. 159-331. Mineola, N.Y.: Dover Publications.

Goldman, Alvin I. 2010. "Why Social Epistemology Is *Real* Epistemology," in Adrian Haddock, Alan Millar, and Duncan Pritchard, eds. *Social Epistemology*, pp. 1-28. Oxford: Oxford University Press.

Goodin, Robert E., and Hans-Dieter Klingemann, 1996. "Political Science: The Discipline," in Robert E. Goodin, and Hans-Dieter Klingemann, eds. *A New Handbook of Political Science*, pp. 3-49. Oxford: Oxford University Press.

Gordon, Beverly M. 1990. "The Necessity of African-American Epistemology for Educational Theory and Practice." *Journal of Education*, Vol. 172, No. 3, pp. 88-106.

Gordon, Edmond W., Fayneese Miller, and David Rollock. 1990. "Coping with Communicentric Bias in Knowledge Production in the Social Sciences." *Educational Research*, Vol. 19, No. 3, pp. 14-19.

Holzner, Burkart, and John H. Mark. 1979. *Knowledge Application: The Knowledge System in Society.* Boston: Allyn & Bacon.

Karenga, Maulana. 1993. *Introduction to Black Studies.* Los Angel: University of Sankore Press.

Ladson-Billings, Gloria. 2000. "Racialized Discourses and Ethnic Epistemologies," in Norman Denzin, and Yvonna S Lincoln, eds. *Handbook of Qualitative Research*, 2nd ed. pp. 257-77. Thousand Oaks, Calif.: Sage Publications.

Moser, Paul K., Dwayne H. Mulder, and J. D. Trout. 1998. *The Theory of Knowledge: A Thematic Introduction.* Oxford: Oxford University Press.

O'Brien, Jean M. 2003. "Why Here? Scholarly Locations for American Indian Studies." *American Quarterly*, Vol. 55, No. 4, pp. 689-96.

Scheurich, James Joseph, and Michelle D. Young. 1997. "Coloring Epistemologies: Are Our Research Epistemologies Racially Biased?" *Educational Research*, Vol. 26, No. 4, pp. 4-16.

Smith, Linda Tuhiwai. 1999. *Decolonizing Methodologies: Research and Indigenous Peoples.* London: Zed Books.

Stanfield, John H. 1985. "The Ethnocentric Basis of Social Science Knowledge Production." *Review of Research in Education*, Vol. 12, pp. 387-415.

Stanford Encyclopedia of Philosophy (SEP). 2006a. "Social Epistemology." (http://

plato.stanford.edu/entries/epistemology-social/) (2012/9/30)

Stanford Encyclopedia of Philosophy (SEP). 2006b. "Feminist Social Epistemology." (http://plato.stanford.edu/entries/feminist-social-epistemology/) (2012/9/30)

Stanford Encyclopedia of Philosophy (SEP). 2006c. "The Social Dimensions of Scientific Knowledge." (http://plato.stanford.edu/entries/scientific-knowledge-social/) (2012/9/30)

Tough, Frank. 1990. "Introduction: Advocacy Research and Native Studies." *Native Studies Review*, Vol. 6, No. 2, pp. 5-12.

Wikipedia. 2012. "Epistemology." (http://en.wikipedia.org/wiki/Epistemology) (2012/9/30)

Wright, Handel Kashhope. 2003. "An Endarkened Feminist Epistemology? Identity, Difference and the Politics of Representation in Educational Research." *Qualitative Studies in Education*, Vol. 16, No. 2, pp. 197-214.

以區域觀點為運用的客家研究回顧[*]
（1960-2010）

洪馨蘭

一、引言：羅香林的區域觀點與客家研究[1]

一般學者皆不否認，近代客家研究或客家學[2]肇始於 1930 年代羅香林出版《客家研究導論》之後。羅氏有多本著作與客家有關[3]，其中《客家研究導

* 本文原刊登於《高雄師大學報（人文與藝術類）》，2012，33 期，頁 131 - 159。因收錄於本專書，略做增刪，謹此說明。作者洪馨蘭現任國立高雄師範大學客家文化研究所副教授兼所長。

1 本文所使用的「客家研究」採用 Philip Q. Yang 之 "ethnic studies" 概念，將「客家」視為一種 "ethnic group" 而所延伸的跨學科探討。Philip Q. Yang, Ethnic Studies: Issues and Approaches (Albany: State University of New York Press, 2000).

2 「客家學」這個詞彙早在羅香林發表《客家研究導論》一書時即曾提過，他表示在該書撰寫前三年，即有來自北平（北京）的學者主張將「客家研究」這門學問逕以「客家學」名之，但羅氏表示並不認同，覺得當時還不到「張大其詞」的時候。然而，過了將近七十載之後，「客家學」（Hakkaology）與「客家研究」（Hakka Studies）目前已多通行使用。例如在臺灣「第四屆國際客家學研討會」的英文名稱即採用前者，而「第二屆臺灣客家研究國際研討會」的英文名稱則採用後者。而在 2012 年底，在中國廣東省嘉應學院舉行之「中國人類學民族學研究會客家學專業委員會揭牌儀式」，則明確使用了「客家學」。

3 羅香林除了文中所提的兩本書外，亦投注心力於為海外客籍政治家羅芳伯著述。羅香林，《羅芳伯所建婆羅洲坤甸蘭芳大統制考》（長沙市：商務印書館，1941）及《西婆羅洲羅芳伯等所建共和國考》（香港：中國學社，1961）。

論》及《客家源流考》建構了當代定義客家的幾個基本論點。在來源上，羅香林指出客家人乃源自中原，即族群根底文化是北方的、漢人的，而之所以為客家，乃是因為遷徙至南方，被原南方的當地住民──即眾多之「他者」（others）界定出來的一個「民系」，[4] 後來也成為這群人的自稱。「南部中國，有一種富有新興氣象、特殊精神，極其活躍有為的民系，一般人稱它為『客家』（Hakkas），他們自己也稱為『客家』。」[5] 羅氏以其民族學基礎，透過族譜研究歸納出客家民系的五次遷移路線，[6] 並以縣為單位依其認定之客家民系人口比例，列表「純客住縣」與「非純客住地」。[7] 而羅香林自創「民系」概念後，並沒有為其加以定義，至今中國大陸的學者仍普遍補充詮釋後繼續採用。[8]

　　客家民系在羅香林的定義之下，繪出純客與非純客住縣的分佈範圍，其沿著中國南嶺兩側以至因多次移民而分佈於西南東緣（川東、湘東、桂東南等地）的族群界限（ethnic boundary），被清晰建構了出來，呈現一個以贛閩粵三省交界山區為中心的同心圓地理概念。在這個地理區域裡，羅氏認為客家人的存在乃建立於交疊客觀與主觀條件之下的根本賦予，該人群之文化特質直接決定族群界限，且成為身分認同的標記來源──亦即基於共享之祖先來源、歷史經驗、信仰價值和生存意識等文化特質，客家人也視此為我群（we）和他群

---

4 「民系」一詞乃羅氏在書中的新造詞彙，「『民系』一詞，是我個人新造出來用以解釋民族裡頭種種支系的。」羅香林，《客家研究導論》（臺北市：南天，1992 [1933]），頁 24。

5 同上，頁 1。

6 同上，頁 64-65。

7 同上，頁 99-104。

8 謝重光，《客家源流新探》（臺北市：武陵，1999），頁 229；王東，《客家學導論》（臺北市：南天，1998），頁 6-11；蔣炳釗，〈試論客家的形成及其與畬族的關係〉，收錄於莊英章、潘英海合編，《臺灣與福建社會文化研究論文集（二）》（臺北市：中研院民族所，1995），頁 285-298。

（others）的分類意識。羅氏對於客家本質論的觀點，透過書寫與出版，對於
該族群界限的地理範圍及界域關係，形成一種建築於血統論之上、之後亦啟發
出一種根著南嶺地域而後形成特殊人文特色的族群建構論。羅香林以血統論定
義客家有其歷史性，與 1930 年代客家人遭血統歧視而迸生的客家源流考之風
潮有關；[9] 後續研究者對突顯或強化客家之文化特徵，亦抱持高昂興趣。而後，
在 1980 年代末進入 90 年代，客家研究進入另一波論述高峰，透過更多素材與
理論的加入，對長期由漢血統純正論主導的客家源流立論，新版源流考提出了
多元的另類主張——例如承續羅氏中原漢族後裔的中元文化說；[10] 引用日本學
者中川學對羅氏學說的批評而予以部分淘選採納的修正說；[11] 傾向為視為以南
方百越民族為主體、而與漢族後融合的南方文化說；[12] 亦有主張客家乃是北方
漢庶後裔而與南方民族互為主體的新型文化——但基本上仍是漢族支系的多元
一體說。[13] 長期主持客家傳統社會大型研究計畫的漢學學者 John Lagerwey（勞
格文），認為客家文化是一支帶有明顯的畬及瑤族文化遺跡的漢族；[14] 臺灣

9 謝重光，《客家形成發展史綱》（廣州市：華南理工大學，2001）。

10 王東，〈論客家民系之由來〉，謝劍、鄭赤琰主編，《客家學國際研討會論文集》（香
   港：香港中文大學，1994）；王東，《客家學導論》（臺北市：南天，1998[1996]
   在臺初版）；陳運棟，《客家人》（臺北市：聯亞，1978）。

11 見陳運棟的兩個作品：《臺灣的客家人》（臺北市：臺原，1989），頁 37-50，以及
   〈臺灣客家研究的考察〉，徐正光主編，《第四屆國際客家學研討會論文集：歷史
   與社會經濟》（臺北市：中央研究院民族學研究所，2000），頁 54。

12 房學嘉，《客家源流探奧》（臺北市：武陵出版社，1996），頁 27-29，59-60，205。

13 「多元一體」概念，是由費孝通於 1988 年在香港中文大學發表演說時，所提出的民
   族理論，見費孝通主編，《中華民族的多元一體格局》（北京市：中央民族大學，
   1999），頁 1。蔣炳釗和謝重光也有相同觀點，見蔣炳釗，〈試論客家的形成及其
   與畬族的關係〉，莊英章、潘英海合編，《臺灣與福建社會文化研究論文集（二）》
   （臺北市：中研院民族所，1995），頁 35，以及謝重光，《客家源流新探》（臺北市：
   武陵，1999）、《客家形成發展史綱》（廣州市：華南理工大學，2001），頁 1-6。

14 勞格文（John Lagerwey），〈勞格文序〉，房學嘉編，《梅州地區的廟會與宗族》（香

學者莊英章對此亦表示看法，主張客家較適合以漢文化中的一個次文化（sub-culture）來思考。[15] 然而，雖說上述論點皆已提出相關「證據」，但客家源流至今仍是未完全解開的迷思，甚至歷史學家也曾透過透過祖譜對照分析法，提出很多客家人與福佬人（閩人）在族譜中其實呈現出同源的表徵，一方面透露出客家人之身世建構仍有討論的空間，[16] 另一方面也引導出關於客家源流議題中歷史製作（the making history）的新研究面向。但無論源流考在 20 世紀末如何地爭議，客家作為一個具有地理區域指涉之概念，並沒有任何動搖。

在羅香林自創之「民系」概念中並未具有突顯客語之於客家人定義的用意，然而，過去許多學者曾採用「方言群」這個概念來指稱「講客話的那群人」，且因「方言」具有「地方話」之意，所以將客家人視為「方言群」，便具有濃厚的地理區域意涵。整理關於此部分的概念用語，西方及臺灣人類學者常使用以下詞彙來指稱漢人社會中的客家，其中可以出包括強調的特徵分別有語言、界限建構及地理分布：（一）"dialect or speech groups"（方言群）[17]（二）"ethnic or subethnic group"（族群或次族群）[18]（三）"regional or provincial

---

港：國際客家學會／海外華人研究社／法國遠東學會，1996）。

15 莊英章，〈族群互動、文化認同與「歷史性」：客家研究的發展脈絡〉，《歷史月刊》201（2004）：35。

16 陳支平，《客家源流新論：誰是客家人》（臺北市：臺原，1998）。Nicole Constable, "Introduction: What does it mean to be Hakka?" Nicole Constable, ed. *Guest People: Hakka Identity in China and Abroad* (Seattle: University of Washington Press, 1996), pp.3-35.

17 如 G. William Skinner, Chinese Society in Thailand (Ithaca: Cornell University Press, 1957)；Myron Cohen L., "The Hakka of 'Gest People': Dialect as a Social-Cultural Variable in Southeastern China," *Ethnohistory* 15(3)(1968): 237-292.；李亦園，《一個移植的市鎮：馬來亞華人市鎮生活的調查研究》（臺北市：中央研究院民族學研究所，1970）；Li, Yih-yuan, "Four Hundred Years of Ethnic Relation in Taiwan," Chiao and Tapp, eds., Ethnicity and Ethnic Groups in China (Hong Kong: The Chinese University of Hong Kong, 1989)；麥留芳，《方言群認同：早期星馬華人的分類法則》（臺北市：

groups"（地域群體）。[19] 從這三種定義所發表的年代來看，將客家單純視為地域群體屬較為早期（見 Eberhard 1956；Guldin 1984；Huang Shu-min 1980）。當代因強調族群意識（ethnicity）議題，後繼以客家為主題的研究者，則大量採用 Fedrick Barth 之族群（ethnic group）概念套用於客家研究，[20] 而將民系、方言群、族群等概念混用者亦所在多有。[21] 在閱讀客家研究著作時，作者以何

中央研究院民族學研究所，1985）。麥留芳，〈方言群的分化與整合〉，《中央研究院民族學研究所集刊》69(1990)：27-44。

18 Gray G. Hamilton, "Ethnicity and Regionalism: Some Factors Influencing Chinese Identities in Southeast Asia," *Ethnicity* 4(1977): 337-351.

19 Wolfram Eberhard,"Chinese Regional Stereotype,"*Asian Survey* 5(1965): 596-608；Gregory E. Guldin,"Seven-Veiled Ethnicity: A Hong Kong Chinese Folk Model,"*Journal of Chinese Studies* 1(1984): 139-156；Huang Shu-min,"The Development of Regionalism in Ta-chia, Taowan: A Non-kinship View of Chinese Rural Social Organization," *Ethnohistory* 27(1980): 243-266.

20 Fedrik Barth (ed.). 1969. *Ethnic Groups and Boundaries*. London: George Allen & Unwin. 實際上，族群概念與詞彙更廣泛运用於臺灣及海外學者，且不限於用以解釋客家。見 Huang Shu-min, Chen Chung-min and Chuang Ying-chang. (eds.) *Ethnicity in Taiwan: Social, Historical, and Cultural Perspectives* (Taipei: Institute of Ethnology, Academia Sinica. 1999), pp.14-16；陳志明，〈華裔和族群關係的研究：從若干族群關係的經濟理論談起〉，《中央研究院民族學研究所集刊》69(1990): 1-26，臧振華，〈從滇青銅文化的考古資料看雲南滇池地區的族群互動與社會發展〉，《中央研究院民族學研究所集刊》69(1990): 45-66；林美容，〈族群關係與文化分立〉，《中央研究院民族學研究所集刊》69(1990): 93-106；胡台麗，〈芋仔與蕃薯：臺灣「榮民」的族群關係與認同〉，《中央研究院民族學研究所集刊》69(1990): 107-132；梁肇庭，〈客家歷史新探〉，《中國社會經濟史研究》（廈門市：廈門大學歷史系，1982）；Leong, Sow-Theng, "The Hakka Chinese of Lingnan: Ethnicity and Social Change in Modern China," David Pong and Edmund Fung, eds. *Ideal and Reality: Social and Political Change in Modern China, 1860-1949* (The University Press of America, 1985)；Leong, Sow-Theng, *Migration and ethnicity in Chinese history: Hakka, Pengmin, and their neighbors* (Stanford: Stanford University Press. Taipei: SMC Publishing Inc., 1998)；Nicole Constable, "History and the Construction of Hakka Identity," Chen Chung-min, Chuang Ying-chang and Huang Shu-min, eds, *Ethnicity in Taiwan: Social, Historical, and Cultural Perspectives* (Taipei: Institute of Ethnology, Academia Sinica, 1994a), pp.75-89；Nicole Constable, *Christian Souls and Chinese Spirits: A Hakka Community in Hong Kong* (Berkeley: University of California Press, 1994b)

21 彭兆榮編，《邊際族群：遠離帝國庇佑的客人》（合肥市：黃山書社，2006）。

種概念來歸類客家,即反映該書作者企圖強調其研究重點在於突顯客家之本質性、建構性還是地域性。

從羅香林建立之論述開始,客家所具有的同心圓分佈區域概念(鄉鎮客家人口比例從贛閩粵交界向外遞減),以及強調其特殊與鄰近區域不同的文化特徵,即已明確呈現「客家」概念中所擁有的地理區域觀點。而之後不論是以方言群還是地域團體來指涉客家,我們亦可從中看到客家定義本身具有一定的區域特性。包括馬來西亞華裔之澳洲籍學者 Sow-Theng Leong(梁肇庭,1939-1987),在 1980-90 年代時將贛閩粵三省交界定義為「客家中心地」(Hakka Heartland)的說法,[22] 即再次突顯羅氏以降對於客家地理分佈的同心圓概念。近年「華南研究會」[23] 的訴求與成果也可以看出,客家作為華南地方社會組成的一分子,它在具獨特性的同時,實際上也因與華南客家其它鄰近社群所擁有的共同歷史命運,展現與週遭群體具有某些普同特性。[24] 然而,受到客家研究催生於源流考證,長期以來研究者也多習於透過歷史分期來進行客家研究的相關回顧,[25] 本文則嘗試回應這個族群研究範疇裡原本即帶有濃厚的區域觀點,

---

22 Sow-Theng, Leong , *Migration and ethnicity in Chinese history: Hakka, Pengmin, and their neighbors* (Stanford: Stanford University Press. Taipei: SMC Publishing Inc., 1998)

23 華南研究會乃是 1990 年代由香港中文大學所推動的計劃之下,所凝聚起來的一批中生代與青年學者。主要由人類學與歷史學兩種研究取徑,「重新」認識中國南方:以華南為中心。用科大衛與蔡志祥的說法,華南研究基本上是認識中國的一個必經之路。科大衛,〈告別華南研究〉,華南研究會編輯委員會編著,《學步與超越:華南研究會論文集》(香港:文化創造出版社,2004),頁 9-30;蔡志祥,〈華南:一個地域,一個觀念和一個聯繫〉,華南研究會編輯委員會編著,《學步與超越:華南研究會論文集》(香港:文化創造,2004),頁 1-8。

24 客家中心地位於華南,它必然屬於廣義華南研究的一部分,因此,客家研究相當程度地亦必須參照其它華南研究的成果進行比較分析,以找到客家研究的獨特位置。

25 陳運棟,〈臺灣客家研究的考察〉,徐正光主編,《第四屆國際客家學研討會論文集:歷史與社會經濟》(臺北市:中央研究院民族學研究所,2000),頁 45-79。

透過整理部分論著，爬梳期間所開展的方法論，如何重新帶領讀者們，重新思索關於客家在空間概念之下，關於區域內（從村落到市集）／跨區域（區域比較）／區域界限（分與合的地方）／區域內外（界線兩邊）的多重理解。

　　目前臺灣透過廣設客家研究及教學機構，逐漸有走上「以客家為方法」的客家研究，但在此之前許多學者處理與客家相關討論時，或許僅是「以客家為素材」（甚至只是為部分素材）。個人認為當代客家研究在形成時的跨學科歷史性，本即帶有極大之包容與多元，面對並不一定帶著客家意識進行的研究，我們也願意吸納其觀點並感謝其分析對後續客家研究所帶來的啟發。因此，本文所探討的客家研究採用更廣義之說法，即包括以客家為對象、而不必須以客家為單一目的者，嘗試把發展中的客家研究區域觀點，放在更大的知識社群中，看到其各種可能性。

二、區域發展取徑：從 Skinner 到梁肇庭

　　1960 年代有兩個西方論說深深影響當代客家研究。其一，漢學人類學家 Maurice Freedman 藉非洲親屬理論所建立的華南宗族發展理論，[26] 吸引許多西方人類學者對華南宗族議題感到興趣，紛紛來到東方找機會進入村莊進行民族誌工作，另如：美國學者 Myron L. Cohen 與 Burton Pasternak 的研究，曾分別涉及臺灣南部的美濃與新埤兩個客家莊，[27]Patrick Hase 則研究了香港新界

---

26 Maurice Freedman, *Lineage Organization In Southeast China* (London: Athlone Press, 1958)；Maurice Freedman, Chinese Lineage and Society: Fukien and Kwangtung (London: Athlone, 1966)

27 Myron Cohen L., *House United, House Divided: The Chinese Family in Taiwan* (New York: Columbia University Press, 1976)；Burton Pasternak, Kinship and Community in Two Chinese Village (Stanford: Stanford University Press, 1972)

大鵬灣西岸客家人。[28] 這個時期的研究雖然目的並非在探討客家文化，但以客家人為對象的村落民族誌，成功地將客家人（Hakkas）帶入國際學術圈的視野裡。[29] 同時期由美籍人類學家 G. William Skinner（1923-2008）建立的經濟循環週期發展論，則是另一個對客家研究取徑造成直接影響的論說 —— 具體可見於梁肇庭採用其學說與兼採其它立論，所建立的新版的客家源流論，以之探討客家中心地如何在區域經濟循環週期的發展影響下，誘發一系列的土客衝突（native-migration conflicts），致使各族群間的族群性（ethnicity）突顯並被識別出來。[30]

　　區域經濟循環週期發展取徑來自 Skinner 針對市場體系與中地理論的論點；也因為漢名施堅雅 Skinner 乃是以中國四川為其理論建立的模型，所以中國學者對此必較為親切且有較高之意願予以採用或檢證。相對於許多臺灣學者及西方學界對該模型多抱持保留態度，[31] 梁肇庭在 1982 年發表於《中國社會

28 Patrick Hase, "The Alliance of Ten: Settlement and Politics in the Sha Tau Kok(沙頭角) Area," David Fare and Helen F. Siu, eds. *Down to Earth: the territorial bond in South China* (Stanford: Stanford University Press, 1995), pp.123-160.

29 Myron Cohen L., *Kinship, Contract, Community, and State: Anthropological Perspectives on China* (Stanford: Stanford University Press, 2005), p.153.

30 Sow-Theng, Leong , *Migration and ethnicity in Chinese history: Hakka, Pengmin, and their neighbors* .

31 Lowrance W. Crissman, "Marketing on the Changhua Plain, Taiwan," E. W. Wilmott, ed. *Economic Organization in Chinese Society* (Stanford: Stanford University Press, 1972), pp.215-259；Huang, Philip C. C., The Peasant Economy and Social Change in North China (Stanford: Stanford University Press, 1985)；黃宗智，《華北的小農經濟與社會變遷》（香港：牛津大學，1994），頁 24-9；Barbara Sands and Roman H. Myers, "The Spatial Approach to Chinese History: A Test," The Journal of Asian Studies 45(4)(1986): 721-743；Presenjit Duara, *Culture, Power and the State: Rural North China*, 1900-1942 (Stanford: Stanford University Press, 1988)。耶魯大學人類學家蕭鳳霞（Helen F. Siu）對 Skinner 的批評最為尖銳，她以廣東中山小欖鎮菊花會的研究，對 Skinner 視傳統中國農民為理性經濟人的預設提出反駁，她批評 Skinner 以可以計算距離的市場及其形成的層級關係來解釋中國的社會結構，顯然忽略了市場是在一個社會分化、獲得

經濟史研究》期刊中的〈客家歷史新探〉一文，即積極呼應 Skinner 的市場體系與大區域史理論，用文化生態學來分析贛閩粵三省交界地方社會（客家中心地）的形成過程。Skinner 的市場體系與大區域史理論，乃是藉經濟地理學的中地體系（central place system）分析四川盆地的經濟空間，再從集鎮的經濟空間建構出社會文化體系，並將以標準市集（standard market）為中心的村落組織，視為一個集鎮社區的構成單位。Skinner 進而提出一個非常重要的說法：中國農民社會生活的基本單位不是村落，而是這類集鎮社區。除此之外，他亦根據地貌（physiography）及市場的階層（marketing hierarchies），將中國傳統的經濟地理劃分為九個大區域，每個區域都是獨特且有明顯邊界，皆是由一個都市核心與邊緣腹地，建構出功能上的整合體系。[32]Skinner 認為這個架構可用以分析區域內的城市分佈、交通及貿易網絡，而中國的歷史結構就是奠基在區域興衰的週期上。[33]Skinner 所提出的區域經濟循環週期發展取徑雖取材自偌大之四川平原，但梁肇庭進一步以南嶺山區為研究對象的討論，似乎也有透過

　　權力的機會不平等，以及充滿文化歧視的社會脈絡下運作的。見 Helen F. Siu(蕭鳳霞), "Recycling Tradition: Culture, History, and Political Economy in the Chrysanthemum Festivals of South China," *Comparative Studies in Society and History* 32(4)(1990): 765-794；蕭鳳霞、劉志偉，〈文化活動與區域社會經濟的發展：關於中山小欖菊花會的考察〉，《中國社會經濟史研究》1990(4)：51-56；蕭鳳霞，〈傳統的循環與再生：小欖菊花會的文化、歷史與政治經濟〉，《歷史人類學學刊》1(1)(2003)：99-131。陳其南與王銘銘也都曾對 Skinner 的理論提出其不了解中國性的批評，見陳其南，《家庭與社會：臺灣與中國社會研究的基礎理念》（臺北市：聯經，1990）；王銘銘，《社會人類學與中國研究》（北京市：三聯書店，1997）。

32 G. William Skinner, "Marketing and Social Structure in Rural China," *The Journal of Chinese Studies* 24(1)(1964): 3-43; 24(2)(1965): 195-228.

33 G. William Skinner (ed.), *The City in Late Imperial China* (Stanford: Stanford University Press, 1977)；G. William Skinner, "Cities and the Hierarchy of Local System," Arthur Wolf, ed. Studies in Chinese Society (Stanford: Stanford University Press, 1978), pp. 1-78；G. William Skinner and Mark Elvin (eds.), The Chinese City between Two Worlds (Stanford: Stanford University Press, 1974)

不同地理環境的素材，擴大 Skinner 理論適用性的企圖。

　　事實上，梁肇庭所建立的新版客家源流論，因不僅採用 Skinner 之說來突顯客家中心地初期形成的生態與經濟地理條件，梁氏更技巧地透過 Barth 的族群邊界建構理論來討論客家與鄰近族群的關係，正好補充了 Skinner 理論可能造成的偏頗，[34] 而對於這種「補充」，Skinner 本人對梁肇庭在 1998 年出版的專書是持肯定且讚賞的態度，甚至為其親自寫序。[35]

　　透過區域觀點──更正確地說是突顯區域發展面向的觀點，是梁肇庭對當代客家研究提供的貢獻。這套取徑充分展現在 *Migration and ethnicity in Chinese history: Hakka, Pengmin, and their neighbors* 這本由其同事協助出版的遺著中，梁氏早先對地理生態影響文化及分析嶺南族群意識的研究興趣，[36] 同時分析閩粵贛三省交界自 16 世紀以來族群的消長變遷。閩粵贛三省交界在他的眼中，是交會在東南沿海區域的西部邊緣地帶、嶺南區域的北緣、湘贛邊區，以及長將下游的南方邊緣地帶等，交會形成的特殊地帶。他指出這個區域的土客衝突和區域發展週期緊密牽連，居民遷徙的動力深受經濟地理的核心與邊陲間相互經濟發展強弱的牽扯；當經濟衰退時，對資源的競爭會使區域內各族群之間的族群意識（ethnicity）突顯出來。梁氏在此即引用 Barth 的族群理論，指出族群意識與族群建構之間的因果關係。Skinner 在書序中即特別讚許該書

---

34 Skinner 的理論對人類學與歷史學都有相當的影響，引致的批評亦多，主要批評集中在認為 Skinner 忽略了族群衝突在區域類型形成過程中的作用及忽略文化因素。相關批評可參見王銘銘，《社會人類學與中國研究》（北京市：三聯書店，1997），頁 97-131。

35 G. William Skinner, "Introduction," Tim Wright, ed. Migration and ethnicity in Chinese history: Hakka, Pengmin, and their neighbors (Taipei: SMC Publishing Inc., 1998), pp.1-18.

36 梁肇庭，〈客家歷史新探〉，《中國社會經濟史研究》（廈門市：廈門大學歷史系，1982）。

族群動員、邊緣與叛亂、客家民族主義運動及族群融合議題上,提出區域史觀點的貢獻。[37]

　　區域發展所指不僅為經濟地理層面,生態環境也在梁肇庭的分析架構中,被賦予決定性意義的位置,且這種生態(經濟)與文化相互影響的立場,也讓梁肇庭建構的客家源流模型,與人類學領域中發展於 1950 年代中期的文化生態學(cultural ecology)主要觀念相互契合,即強調文化與環境——包括技術、資源與勞動——之間存在一種動態且富創造力的關係,[38] 因此該書亦成為運用文化生態學解釋客家形成的重要作品。梁氏強調:因為生態環境的優勢或限制,不同族群使用自然資源的技術亦致使族群間的發展與消長相互牽制,所以嶺南客家中心地形成過程的各個階段,正是反映出區域不同經濟週期的資源競爭關係與興衰,[39] 並直接影響區域內外族群——尤其是以客家為中心的族際接觸與族群意識。[40]

　　區域發展觀點運用於理解族群建構與地方社會形成的過程,在後梁肇庭時期的學者各依所需擇選採用。例如:曾於 1996 年出版《客家學導論》的王東,即把梁肇庭的觀點,透過中文撰著轉譯出來,他支持客家源流並非漢人中原文化簡單移植的觀點,突顯客家在南嶺形成時期的重要性,強調客家周邊的地理區域特性與族群互動,指出客家是中原文化副區、淮河流域文化副區、勷陽

37 G. William Skinner, "Introduction," Tim Wright, ed. *Migration and ethnicity in Chinese history: Hakka, Pengmin, and their neighbors* (Taipei: SMC Publishing Inc., 1998), pp.14-18.

38 Julian H. Steward, *Theory of Culture Change: The Methodology of Multilinear Evolution* (University of Illinois Press, 1955).

39 Leong, Sow-Theng, *Migration and ethnicity in Chinese history: Hakka, Pengmin, and their neighbors* (Stanford: Stanford University Press. Taipei: SMC Publishing Inc., 1998), pp.19-93.

40 Ibid: 101-165.

文化副區及吳越文化副區等眾多區域文化在內的「多向複雜整合」。[41] 另外亦有歷史學者延伸梁肇庭對於區域發展與客家源流的觀點，再加入更多關於宗族與信仰層次的材料，對南嶺地區各族群的發展歷程提出檢證。例如：長期在閩西蒐集歷史材料的劉永華，透過閩西汀州客及周邊族群的素材，如梁肇庭般運用了 Skinner 的概念，強調當地基層集市的角色，亦認為此乃當地客家宗族組織、秘密社會、宗教社群、方言乃至小傳統的載體。[42] 除此之外，江西學者黃志繁透過清代贛南客家的市場研究，運用並檢視梁肇庭所建立的區域——族群理論，認為受經濟利益驅使進入贛南的閩粵流民，在流域區域的區域發展週期下，成為促成贛南市場發展的重要人口，並進而帶動當地進入乾隆年間的興盛時期。[43] 黃志繁的研究以較小範圍的素材，明確地展現其運用並檢視梁肇庭之說的企圖心，而這份研究也繼續啟發著黃志繁在 2008 年發表於第二屆臺灣客家研究國際研討會上關於「宗族、商鎮發展與『客家文化』的創造：清代上猶縣營前墟」的個案報告，後者則在區域理論底下針對客家地方形成進行深入歷史探討。由此可見，梁肇庭的區域發展與族群互動架構，對於理解客家中心的之生成，具有一定之可適用性。

　　從 Skinner 的區域經濟循環週期發展假設，到梁肇庭的區域發展族群建構取徑，我們看到西方理論如何被在地學者吸收採用，以解釋客家在贛閩粵從無

---

41 王東，《客家學導論》，頁 211-249。

42 劉永華，〈傳統中國的市場與社會結構：對施堅雅中國市場體系理論和宏觀區域理論的發出〉，《中國經濟史研究》第四期 (1992)。

43 黃志繁，〈大庾嶺商路・山區市場・邊緣市場：清代贛南市場研究〉，《南昌職業技術師範學院學報》2001 年第 1 期；黃志繁，〈動亂、國家認同與「客家」文化：一個贛南聚落 12-18 世紀的變遷史〉，《歷史人類學學刊》4(1)(2006)：61-92；黃志繁，《「賊」「民」之間：12-18 世紀贛南地域社會》（北京市：生活・讀書・新知三聯書店，2007）。

到有的形成過程，及其背後的歷史性。融合區域發展說與族群建構論，為客家
中心地的研究，尋找到一個區域史學的方法論。相對地，在臺灣因學術史之發
展脈絡不同，對於 Skinner 觀點的批判，加上研究對象多集中於移出中心地的
移民社會——臺灣，因此臺灣的學者在探討族群適應與地方社會生成時，較長
時間都是援引了下一節所提到的祭祀圈概念。

三、人群組織與區域：共同信仰、經濟行政與價值結構圈

　　客家研究中採用祭祀圈概念的作品十分豐富；尤其是當學者企圖探討民俗
生活與其文化特徵時，祭祀圈概念往往會用來檢視並描述信仰與族群界限的交
疊狀況。之所以如此，與臺灣客家研究者中，有許多是對祭祀圈理論相對熟稔
的學者應有相對關係。

　　最早提出祭祀圈概念的是日籍社會人類學者岡田謙（1906-1969），用於
探討漢人聚落之空間分佈及其發展模式。因後來臺灣學者的廣泛使用，使得祭
祀圈被視為相當具有臺灣研究本土性格的理論取徑。例如：1970 年代由中央
研究院進行之「濁大流域人地研究計畫」中，民族學部門在田野調查中所獲得
之資料，即有援引祭祀圈概念針對傳統鄉民社會之人群組織進行分析。[44] 學者
認為：採村廟祭神角度的祭祀圈概念，既可吸納 Skinner 的市場體系觀點，亦
呼應人類學家 Lowrance W. Crissman 以彰化平原之實證研究曾對 Skinner 進行
的批評。[45] 客家在這個階段也曾以「研究對象」的角色出現於祭祀圈研究中，

---

44 施振民，〈祭祀圈與社會組織：彰化平原聚落發展模式的探討〉，《中央研究院民
　　族學研究所集刊》36(1975): 191-208。

45 Lowrance W. Crissman, "Marketing on the Changhua Plain, Taiwan," E. W. Wilmott, ed.
　　Economic Organization in Chinese Society (Stanford: Stanford University Press, 1972),
　　pp.215-259. 王崧興，〈濁大流域的民族學研究〉，《中央研究院民族學研究所集刊》
　　36(1975)：1-10。

例如：許嘉明在濁大計劃中建構了彰化平原福佬客七十二庄的祭祀圈模式，[46] 而這項研究對後續「福佬客」研究有相當之啟發作用。[47]

隨著祭祀圈理論在臺灣學界的發展，客家研究者或處理客家為研究對象的研究，也採用這個理論來探討特定區域內信仰，及圈內－圈外之族群互動或信仰交陪關係，但這個過程中也伴隨著祭祀圈理論本身的變化。祭祀圈理論曾遭被濫用之批評，[48] 為此由神明立場出發的信仰圈概念亦進一步提出，[49] 之後再發展出將人群義務性結合模式擴大為自願性結合的信仰圈及祀典圈概念。[50] 因為眾生喧嘩，相關學界熱鬧非凡因此祭祀圈、信仰圈與祀典圈等以村廟為中心的分析方法，即成為漢人傳統社會區域研究的熱門取徑，[51] 提供客家信仰豐富

---

46 許嘉明，〈彰化平原福佬客的地域組織〉，《中央研究院民族學研究所集刊》36(1975)：165-190。

47 另外值得一提的是，「濁大計劃」中的多篇論文也提供了人類學對於「福佬客」研究的重要貢獻。見陳祥水，〈「公媽牌」的祭祀：承繼財富與祖先地位之確定〉，《中央研究院民族學研究所集刊》36(1975)：141-164；施振民，〈祭祀圈與社會組織：彰化平原聚落發展模式的探討〉，《中央研究院民族學研究所集刊》36(1975)：191-208。「福佬客」最早出現在林衡道的論著中，見林衡道，〈員林附近的「福佬客」村落〉，《臺灣文獻》14(1)(1963)：153-158；後來人類學與歷史學者繼續投入，語言學者更是對此深感興趣，希望從語言的變異中，找到當地客家語言的某些殘留。因本文篇幅有限，此部分將不在此進行相關文獻的回顧。

48 王崧興，〈臺灣漢人社會研究的反思〉，《臺灣大學考古人類學刊》47(1991)：1-11。

49 林美容，〈由祭祀圈到信仰圈：臺灣民間社會的地域構成與發展〉，張炎憲編，《中國海洋發展史論文集（三）》（臺北市：中央研究院三民主義研究所，1988），頁95-125；林美容，〈祭祀圈、信仰圈與民俗宗教文化活動的空間形構〉，國立中興大學都市計畫研究所編，《地方文化與區域發展研討會論文集》（臺北市：行政院文化建設委員會，1996），頁123-137。

50 林美容，〈由祭祀圈看草屯鎮的地方組織〉，《中央研究院民族學研究所集刊》62(1986)：53-114；林美容，〈臺灣區域性祭典組織的社會空間與文化意涵〉，徐正光、林美容主編，《人類學在臺灣的發展：經驗研究篇》（臺北市：中央研究院民族學研究所，1999），頁69-88。

51 張珣，〈光復後臺灣人類學漢人宗教研究之回顧〉，《中央研究院民族學研究所集刊》81(1996): 174-185。

之研究觀點。例如：Myron Cohen[52]、羅烈師[53]、賴玉玲[54]、林桂玲[55]都曾分別以臺灣的美濃龍肚、新竹大湖口、新竹新埔義民廟等地方信仰材料，援引祭祀圈概念以分析人群組織與信仰活動之間的運作過程；而以上四位學者都曾多次參與客家研究學術會議，甚至在客家學術機構從事教學與研究工作。

　　這套帶有區域共同信仰觀點的祭祀圈／信仰圈理論，在客家中心地社會史學界亦引起討論與引用，包括對祭祀圈名詞定義及範圍的界定，對施振民等建構的祭祀圈進行修正，或提出更具彈性且涉及宗教與文化現象的探討。[56]1990年代末，透過在閩西汀州客家地區搜集的材料，運用臺灣發展出來的祭祀圈概念來分析中國鄉村，對於客家學者認識到客家內部差異，具有極大助益；尤其是福建學者對客家周邊社群的探討，既看到客家與鄰近少數民族間的交融，又提供諸多對照組，讓後來的客家研究者認識到閩南蓬勃的民間信仰與閩西高度發展的祖先崇拜，有著不同的歷史過程。例如：楊彥杰在1998年第四屆國際客家學研討會上發表的論文，就是針對閩西寧化的華光大帝崇拜研究，討論帶有宗族聯盟色彩的輪祀圈，如何在畬客雜處地區形成一種信仰共同體。[57]

---

52 Myron Cohen L., "Shared Belief: Corporations, Community and Religion Among the South Taiwan Hakka During Ch'ing," *Late Imperial China* 14(1)(1993): 1-2.

53 羅烈師，《新竹大湖口的社會經濟結構：一個客家農村的歷史人類學探討》（新竹市：國立清華大學社會人類學研究所碩士論文，1997）。

54 賴玉玲，《褒忠亭義民爺信仰與地方社會發展：以楊梅聯庄為例》（新竹縣：新竹縣文化局，2005）。

55 林桂玲，《家族與寺廟：以竹北林家與枋寮義民廟為例（1749-1895）》（新竹縣：新竹縣文化局，2005）。

56 張珣，〈祭祀圈研究的反省與後祭祀圈時代的來臨〉，《臺灣大學考古人類學刊》58(2002): 78-111。 Kenneth Dean, "China's Second Government Regional Ritual Systems in Southeast China," 王秋桂等編，《社會、民族與文化發展研討會論文集》（臺北市：漢學研究中心，2001），頁77-110。

57 楊彥杰，〈輪祀圈：寧化治平的華光大帝崇拜〉，徐正光主編，《第四屆國際客家學研討會論文集：宗教、語言與音樂》（臺北市：中央研究院民族學研究所，2000），頁49-80。

　　客家研究除了運用祭祀圈或信仰圈概念探討跨村際區域合作模式之外，近年也嘗試與 P. S. Sangren 提出的區域價值結構進行對話，作為客家研究中族際或村際聯合的分析架構。之所以採用這個分析架構，主要亦是受到漢人人類學界對該理論的高度評價，而臺灣的客家研究與臺灣漢人人類學的承襲關係，亦是當代客家研究中得以找到這類區域研究取徑的原因之一。Sangren 將 Skinner 經濟市場理論進一步結合宗教儀式中象徵的分類與實踐，主張除了探討經濟和行政體系所構成的階序系統外，更要看到社會的文化邏輯——即所謂的價值結構（structure of value），才能在區域、階級，或時代的差異性背後，看出社會異同的象徵關係。[58] 人類學界有對 Sangren 的價值結構分析架構極高評價的說法，主張此為 20 世紀結束前，西方人類學漢人研究中對探討社群與文化繁衍銜接及社會文化經濟等層面的整合，「最具創造力」的理論範式。[59]

　　不管是採取了以客家為對象抑或是以客家為目的的研究，最近 10 年都能看到 Sangren 理論運用於討論與客家村際關係相關的研究。例如：陳緯華在其曾獲得 2005 年行政院客委會博士論文獎勵研究的作品裡，即是以臺灣彰化平原七十二庄的邊緣——彰化縣田尾鄉，一個具有河洛客、漳州籍、泉州籍三個祖籍群聚集區的鄰接地，透過 Sangren 之理論框架分析民間信仰與不同祖籍地人群的社會建構關係，在看似重疊的村際合作關係表層底下，提出實際具有不同內在邏輯的說法。[60] 目前服務於交通大學客家學院的林秀幸，則透過

---

58 P. S. Sangren, *History and Magical Power in a Chinese Community* (Stanford: Stanford University Press, 1987)

59 林開世，〈文明研究傳統下的社群：南亞研究對漢人研究的啟示〉，陳文德、黃應貴主編，《「社群」研究的省思》（臺北市：中央研究院民族學研究所，2002），頁 351。

60 陳緯華，《靈力經濟與社會再生產：臺灣民間信仰與地方社會的形成》（新竹市：國立清華大學人類學研究所博士論文，2005）。

Sangren 的文化價值結構及 Barth 的邊界理論，討論臺灣苗栗大湖北六村客家人每年一度前往北港媽祖進香的儀式，看到一個成為例行模式的儀式過程，如何同時建構著「他者」又維持著內外文化的多元性。[61]

四、區域與文化變異：人口比較與地方文化變遷

　　客家在過去漢人人類學領域往往只是一個剛巧的對象：尤其是在臺灣，漢人村落若非福佬村莊就是客裔聚落，以客家為對象的研究，即常出現於進行「比較研究」的論著裡。事實上，利用人口統計的分析架構來研究客家或包含客家的區域，其方法論精神即在於透過大量的資料來進行比較研究，但它的困難度也在這裡，基本上必須是以一定程度普查的戶籍資料進行分析；也因此，在當代已經具有跨洲際目標的客家研究社群，目前亦僅有著相對完整歷史人口統計資料的臺灣，得以透過這個研究方法取得區域人口觀點的客家研究素材。

　　運用人口統計資料進行客家與福佬比較研究，乃是 1980 年代所發展出來。曾任臺灣交通大學客家學院院長的莊英章，長期採用臺灣人口統計資料，進行客家與福佬在婚姻與家族特徵上的比較研究，並認為透過族群間及區域間的比較，可破除某些似是而非的族群成見。1985 年前後，莊英章與 Arthur B. Wolf（武雅士）利用今隸屬於新竹縣竹北的日治時期村莊戶籍資料，進行婦女與婚姻的比較研究。資料顯示客家人與福佬人在當地都高比例地採行童養媳婚，故主張方言群並非左右婚姻型態的決定關鍵，並不適宜以 Pasternak 曾提的方言

---

61 林秀幸，〈界線、認同和忠實性：進香，一個客家地方社群理解和認知他者的社會過程〉，丘昌泰、蕭新煌主編，《客家族群與在地社會：臺灣與全球經驗》（桃園市：國立中央大學／臺北市：智勝文化，2007），頁 76-125。

群因素 [62] 來進行解釋。之後，兩位又加入臺中、南投、彰化、臺南、屏東等地的戶籍資料，指出童養媳婚越往南比例越小，但招贅婚則無南北差異，然而愈趨近周圍平埔部落的村莊就呈現愈高比例；換句話說：招贅婚另外顯出漢人聚落的中心與邊緣。[63] 不久後，莊英章與 Wolf 繼續合作，發表一篇關於婚姻市場的假設，試圖解釋為何在 1860 年代後，童養媳婚成為臺灣北部相對突顯的婚姻特色，他們的推論是：此乃因茶或樟腦等商品，帶動區域經濟發展，吸引相當多單身男性從閩、粵兩地，以移工身分播遷而至，造成極端不平衡的性別比例；加上市場經濟活絡，因此收養童養媳風氣日盛，而被收養的年齡也越來越小。[64] 莊英章與 Wolf 的研究對客家研究提供反省性取徑，即過去「想當然爾」與客家相關或無關的文化特徵，其形成條件或許並非來自族群差異，因此我們不能忽略在族群性之外，其差異更可能是反映了兩地在歷史、經濟、社會或地理等條件上的不同。

區域人口比較另一個研究價值，是具有「驗證以往人類學者透過社區研究所提出的理論假設」[65] 的能力，而且這個價值對於客家研究亦有甚大助益。例如：Cohen 曾指出，日治末年美濃因引進種植勞力密集的經濟作物菸草，為使

---

62 Burton Pasternak, Kinship and Community in Two Chinese Village (Stanford: Stanford University Press, 1972)

63 莊英章、武雅士，〈臺灣北部閩、客婦女地位與生育率：一個理論假設的建構〉，莊英章、潘英海編，《臺灣與福建社會文化研究論文集》（臺北市：中央研究院民族學研究所，1994），頁 97-112。

64 Chuang, Ying-chang & Arthur P. Wolf, "Marriage in Taiwan, 1881-1905: An Example of Religional Diversity," *Journal of Asian Studies* 54(3)(1995): 781-795；亦見莊英章，《家族與婚姻：臺灣北部兩個閩客社區的比較》（臺北市：中研院民族所，1994），頁 207-226。

65 莊英章，〈親權與家庭分化：臺灣北部閩客社區之比較〉，徐正光主編，《第四屆國際客家學研討會論文集：聚落、宗族與族群關係》（臺北市：中央研究院民族學研究所，2000），頁 192。

成家的兄弟在經濟上保持合作，所以美濃當地的擴大家庭有相對增加的趨勢，Cohen 結論表示，「一旦一個家庭選擇了菸作，那麼他們家庭在發展過程中，聯合的狀態就會延長」。[66]Cohen 這項研究奠定他在 1990 年代興起的客家研究風潮中，一個不可動搖的地位——一則因為他長期在國際漢學界以客家古文書為材料的諸多發表，另外亦因他曾於 2008 年獲得美濃鎮公所頒發「榮譽鎮民」，使他在研究與身分象徵上，被臺灣許多學者視為客家研究先驅。對照上述 Cohen 關於美濃家族延遲分家的結論，2000 年莊英章和 Wolf 的另項研究，將臺灣北部海山郡（今新北市三峽區）的 10 個閩南農村與竹北六家庄四個客家農村的戶籍資料，以電腦程式分析親權與家庭分化間的相互關係，發現北部客籍複合家庭的分家機率實際上更高於福佬人；亦即客家人維持複合家庭的時間短於閩南人。[67] 何以在竹北會出現這樣的結果，莊英章也嘗試採用主要生業農作的角度進行詮釋。他認為：竹北六家的客籍居民以傳統稻作維生，並無特殊經濟作物之誘因，加以當地婦女承擔較重的農事，具體反映至夫妻權力的平衡關係上，因此分家時間比福佬村莊還要來得早。[68] 由此我們看到利用統計方法進行區域比較研究，不僅可見客家與其他非客社群間的普同與差異，亦有機會對客家內部存在的地區差異，獲得更多且更為具體的理解。

---

66 Myron Cohen L., *House United, House Divided: The Chinese Family in Taiwan* (New York: Columbia University Press, 1976), pp.218-219. 對於美濃的例子，也許有人要說這是很特殊的一種發展，但李亦園認為，不論是否很特殊，光是美濃的現象已經支持了人類學者所強調的，在現實的環境需求下，中國的家庭是可以作很大的變遷調適，但是仍然沒有偏離其基本原則，見李亦園，〈近代中國家庭的變遷：一個人類學的探討〉，《中央研究院民族學研究所集刊》54(1982): 7-23。

67 莊英章，〈親權與家庭分化：臺灣北部閩客社區之比較〉，徐正光主編，《第四屆國際客家學研討會論文集：聚落、宗族與族群關係》（臺北市：中央研究院民族學研究所，2000），頁 204。

68 莊英章，〈親權與家庭分化：臺灣北部閩客社區之比較〉，徐正光主編，《第四屆國際客家學研討會論文集：聚落、宗族與族群關係》（臺北市：中央研究院民族學研究所，2000），頁 204。

五、「界限」作為一種「區域」：文化混成的場域

　　清代在臺灣漢人以閩籍為多，而閩籍中又分有人數佔絕大比例之閩東南福佬人，以及相對較少之閩西客裔，但在大型「閩臺」區域比較分析中，仍能出現以客家為素材之一的研究，其中不乏對當代客家研究產生提示作用的前驅作品；另一方面，大型的區域比較計畫不僅因為把客家納入，成為客家研究的先驅討論，區域比較計畫所採用的村落民族誌比較取徑，也成為當代客家研究社群裡思考區域理論時必然參酌的方法；除此之外，大型區域比較計畫因集中討論特定社群（漢人社會），對漢人社會地方多樣性所提出的假設與解釋，皆有助於協助後續客家研究中關於不同地方社會形成的探討。

　　上述所提及之大型閩臺區域比較計畫，尤以 1989 年「閩臺社區民族誌比較研究計畫」為代表。該計劃由美國史丹佛大學人類學系、中央研究院民族學研究所與廈門大學歷史系合作，將臺灣漢人社會的研究延伸到原鄉，也因此獲得對漢人社會更為全貌性的看法。該計劃雖名為「閩臺」，但觸角更延伸至粵籍在臺漢人的原鄉，並鼓勵並資助參與之臺灣學者，前往閩南、閩西，以及粵東地區進行短期調查，並邀請其他參與學者來臺參加「閩臺社會文化研究工作研討會」。《閩臺社會文化研究工作研討會會議論文集》[69]針對各篇研究成果，發表三點關於臺灣漢人社會的思考面向：（一）「歷史文化」的假設與解釋：臺灣社區文化的多樣性，是否源自於福建、粵東祖籍地區原本就已經存在的差異；也就是說漢人社區之間的風俗習慣、文化特色本來就有很大的差異，來到

---

69 該計畫分別在 1994-96 年間，由中央研究院民族學研究所逐年出版論文集，共計三冊。莊英章、潘英海編，《臺灣與福建社會文化論文集（一）》（臺北市：中央研究院民族學研究所，1994）。莊英章、潘英海編，《臺灣與福建社會文化論文集（二）》（臺北市：中央研究院民族學研究所，1995）。莊英章、潘英海編，《臺灣與福建社會文化論文集（三）》（臺北市：中央研究院民族學研究所，1996）。

臺灣之後仍然存在，換句話說，「差異」是來自於原鄉文化的傳承與延續。
（二）「環境適應」的假設與解釋：漢人到了臺灣以後，為了適應新的生態環
境，而後在不同地區發展出不同的文化特色。（三）「族群互動與文化接觸」
的假設與解釋：漢人移民因在與當地土著文化的互動頻率與方式的不同，所以
發展出地方性的社區文化特色。[70]

　　《會議論文集》針對臺灣社會與文化變異所提出的三種詮釋，因田野素材
同時涵蓋福佬與客家地區，因此，即便是來自福佬村莊研究所創發（inventing）
的概念，亦對客家研究展現其思考取徑上的提示功能，也就是說：此計劃所發
展出來的觀察角度，也被運用在理解客家社會——包括臺灣及原鄉的客家。在
此特別研究提出討論第三個觀點「族群互動與文化接觸」，主張文化變異來自
於族群接觸。這種在接觸的地方，往往就是研究者所謂之「界限」（或邊界），
這個「區域」特別容易產生「新的文化」（或說「合成文化」）。例如：該計
劃學者成員蔣炳釗，曾從閩西畬族角度看近鄰的客家，觀察到當地所展現的
「客家文化」，並非中原文化的完全複製，應視為南遷之漢人與當地土著融合
而生之「新的文化」。[71] 他更在第四屆國際客家學研討會（1998，中研院民族
所）發表一篇題目為〈客家文化是畬、漢兩族文化互動的產物〉之論文。[72] 蔣
炳釗過去曾以補註羅香林「民系」概念為目的撰文，[73] 但到了這篇論文幾乎是

---

70 莊英章、潘英海，〈臺灣漢人社區的民族誌基本調查：三個文化理論的實證研究〉，
　　《臺灣史田野研究通訊》17(1991): 5-9；莊英章、潘英海，〈緒論：邁向漢人社會文
　　化研究的里程碑〉，莊英章、潘英海編，《臺灣與福建社會文化論文集（一）》（臺
　　北市：中央研究院民族學研究所，1994），頁 1-4。
71 蔣炳釗，〈試論客家的形成及其與畬族的關係〉，莊英章、潘英海合編，《臺灣與
　　福建社會文化研究論文集（二）》（臺北市：中研院民族所，1995），頁 285-298。
72 蔣炳釗，〈客家文化是畬、漢兩族文化互動的產物〉，徐正光主編，《第四屆國際
　　客家學研討會論文集：聚落、宗族與族群關係》（臺北市：中央研究院民族學研究所，
　　2000），頁 339-363。

顛覆羅香林所費心建立的純漢中原血統論，可說是 1990 年代客家源流考論述群的代表之一。

　　提出客家乃南嶺地區由漢文化及百越文化相互接觸所生之「新的文化」，對早期基於爭取族群自覺與自信為目的的純漢論形成顛覆，是這類在「界限」上進行研究的重要成果；這種文化接觸而來的文化「混成」（hybridization，creolization）[74]，也提供了一種除了衝突之外，在「界限」這個「區域」的一種融合觀點——即便這個關係也包含著各種不同權力與意識關係下的同化或涵化。例如，劉大可在第四屆國際客家學研討會發表了他對福建武北藍氏「畬族宗族社會」之研究，釐清當地畬民與客家的相互關係及彼此的社會文化特質，讓讀者看到一種「我泥中有你，你泥中有我」或甚至是「我就是你，你就是我」的複雜關係。[75] 在臺灣，針對南島語族與客家之間在「界限」上的文化混成概念，也持續提供新生代源源不絕的思路，挑戰著可能存在的客家中心主義，例如：曾獲客委會 2008 年優良客家研究論文補助的「賽夏五福宮：一個合成文化的研究」，即描述一個形式上相當相當具客家性的信仰，實際上有著賽夏族主體性的強烈彰顯。[76]

---

73 「『民系』就是漢人遷入非漢地區後與土著民族發生文化互動而形成的，既有別於其它漢人、又不同於土著民族的新的人群共同體，他們具有共同的地域、語言（漢語方言）、經濟生活及文化特徵」，蔣炳釗，〈試論客家的形成及其與畬族的關係〉，莊英章、潘英海合編，《臺灣與福建社會文化研究論文集（二）》（臺北市：中研院民族所，1995），頁 297。

74 爰引自童元昭，〈固定的田野與游移的周邊：以大溪地華人為例〉，陳文德、黃應貴主編，《「社群」研究的省思》（臺北市：中央研究院民族學研究所，2002），頁 307。

75 劉大可，〈武北藍氏的宗族社會與神明信仰：以大禾鄉藍氏為中心〉，徐正光主編，《第四屆國際客家學研討會論文集：宗教、語言與音樂》（臺北市：中央研究院民族學研究所，2000），頁 81-118。

76 雅衛依‧撒韻，《賽夏五福宮：一個合成文化的研究》（臺北縣：輔仁大學宗教研究所，2008）。

當「界限」作為一種「區域」時，界限本身的界限又是什麼。界限的另一種意義或許可用「邊陲」來思考，相對於邊陲的即是中心。界限的界限或許就是界限兩邊（或多邊）的族群文化核心區，而核心區的界限也往往是一種輻射或同心圓狀態。因此所謂的「界限」在根本上它（它們）是具有游移、相對、彈性、不斷因定義而變動的性質。換言之，正因為這種可移動性，「界限」才可能是一個帶狀的「區域」，而不單單是一條可直接跨越的邊界。臺灣南部客家六堆周邊的研究，即提供了這樣的觀點，例如：林淑鈴等學者共同進行的屏東內埔與萬巒客家的人群與族群關係研究，即採用移民來源、械鬥、公眾信仰、交易、通婚等切入點，反映當地社會生活的歷史脈絡，回答「不同人群如何因應外在環境變動，而進行成員重組與邊界重構」，亦即「人群不等於族群、人群邊界不等於族群邊界」，強調族群界限為何能進行挪移與重構，以探究在該界限上因文化接觸發生何種今天我們所見之文化。[77]

六、從「海外客家」到雙邊／兩地社會：動態認同過程

除了族群接觸造成文化變異之外，研究當代客家社會的學者亦關注文化如何在人群移動的過程中，被攜帶移植或產生了生態適應，相對於上節關於在「界限」的研究，本節則看強調動態過程的區域比較觀點，如何影響客家研究。

當代客家研究有一部分的論述，來自另一種帶有時間軸面向的區域材料分析。其中首先是將客家遷移史之路徑拉出歷史軸，探討從「原鄉」到「僑居地」（海外或外省）的過程中，哪些文化質素被如何帶著離開、甚至與僑居的土著文化相互採藉，形成僑居地的新認同特徵。這個部分，過去在「海外華人」研

---

77 林淑鈴等，《臺灣客家關係研究：以屏東縣內埔鄉與萬巒鄉為例》（臺北市：客委會／南投市：臺灣文獻館，2010）。引文部分參閱頁 414，446-447。

究社群中曾有許多作品,其研究議題部分取材或呼應自當代客家的研究,像是:
陳春聲將「三山國王」信仰重新考察,爬梳了「三山國王」從原鄉作為社神之
一種,到臺灣後如何變成臺灣粵籍(客家)人區別異己的神明,[78] 文中可看到
在文化傳播的過程中,經「在地化」所可能遭到的選擇性遺忘或選擇性建構。
相對地,也有學者認為原鄉的文化慣習在移民的過程裡,也會限制了移民的某
些選擇,像是施添福的研究提供了我們認識臺灣族群的分佈,和他們在祖籍地
原鄉的生活方式有關,他認為因客籍原鄉處於耕地狹小的山谷丘陵,因此客籍
移民來臺後對於擇丘陵地居住有某種選擇性親近。[79] 施氏之說強調了海外移民
乃原鄉生活的延長的說法,但後來越來越多的學者,更主張客家移民之後實際
上會出現各種多元的適應選擇,即便在表徵上類同於原鄉文化之延長,但實際
上文化的內容物已與原鄉有相當的不同,而是充滿了移居過程中的適應變遷。
像是,新馬學者強調移居當地客家人的在地化過程,例如:蘇慶華以馬來西亞
河婆地區所進行的客家移民論述,即多談及當地客家社群之適應策略。[80]

　　人類學者在90年代開始更強調要站在移居地的情境來重新分析海外華人,
主張「將海外華人放在當地文化脈絡下來進行研究」,[81] 而不能困於在海外找
原鄉特質的思路,但也由於過去的「海外」概念(相對於原鄉的「內地」),
對於已經離散甚久且深深「當地化」了移居人群仍有侷限,因而人類學者建議

---

78 陳春聲,〈三山國王信仰與臺灣移民社會〉,《中央研究院民族學研究所集刊》
　　80(1996):61-114。

79 施添福,《清代在臺漢人的祖籍分佈和原鄉生活方式》(國立臺灣師範大學地理研
　　究叢刊第 15 號,1987)。

80 蘇慶華,〈馬來西亞河婆客家學研究拓展史:兼談二位河婆籍先驅學人劉伯奎、張
　　肯堂〉,丘昌泰、蕭新煌主編,《客家族群與在地社會:臺灣與全球經驗》(桃園市:
　　國立中央大學/臺北市:智勝文化,2007),頁 329-345。

81 葉春榮,〈人類學的海外華人研究:兼論一個新的方向〉,《中央研究院民族學研
　　究所集刊》75(1993):171-201。

從社群（community，或譯為共同體）概念來重新探討認同與邊界，並注意社群與更大社會體系之間的環扣關係。[82]另外，將已經「當地化」的海外客家移民視為一個具有獨立性格的社群，即是嘗試翻轉「僑居」（做客他鄉）的概念，進而強調移民已擁有自己的歷史主體性。例如：童元昭以大溪地客家族群的研究，看到已經當地化的華人，面對異文化其生存之道之一，即嘗試經由文化展演，一方面掩飾華人社群內部的異質發展，另一方面又維持了當地華人表面的一體，[83]她在研究中即主張，移民研究要更為重視人群文化接觸的歷史經驗，而這亦是挑戰過去將海外客家人視為原鄉客家人之延長[84]的新取徑。[85]

同樣是對過去將海外移居者視為原鄉生活的延長的挑戰，因當代許多新的議題與研究取徑加入，探討兩地（原居與僑居）文化動態變化的觀察切面逐漸

---

82 陳文德，〈導論—「社群」研究的回顧：理論與實踐〉，陳文德、黃應貴主編，《「社群」研究的省思》（臺北市：中央研究院民族學研究所，2002），頁 1-41。

83 童元昭，〈固定的田野與游移的周邊：以大溪地華人為例〉，陳文德、黃應貴主編，《「社群」研究的省思》（臺北市：中央研究院民族學研究所，2002），頁 307。

84 早期「海外華人」的研究，大部分人類學者所研究的海外華人，多集中在南洋（東南亞）地區，70 年代末期後才擴展到其它地方的華人社會，而且基本上仍是接續 M. Freedman 的方向，把海外華人社會看做是漢人社會的延長。葉春榮，〈人類學的海外華人研究：兼論一個新的方向〉，《中央研究院民族學研究所集刊》75(1993)：171-201。例如用人類學的角度研究海外華人的「尋根經濟」，如莊繼焦，〈海外華人對僑鄉的僑匯、善舉與投資行為：從人類學角度看僑商的尋根經濟〉，陳志明、丁毓玲、王連茂主編，《跨國網絡與華南僑鄉：文化、認同和社會變遷》（香港：香港中文大學香港亞太研究所出版，2006），頁 185-220。或是探討海外華人對家鄉的宗族及集鎮的無限忠誠，如 David Faure and Helen Siu (eds.) Down to Earth: The Territorial Bond in South China (Stanford: Stanford University Press, 1995), pp.1-19；抑或是描述在政治社會事件及天災人禍之後，對家鄉所延續的眷戀，如周建新，《動盪的圍龍屋：一個客家宗族的城市化遭遇與文化抗爭》（北京市：中國社會科學出版社，2006），頁 368-369。

85 例見劉宏、張慧梅，〈原生性認同、祖籍地聯繫與跨國網絡的建構：二次世界大戰後新馬客家人與潮州人社群之比較研究〉，丘昌泰、蕭新煌主編，《客家族群與在地社會：臺灣與全球經驗》（桃園市：國立中央大學／臺北市：智勝文化，2007），頁 307-328。

形成。這方面的研究事實上是從僑鄉研究成果中獲得許多啟發。近代史中所謂的「僑鄉」，包括福建、廣東、廣西和海南——又稱為中國四大僑鄉[86]，客家中心地亦多重要之僑鄉。也因為僑鄉包括客家中心地的部分區域，僑鄉研究對當代客家研究的主題與研究取徑產生影響。

在此先補充說明當代對僑鄉研究所進行討論，重點在提出移居者與原鄉的關係，是僑鄉研究理論的社會事實；而同時處理原鄉與僑居地的「居」與「遊」關係，則是僑鄉研究的特色。人類學者王銘銘認為：「居」的地方性與中心性乃建立於漢人社會對「耕讀」傳統的理想型建構，促使了華僑在家鄉興學，因而建立了屬於僑鄉的特殊連帶；華僑雖「遊」而離鄉，但因那些特殊的情感與經濟連帶，成為家鄉獲得與外界聯繫的橋梁，致使這些僑鄉也變成過去定義下「自給自足的小農經濟」概念再無法用以詮釋的新的存在。除此之外，華僑雖與家鄉的「斷位」，但因承擔著家族制度的階序秩序，因此產生特殊的「雙邊共同體」便讓這些離散僑居的人面臨著游離與回歸的挑戰。王銘銘認為，僑鄉研究範式可以提供人類學者看到理解中國社會的重要側面——從重視「居」的鄉土人類學中，看到「游動」群體的重大影響，並由此對「鄉土中國」概念作出反思，在「耕讀傳統」和「雙邊共同體」的歷史關係中，拓展出人類學研究的新視野。用另外的角度來說，僑鄉研究掌握了一個流動人群的雙邊性——「聚族的」文化理想與「離散（diaspora）的」社會性。[87]

---

86 周南京編，《華僑華人百科全書‧僑鄉卷》（北京：中國華僑出版社，2001）。陳達，《南洋華僑與中國的關係》（長沙：商務印書館，1938）。根據陳志明、丁毓玲的說明，「僑鄉」一詞的正式使用應該是在 1949 年以後，先流行於中國境內，而後在 80 年代後期隨中國改革開放政策逐漸成為一個慣用詞，大陸式拼音「qiaoxiang」一詞也被直接使用於英文學術論文中。陳志明、丁毓玲，〈導論〉，陳志明、丁毓玲、王連茂主編，《跨國網絡與華南僑鄉：文化、認同和社會變遷》（香港：香港中文大學香港亞太研究所，2006），頁 1-12。

87 王銘銘，〈居與遊：僑鄉研究對「鄉土中國」人類學的挑戰〉，陳志明、丁毓玲、

　　漢學研究者 David Faure（科大衛）在「第一屆臺灣國際客家學研討會」的專題發言以 "Kindred Relations, Ethnicity and the Chinese Diaspora: Past, Present and Future" 為題，即指出文化意識具有其動態變化過程，因此，客家歷史的建構須考慮移民、落戶、親屬關係與族群地位認知間的複雜關係，無論他們是否在家鄉或遠離原鄉，都要考慮這些讓思鄉情懷得以滋長的背景制度，以及和社會間的互動關係。[88] 所以，研究海外客家除了將「海外」視為一個移民在地適應的場域，它與原鄉之間的互動，也將使得雙邊產生各自的認同變遷。所以，僑鄉研究希望看到雙邊動態互動如何回過頭建構出兩個新的社會狀態。例如：在客家研究中，香港學者劉義章曾提供香港新界元朗地區某個純客家村的研究，描繪當地同時存在著清初自客家中心地區移墾的客家人，以及 1930 年代後旅外客家籍華僑所新開墾的新客聚居地，彼此在前後期間雙方的互動關係，以及現代化後客家意識的消逝。[89] 另外，高怡萍在粵東建橋圍客家社群的研究，提供了一個雙邊性人群的描述，她亦嘗試用土著觀點來重新理解粵東客家人的社會性，來找出「客家」被建構出來歷史動態面貌。[90]

　　這種聚族與離散的狀態，在當代的城鄉關係中也高度存在，同樣也運用於以客家為對象的區域觀點研究中。人類學者黃應貴曾使用 Marshall Sahlins 的

王連茂主編，《跨國網絡與華南僑鄉：文化、認同和社會變遷》（香港：香港中文大學香港亞太研究所，2006），頁 15-54。

88 David Faure, "Kindred Relations, Ethnicity and the Chinese Diaspora: Past, Present and Future," Presented Paper of 'Hakka and Local Societies in Global Perspectives: The First International Conference on Hakka Studies in Taiwan.' (Taipei, Oct. 29-30, 2006)

89 劉義章，〈香港客家村落的歷史與文化考察：崇正新村的個案研究〉，徐正光主編，《第四屆國際客家學研討會論文集：聚落、宗族與族群關係》（臺北市：中央研究院民族學研究所，2000），頁 99-113。

90 高怡萍，《徘徊於族群與離散之間：粵東客家的族群論述與歷史記憶》（新竹市：國立清華大學人類學研究所博士論文，2005）。

「兩地社會」（bilocal society）概念，對過去學者多強調城鄉（原鄉與移居地）觀念上的對立提出評議，他認為此徑將忽略兩地社會所創造出來的新文化。[91] 這與王銘銘主張的雙邊共同體理論，有相當之異曲同工。在客家相關研究方面，例如：洪馨蘭曾在其針對臺灣南部六堆地區客家社群的研究中，以高雄美濃為例指出當地作為純客農村，曾在政府以農換工政策底下向都市輸出為數眾多的勞動青年，這不僅對客家農村在「量」上的剝離，同時也是「質」的失血；然而美濃人透過日常與民俗所建立的「家園感」讓移居都市的子弟繼續與各類「同鄉會」維繫著與故鄉的關係，這層關係在啟動「美濃反水庫運動」（1992 年至今）之後，即形成美濃在地居民與旅外同鄉間的兩地社會關係，並共同創造一種城鄉相互支援、接近公民社會模式的社會文法（social grammar），繼續因應著當代層出不窮的新問題。[92]

七、從村落區域到區域主題：整合型區域研究的規劃走向

前文述及 1970 年代中央研究院曾進行「濁大流域人地研究計畫」，當時部分參與學者以客家聚落為研究對象，取得一定成果。此類以特定區域為研究範疇的計畫，1989 年亦有「閩臺社區民族制比較研究計畫」，結合兩岸三地及國際漢學者合作，完成三本論文集。由人類學與民族學領域所進行的整合行區域研究，其特點在於通常是取材自村落研究規模的田野調查，然而經整合進

---

91 黃應貴，《人類學的視野》（臺北市：群學，2006），頁 181-182。
92 洪馨蘭，〈批判、詮釋，與再現：客家研究與美濃社會運動的對話〉。收錄於張維安、徐正光、羅烈師主編，《多元族群與客家：臺灣客家運動 20 年》（新竹市：臺灣客家研究學會出版／臺北市：南天書局發行，2008），頁 183-203。相關之研究在該作者之博士論文中有較完整的論述，請參閱：洪馨蘭，《敬外祖與彌濃地方社會之形塑：圍繞一個臺灣六堆客方言社群之姻親關係所展開的民族誌》（新竹市：國立清華大學人類學研究所博士論文）。

行比較分析，以獲得對該區域內之文化普同或差異，兼有宏觀與微觀的關照。

　　整合型區域研究在 1990 年代的客家中心地，以及 21 世紀的臺灣北部客家密集住縣，各進行過類似之計畫。1992 年，法國遠東學院與福建社科院合作提案，向蔣經國國際學術交流基金會爭取資助後，又加入廣東嘉應學院與江西贛南師範學院，進行了由 John Lagerwey（勞格文）主持之「中國鄉村社會的結構與原動力」主題計畫；直至 2005 年，該計畫一共已出版叢書計 24 冊。[93]該計劃圍繞著客家核心地區（閩西、贛南、粵東及粵北等）進行資料蒐集，探討的主題包括客家民間文化的重要面向，特別是集中在家族與宗族組織、宗教信仰與儀式，墟市與地方經濟等主題。根據勞格文表示，計畫的目的不僅在找到客家社會的結構，還要探討客家傳統社會的原動力，最終要帶出歷史研究的重要性。[94]「客家傳統社會叢書」出版之後，各單篇的村落材料，成為客家研究學者重要的參考素材，而叢書的最大特點即其作者的常民身分。[95]而就在計畫告一段落後，勞格文給的評價說明，這個計畫從最初研究族譜與民間宗教等「傳統社會」，已轉向探討實際村落的「民俗社會」，也就是從「民俗」的視角，重新對客家傳統社會的各種文化接觸、歷史變遷和社會認同的立論進行思考。[96]

---

93 見勞格文（John Lagerwey）編，《客家傳統社會》（北京市：中華書局，2005），總論之說明。

94 John Lagerwey, "The Structure and Dynamics of Chinese Rural Society," Cheng-kuang Hsu, ed., *Proceedings of International Conference on Hakkaology: History and Socio-economy* (Taipei: Institute of Ethnology, Academia Sinica, 2000), pp.22.

95 勞格文（John Lagerwey），〈勞格文序〉，房學嘉編，《梅州地區的廟會與宗族》（香港：國際客家學會／海外華人研究社／法國遠東學會，1996），頁 17。

96 勞格文（John Lagerwey）編，《客家傳統社會》（北京市：中華書局，2005）

　　勞格文總籌畫的客家傳統社會研究叢書，相對於前述之濁大計劃或閩臺比較研究，確切來說是開啓了「以客家為目的」、甚至是「以客家為方法」的客家研究取徑。這樣一個以客家傳統社會區域所進行的村落調查報告，不僅具有區域主題研究的範式價值，其間特別包括人類學與歷史學的跨際合作成果。董曉萍指出，勞格文經由對來自地方基層的資料分析，指出民俗「有它內在的價值」，預示他要改換更有普遍性的理論支撐點，以與現在面對的中國人的思維相銜接，而她認為，「民俗社會」的概念，本身就是一種科際綜合性質，就是將文化人類學與社會學相綜合。[97]這個計畫下的村落報告，不僅讓漢人人類學研究在華南地區擁有兩股重要的區域研究社群——華南研究及客家傳統社會研究，同時也提高了中國大陸客家研究論述的質與量。自 1990 年代後至今，每年多場的客家研究論壇、客家會議、客家學術研討會等，都還可繼續看到從這個主題研究群中及後學者陸續累積生產的論文。

　　關於勞格文所主持的客家中心地傳統社會區域整合型研究，進行時間甚長，但亦有其限制。黃志繁認為，相對於受人類學影響較深的臺灣客家研究社群，大陸關於客家文化的討論，雖有一些研究涉及村落歷史，卻還是較多以歷史分析為背景，以「共時性」分析為主旨，很少從比較長的歷史時期進行村落層面上的個案式探討，因此主張應從聚落發展的歷史，去推衍某個特定地區「客家」形成的機制與脈絡。[98]針對這個限制，臺灣在國科會（編按：現科技部）支持下所進行的另項區域整合型計畫，則有類似的回應，同樣認為過去的村落或社區層級的客家研究，無法完全解決客家研究希望達到的根本問題——客家

---

97 董曉萍，〈傳統社會與民俗社會〉，勞格文（John Lagerwey）主編，《客家傳統社會（下編）》（北京市：中華書局，2005），頁 990。

98 黃志繁，〈動亂、國家認同與「客家」文化：一個贛南聚落 12-18 世紀的變遷史〉，《歷史人類學學刊》4(1)(2006): 62。

的形成、也就是「『客家』化」（hakka-lization）的過程。[99] 因此，行政院客
家委員會（編按：現客委會）「臺灣客家族群的聚落、歷史與社會變遷：以鳳山、
頭前、中港及後龍四溪流域為範圍之跨學科研究計畫」（簡稱四溪計畫），[100]
一方面承繼「濁大計劃」的區域研究範式，一面亦與「中國鄉村社會的結構與
原動力計畫」所獲得的成果進行對話，並置入本文上述提及之各種面向區域觀
點的研究取徑。

　　「臺灣客家族群的聚落、歷史與社會變遷」（四溪計劃）共進行三個年度
（2008、2009、2010），扣除總辦公室設置之外，共計 27 個子計劃，包括：
「語言」（子計劃編號 1-5）、「經濟與產業」（子計劃編號 6-10）、「家族、
知識精英與地方社會」（子計劃編號 11-14）、「社區實踐與認同」（子計畫
編號 15-20）、「民間信仰」（子計劃編號 21-24）、「聚落建築與族群關係」
（子計畫編號 25-27），共六大主題。由此可看出「四溪計劃」雖以地理區域（四
條溪的流域）為計畫名稱，其計劃分項乃依主題進行，如何在「同主題但不同
區域」或「同區域中的不同主題」歸納出對四溪流域客家社群形成的整合結論，
則期待計劃結束後的再發酵。一如第三年結束後，由總辦公室所撰寫的成果報
告指出：該計劃將具有出版 20 冊專書之潛力，「大型整合計畫的成果未來將
逐步展現，累積十年之後，對於客家知識體系之建構，必有所成。」[101]

---

99 羅烈師，〈臺灣客家博碩士論文述評〉，《客家文化研究通訊》2(1999)：118；羅烈師，
　〈朝向「結構與原動力」的客家研究新典範：讀勞格文等編客家傳統社會叢書〉，《客
　家文化研究通訊》4(2001)： 112）。

100 相關計畫內容，可參考「臺灣客家族群的聚落、歷史與社會變遷：以鳳山、頭
　前、中港及後龍四溪流域為範圍之跨學科研究計畫」官方網站：http://hkc.nctu.edu.
　tw/4rivers/4rivers_h00.html。

101 http://www.hakka.gov.tw/ct.asp?xItem=73606&ctNode=1882&mp=1869（2012/11/10
　下載）

　　最後，我們還是要時時提醒自己：不管是進行區域內還是區域外的、同時限還是貫時性的比較研究，都應該還是要建立在對各個層面較小社群的深入研究上。區域研究仍舊需要許多基本功來奠定基礎。這是日本人類學家中根千枝的經驗之談，[102] 吾人亦銘記於心。

八、小結：客家、區域與「跨」的出發

　　客家研究從羅香林時期開始，就帶有濃厚的區域特性。「客家」不僅是一種人群的概念，她因為特殊的生態條件、歷史情境及族群意識，生成於贛閩粵三省交界，使得研究客家的源流本身即為一個針對這個特定區域的族群研究。

　　本文嘗試列舉採用區域觀點進行「以客家為目的」或「以客家為取材對象」的研究──尤多聚焦於文化人類學或歷史人類學的範疇，提出區域觀點如何對當代客家研究提供了多層次的養分。

　　區域觀點從羅香林以降，一直到梁肇庭援引西方區域發展與族群理論框架進行客家源流考再論之間，大部分對於客家的研究多集中在西方學者或地方文史工作者對於特定村落或特定宗族的研究調查。梁肇庭以合成西方理論觀點來解釋客家中心地之流域生態、集鎮分佈、經濟優勢、族群關係，不僅把地理學放進了傳統民族學或系譜底下的客家研究，也迴避了在過去強調歷史學，以及民族學的客家源流論說可能帶來的視野盲點，並指出生態適應對於客家生成過程的重要性。

---

102 中根千枝曾以自己關於日本社會「縱向人際關係」的研究為例，說明這種複雜的範式解釋是奠基在她過去曾對日本農村社會的深入討論上。見 Chie Nakane, *Japanese Society* (Berkeley: University of California Press, 1970)；Chie Nakane, *Kinship and Economic Organization in Rural Japan* (London: The Athlone Press, 1967)；Chie Nakane, *Kinship and Economic Organization in Rural Japan* (London: The Athlone Press, 1967)

在經濟與自然地理的區域理論底下，不能忽略的是人類社會自我創造的一種區域感：透過共同信仰及祭祀活動，人群因此形成一個具有地理空間意涵的共同體。祭祀圈或信仰圈及文化價值結構，層層建構著社群的空間與地域認同，而這正是這種研究取徑認為的：思維建構著空間。從這個研究取徑出發的客家研究，對於特定地理區域上的人群組織的共同思維與共同行動，有更多跳脫地理框架限制的嘗試。

然而，觀察與歸納文化行為還是會有必然的盲點——尤其是當我們的區域研究只看到單一的區域而缺乏比較研究時。用人口統計資料進行同時限的區域比較分析，可以讓我們看到更多「會說話的數字」，甚至整個修正我們對特定族群是否具有特定文化特質的成見與迷思。以客家為對象的研究在這方面成果豐碩，間接地當代客家研究也已採用這種區域比較模式，比較不同地區的不同客庄、或同一區域的不同客庄之間的普同和差異，並思考造成差異的原因是什麼。假若同樣屬於客家文化體系下的社群，卻有一些相當不同的文化呈現，或許生存環境的差異才是最大的變項。

區域比較研究不僅是拿區域與區域之間的材料來比較，區域內部相互比較也可以產生極大的收穫。透過「界限」這個「區域」的研究，也可以用來思考區域中心的文化特質。客家從原鄉到新居地，都曾面臨以邊陲之處境來和其他文化產生接觸的過程。而這些來自移居地的材料告訴我們，界限不一定就是相互排外的真空地區，更多的可能是一個混成文化的化學變化場。從那些文化接觸中人們如何選擇、如何變化，也都可映照出區域中心所堅持且鞏固的「客家文化」是什麼。

同時限的區域比較之外，僑鄉研究取徑則是一種貫時性的跨區域比較研究。從原居地文化到當代僑居地文化，研究它們之間的連帶與文化變遷關係。或許是刻意保留、傳承、強化，更多的是在地變化。在認同上如何銜接，又如

何地反餽，這在當代的客家僑鄉研究中亦是重要議題。尤其是不斷強調飲水思源的客家人，其僑民對僑鄉關係的重新建立、透過何種方式建立新認同，都成為一種帶有兩地社會性質的區域研究探討。

　　區域觀點提供客家源流有了空間方面的詮釋，理解區域界限內外的差異，看到區域內核心與邊陲的差異，也能夠分析不同區域造成文化差異的變項，亦能掌握帶有延續性格的多個區域何以有的選擇文化延續、有的選擇在地化。

　　當代客家研究走入客家聚集區域進行大型區域整合研究計劃，亦有學者呼籲客家研究更要把資源投注在「跨民系」之比較研究，目的在於透過這種「跨」（trans-）協助客家研究在區域比較裡有更多的機會破除「客家自我迷思」，讓「跨」之研究針對目前許多看似被歸類為「客家」的文化特質，勿再被以偏概全地用以詮釋「所有的」客家。[103] 顯然，不管是跨民系還是跨區域，對客家研究者而言，仍是一條具發展性卻也挑戰十足的研究取徑。

---

103 陳支平，〈推展客家民系與其它民系的比較研究〉，徐正光主編，《第四屆國際客家學研討會論文集：歷史與社會經濟》（臺北市：中央研究院民族學研究所，2000），頁 95-118。

參考文獻

中根千枝原著，林顯宗譯，《縱向社會的人際關係》（臺北市：水牛出版社，1984）。

尹章義，〈臺灣客家史研究的回顧與展望〉，《臺灣文獻》48(2)(1997)：1-13。

王東，〈論客家民系之由來〉。謝劍、鄭赤琰主編，《客家學國際研討會論文集》（香港：香港中文大學，1994）。

_____，《客家學導論》（臺北市：南天書局，1998[1996] 在臺初版）

王崧興，〈臺灣漢人社會研究的反思〉，《臺灣大學考古人類學刊》47(1991)：1-11。王崧興，〈濁大流域的民族學研究〉，《中央研究院民族學研究所集刊》36(1975)：1-10。

王銘銘，〈居與遊：僑鄉研究對「鄉土中國」人類學的挑戰〉，陳志明、丁毓玲、王連茂主編，《跨國網絡與華南僑鄉：文化、認同和社會變遷》（香港：香港中文大學香港亞太研究所，2006），頁 15-54。

_____，《社會人類學與中國研究》（北京市：三聯書店，1997）。

丘昌泰、周錦宏，〈臺灣客家非營利組織的產業化與地方社會經濟的發展〉，丘昌泰、蕭新煌主編，《客家族群與在地社會：臺灣與全球經驗》（桃園市：中央大學出版中心／臺北市：智勝文化，2007），頁 45-76。

古學斌，〈文化與地方組織的可持續性：中國大陸梅縣客家地區一個社區自發組織形成的例子〉。丘昌泰、蕭新煌主編，《客家族群與在地社會：臺灣與全球經驗》（桃園市：中央大學出版中心／臺北市：智勝文化，2007），頁 463-488。

末成道男，〈由功德儀禮所看出的客家特徵〉，謝劍、鄭赤琰主編，《客家學國際研討會論文集》（香港：香港中文大學，1994），頁 253-260。

吳中杰，〈從比較的觀點看臺灣客語聲母的演變〉，徐正光主編，《第四屆國際客家學研討會 論文集：宗教、語言與音樂》（臺北市：中央研究院民族學研究所，2000），頁 365-378。

吳中杰、范鳴珠，〈國姓鄉的語言接觸現象試析〉，丘昌泰、蕭新煌主編，《客家族群與在地 社會：臺灣與全球經驗》（桃園市：中央大學出版中心／臺北市：智勝文化，2007），頁 265-288。

李亦園，〈近代中國家庭的變遷：一個人類學的探討〉，《中央研究院民族學研究所集刊》54(1982)：7-23。

＿＿＿＿＿，《一個移植的市鎮：馬來亞華人市鎮生活的調查研究》（臺北市：中央研究院民族學研究所，1970）。

阮昌銳，〈大港口漢人的阿美化〉，《中央研究院民族學研究所集刊》31(1971)：47-64。

周南京編，《華僑華人百科全書・僑鄉卷》（北京市：中國華僑出版社，2001）。

周建新，《動盪的圍龍屋：一個客家宗族的城市化遭遇與文化抗爭》（北京市：中國社會科學出版社，2006）。

房學嘉，《客家源流探奧》（臺北市：武陵出版社，1996）

林秀幸，〈界線、認同和忠實性：進香，一個客家地方社群理解和認知他者的社會過程〉，丘昌泰、蕭新煌主編，《客家族群與地方社會：臺灣與全球經驗》（桃園市：中央大學出版中心／臺北市：智勝文化，2007）

林美容，〈由祭祀圈到信仰圈：臺灣民間社會的地域構成與發展〉，張炎憲編，《中國海洋發展史論文集（三）》（臺北市：中央研究院三民主義研究所，1988），頁 95-125。

＿＿＿＿＿，〈由祭祀圈看草屯鎮的地方組織〉，《中央研究院民族學研究所集刊》62(1986)：53-114。

＿＿＿＿＿，〈族群關係與文化分立〉，《中央研究院民族學研究所集刊》69(1990)：93-106。

＿＿＿＿＿，〈祭祀圈、信仰圈與民俗宗教文化活動的空間形構〉，中興大學都市計畫研究所編，《地方文化與區域發展研討會論文集》（臺北市：行政院文化建設委員會，1996），頁 123-137。

＿＿＿＿＿，〈臺灣區域性祭典組織的社會空間與文化意涵〉，徐正光、林美容主編，《人類學在臺灣的發展：經驗研究篇》（臺北市：中央研究院民族學研究所，1999），頁 69-88。

林桂玲，《家族與寺廟：以竹北林家與枋寮義民廟為例（1749-1895）》（新竹縣竹北市：新竹縣文化局，2005）。

林淑鈴等，《臺灣客家關係研究：以屏東縣內埔鄉與萬巒鄉為例》（臺北市：行政院客家委員會／南投市：臺灣文獻館，2010）。

林開世，〈文明研究傳統下的社群：南亞研究對漢人研究的啟示〉，陳文德、黃應貴主編，《「社群」研究的省思》（臺北市：中央研究院民族學研究所，2002），頁 331-358。

林瑋嬪，〈血緣或地緣？：臺灣漢人的家、聚落與大陸的故鄉〉，陳文德、黃應貴主編，《「社群」研究的省思》（臺北市：中央研究院民族學研究所，2002），頁 93-151。

林衡道，〈員林附近的「福佬客」村落〉，《臺灣文獻》14(1)(1963)：153-158。

施振民，〈祭祀圈與社會組織：彰化平原聚落發展模式的探討〉，《中央研究院民族學研究所集刊》36(1975)：191-208。

施添福，《清代在臺漢人的祖籍分佈和原鄉生活方式》（臺灣師範大學地理研究叢刊第 15 號，1987）。

洪馨蘭，〈批判、詮釋，與再現：客家研究與美濃社會運動的對話〉。收錄於張維安、徐正光、羅烈師主編，《多元族群與客家：臺灣客家運動 20 年》（新竹市：臺灣客家研究學會出版／臺北市：南天書局發行，2008），頁 183-203。

＿＿＿＿＿，〈族群意識的再現與策略：以旗美社大客家類課程為例（2001-2005）〉，丘昌泰、蕭新煌主編，《客家族群與在地社會：臺灣與全球的經驗》（桃園市：中央大學出版中心／臺北市：智勝文化，2007），頁 127-158。

＿＿＿＿＿，《敬外祖與彌濃地方社會之形塑：圍繞一個臺灣六堆客方言社群之姻親關係所展開的民族誌》（新竹市：清華大學人類學研究所博士論文）。

科大衛，〈告別華南研究〉，華南研究會編輯委員會編著，《學步與超越：華南研究會論文集》（香港：文化創造出版社，2004），頁 9-30。

胡台麗，〈芋仔與蕃薯：臺灣「榮民」的族群關係與認同〉，《中央研究院民族學研究所集刊》69(1990)：107-132。

高怡萍，《徘徊於族群與離散之間：粵東客家的族群論述與歷史記憶》（新竹市：國立清華大學人類學研究所博士論文，2005）。

張珣，〈光復後臺灣人類學漢人宗教研究之回顧〉，《中央研究院民族學研究所集刊》81(1996)：163-215。

＿＿＿＿＿，〈祭祀圈研究的反省與後祭祀圈時代的來臨〉，《臺灣大學考古人類學刊》58(2002)：78-111。

張維安，〈臺灣客家企業家探索：客家族群因素與金錢的運用〉，邱昌泰、蕭新煌主編，《客家族群與在地社會：臺灣與全球經驗》（桃園市：中央大學出版中心／臺北市：智勝文化，2007），頁 21-43。

張繼焦，〈海外華人對僑鄉的僑匯、善舉與投資行為：從人類學角度看僑商的尋根經濟〉，陳志明、丁毓玲、王連茂主編，《跨國網絡與華南僑鄉：文化、認同和社會變遷》（香港：香港中文大學香港亞太研究所出版，2006），頁 185-220。

梁肇庭，〈客家歷史新探〉，《中國社會經濟史研究》（廈門市：廈門大學歷史系，1982）。

莊英章，〈族群互動、文化認同與「歷史性」：客家研究的發展脈絡〉，《歷史月刊》201(2004)：31-40。

_____，〈歷史人類學與華南區域研究：若干理論範式的建構與思考〉，《歷史人類學學刊》3(1)(2005)：155-169。

_____，〈親權與家庭分化：臺灣北部閩客社區之比較〉，徐正光主編，《第四屆國際客家學研討會論文集：聚落、宗族與族群關係》（臺北市：中央研究院民族學研究所，2000），頁 191-206。

_____，《家族與婚姻：臺灣北部兩個閩客社區的比較》（臺北市：中研院民族所，1994）。

莊英章、武雅士，〈臺灣北部閩、客婦女地位與生育率：一個理論假設的建構〉，莊英章、潘英海編，《臺灣與福建社會文化研究論文集》（臺北市：中央研究院民族學研究所，1994），頁 97-112。

莊英章、潘英海，〈緒論：邁向漢人社會文化研究的里程碑〉，莊英章、潘英海編，《臺灣與福建社會文化論文集（一）》（臺北市：中央研究院民族學研究所，1994），頁 1-4。

_____，〈臺灣漢人社區的民族誌基本調查：三個文化理論的實證研究〉，《臺灣史田野研究通訊》17(1991)：5-9。

莊英章、潘英海編，《臺灣與福建社會文化論文集（一）》（臺北市：中央研究院民族學研究所，1994）。

_____，《臺灣與福建社會文化論文集（二）》（臺北市：中央研究院民族學研究所，1995）。

_____，《臺灣與福建社會文化論文集（三）》（臺北市：中央研究院民族學研究所，1996）。

許嘉明，〈彰化平原福佬客的地域組織〉，《中央研究院民族學研究所集刊》36(1975)：165-190。

陳支平，〈推展客家民系與其它民系的比較研究〉，徐正光主編，《第四屆國際客家學研討會論文集：歷史與社會經濟》（臺北市：中央研究院民族學研究所，2000），頁95-118。

_____，《客家源流新論：誰是客家人》（臺北市：臺原出版社，1998）。

陳文德，《導論：「社群」研究的回顧：理論與實踐》，陳文德、黃應貴主編，《「社群」研究的省思》（臺北市：中央研究院民族學研究所，2002），頁1-41。

陳志明，〈華裔和族群關係的研究：從若干族群關係的經濟理論談起〉，《中央研究院民族學研究所集刊 69(1990)：1-26。

陳志明、丁毓玲，〈導論〉，陳志明、丁毓玲、王連茂主編，《跨國網絡與華南僑鄉：文化、認同和社會變遷》（香港：香港中文大學香港亞太研究所，2006），頁1-12。

陳其南，《家庭與社會：臺灣與中國社會研究的基礎理念》（臺北市：聯經，1990）。

_____，《臺灣的傳統中國社會》（臺北市：允晨文化，1987）。

陳板，〈族群與地域：臺灣客家在地化的文化觀察〉，徐正光主編，《第四屆國際客家學研討會論文集：聚落、宗族與族群關係》（臺北市：中央研究院民族學研究所），頁305-338。

陳春聲，〈三山國王信仰與臺灣移民社會〉，《中央研究院民族學研究所集刊》80(1996)：61-114。

陳祥水，〈「公媽牌」的祭祀：承繼財富與祖先地位之確定〉，《中央研究院民族學研究所集刊》36(1975)：141-164。

陳運棟，〈臺灣客家研究的考察〉，徐正光主編，《第四屆國際客家學研討會論文集：歷史與社會經濟》（臺北市：中央研究院民族學研究所，2000），頁45-79。

_____，《客家人》（臺北市：聯亞）。

_____，《臺灣的客家人》（臺北市：臺原，1989）。

陳達，《南洋華僑與中國的關係》（長沙市：商務印書館，1938）。

陳緯華，《靈力經濟與社會再生產：臺灣民間信仰與地方社會的形成》（新竹市：清華大學人類學研究所博士論文，2005）。

麥留芳，〈方言群的分化與整合〉，《中央研究院民族學研究所集刊》
　　69(1990)：27-44。

＿＿＿＿，《方言群認同：早期星馬華人的分類法則》（臺北市：中央研究院民
　　族學研究所，1985）。

勞格文（John Lagerwey），〈勞格文序〉，房學嘉編，《梅州地區的廟會與宗族》
　　（香港：國際客家學會／海外華人研究社／法國遠東學會，1996），頁
　　i-xxiv。

勞格文（John Lagerwey）編，《客家傳統社會》（北京市：中華書局，2005）（共
　　上下兩冊）。

彭兆榮編，《邊際族群：遠離帝國庇佑的客人》（合肥市：黃山書社，
　　2006）。

童元昭，〈固定的田野與游移的周邊：以大溪地華人為例〉，陳文德、黃應
　　貴主編，《「社群」研究的省思》（臺北市：中央研究院民族學研究所，
　　2002），頁 303-329。

費孝通主編，《中華民族的多元一體格局》（北京：中央民族大學，1999）。

黃子堅，〈馬來西亞巴色基督教會與沙巴客家特質的認同〉，丘昌泰、蕭新煌
　　主編，《客家族群與在地社會：臺灣與全球經驗》（桃園市：中央大學出
　　版中心／臺北市：智勝文化，2007）。

黃志繁，〈大庾嶺商路・山區市場・邊緣市場：清代贛南市場研究〉，《南
　　昌職業技術師範學院學報》2001 年第 1 期。

＿＿＿＿，〈動亂、國家認同與「客家」文化：一個贛南聚落 12-18 世紀的變遷
　　史〉，《歷史人類學學刊》4(1)(2006)：61-92。

＿＿＿＿，《「賊」「民」之間：12-18 世紀贛南地域社會》（北京市：生活・
　　讀書・新知三聯書店，2007）。

黃宗智，《華北的小農經濟與社會變遷》（香港：牛津大學，1994）。

黃應貴，《人類學的視野》（臺北市：群學，2006）。

楊彥杰，〈輪祀圈：寧化治平的華光大地崇拜〉，徐正光主編，《第四屆國際
　　客家學研討會論文集：宗教、語言與音樂》（臺北市：中央研究院民族學
　　研究所，2000），頁 49-80。

葉春榮，〈人類學的海外華人研究：兼論一個新方向〉，《中央研究院民族學
　　研究所集刊》75(1993)：171-201。

董曉萍，〈傳統社會與民俗社會〉，勞格文（John Lagerwey）主編，《客家傳統社會 (下編)》（北京市：中華書局，2005），頁 979-1009。

臧振華，〈從滇青銅文化的考古資料看雲南滇池地區的族群互動與社會發展〉，《中央研究院民族學研究所集刊》69(1990)：45-66。

劉大可，〈武北藍氏的宗族社會與神明信仰：以大禾鄉藍氏為中心〉，徐正光主編，《第四屆國際客家學研討會論文集：宗教、語言與音樂》（臺北市：中央研究院民族學研究所，2000），頁 81-118。

劉永華，〈傳統中國的市場與社會結構：對施堅雅中國市場體系理論和宏觀區域理論的發出〉，《中國經濟史研究》第四期 (1992)。

劉宏、張慧梅，〈原生性認同、祖籍地聯繫與跨國網絡的建構：二次世界大戰後新馬客家人與潮州人社群之比較研究〉，丘昌泰、蕭新煌主編，《客家族群與在地社會：臺灣與全球經驗》（桃園市：中央大學出版中心／臺北市：智勝文化，2007），頁 307-328。

劉義章，〈香港客家村落的歷史與文化考察：崇正新村的個案研究〉，徐正光主編，《第四屆國際客家學研討會論文集：聚落、宗族與族群關係》（臺北市：中央研究院民族學研究所，2000），頁 99-113。

蔡志祥，〈華南：一個地域，一個觀念和一個聯繫〉，華南研究會編輯委員會編著，《學步與超越：華南研究會論文集》（香港：文化創造，2004），頁 1-8。

蔣炳釗，〈客家文化是畬、漢兩族文化互動的產物〉，徐正光主編，《第四屆國際客家學研討會論文集：聚落、宗族與族群關係》（臺北市：中央研究院民族學研究所，2000），頁 339-363。

＿＿＿＿＿，〈試論客家的形成及其與畬族的關係〉，莊英章、潘英海合編，《臺灣與福建社會文化研究論文集（二）》（臺北市：中研院民族所，1995），頁 285-298。

蕭新煌、林開忠，〈東南亞客家認同的形成與侷限〉，丘昌泰、蕭新煌主編，《客家族群與在地社會：臺灣與全球經驗》（桃園市：中央大學出版中心／臺北市：智勝文化，2007），頁 415-435。

蕭鳳霞，〈傳統的循環與再生：小欖菊花會的文化、歷史與政治經濟〉，《歷史人類學學刊》1(1)(2003)：99-131。

蕭鳳霞、劉志偉，〈文化活動與區域社會經濟的發展：關於中山小欖菊花會的考察〉，《中國社會經濟史研究》1990(4)：51-56。

賴玉玲，《褒忠亭義民爺信仰與地方社會發展：以楊梅聯庄為例》（新竹縣：新竹縣文化局，2005）。

謝重光，《客家形成發展史綱》（廣州：華南理工大學，2001）。

_____，《客家源流新探》（臺北市：武陵，1999）。

謝劍，《香港的惠州社團》（香港：香港中文大學，1981）。

鍾榮富，〈六堆地區各次方言的音韻現象〉，徐正光主編，《第四屆國際客家學研討會論文集：宗教、語言與音樂》（臺北市：中央研究院民族學研究所，2000），頁 329-366。

羅香林，《西婆羅洲羅芳伯等所建共和國考》（香港：中國學社，1961）。

_____，《客家研究導論》（臺北市：南天，1992 [1933]）。

_____，《客家於流考》（北京市：中國華僑，1950）

羅烈師，〈客家族群與客家社會：臺灣竹塹地區客家社會之形成〉，徐正光主編，《第四屆國際客家學研討會論文集：聚落、宗族與族群關係》（臺北市：中央研究院民族學研究所，2000），頁 115-152。

_____，〈朝向「結構與原動力」的客家研究新典範：讀勞格文等編客家傳統社會叢書〉，《客家文化研究通訊》4(2001)：102-117。

_____，〈臺灣客家博碩士論文述評〉，《客家文化研究通訊》2(1999)：117-130。

_____，《新竹大湖口的社會經濟結構：一個客家農村的歷史人類學探討》（新竹市：清華大學社會人類學研究所碩士論文，1997）。

_____，《臺灣客家之形成：以竹塹地區為核心的觀察》（新竹市：清華大學人類學研究所博士論文，2005）。

羅肇錦，〈客家話 hu → f 的深層解讀〉，丘昌泰、蕭新煌主編，《客家族群與在地社會：臺灣與全球經驗》（桃園市：中央大學出版中心／臺北市：智勝文化，2007），頁 289-304。

_____，〈臺灣「漳州客」的失落與「四海話」的重構〉，徐正光主編，《第四屆國際客家學研討會論文集：宗教、語言與音樂》（臺北市：中央研究院民族學研究所，2000），頁 267-283。

蘇慶華，〈馬來西亞河婆客家學研究拓展史：兼談二位河婆籍先驅學人劉伯奎、張肯堂〉，丘昌泰、蕭新煌主編，《客家族群與在地社會：臺灣與全球經驗》（桃園市：中央大學出版中心／臺北市：智勝文化，2007），頁 329-345。

Barbara Sands and Roman H. Myers, "The Spatial Approach to Chinese History: A Test," *The Joural of Asian Studies* 45(4)(1986): 721-743.

Burton Pasternak, Kinship and Community in Two Chinese Village (Stanford: Stanford University Press, 1972)

Chie Nakane, *Japanese Society* (Berkeley: University of California Press, 1970)

_____, *Kinship and Economic Organization in Rural Japan* (London: The Athlone Press, 1967)

Chuang, Ying-chang & Arthur P. Wolf, "Marriage in Taiwan, 1881-1905: An Example of Religional Diversity," *Journal of Asian Studies* 54(3)(1995): 781-795.

David Faure and Helen Siu (eds.) *Down to Earth: The Territorial Bond in South China* (Stanford: Stanford University Press, 1995)

David Faure, "Kindred Relations, Ethnicity and the Chinese Diaspora: Past, Present and Future," Presented Paper of 'Hakka and Local Societies in Global Perspectives: The First International Conference on Hakka Studies in Taiwan.' (Taipei, Oct. 29-30, 2006)

_____, "The Lineage as a Cultural Invention: The Case of the Pearl River Delta," *Modern China* 15(1)(1989): 4-36.

Elizabeth Johnson, "Hakka Villagers in a Hong Kong City," Nicole Constable, ed., *Guest People: Hakka Identity in China and abroad*(Seattle: University of Washington Press, 1996), pp.80-97.

Fedrik barth (ed.), *Ethnic Groups and Boundaries* (London: George Allen & Unwin, 1969)

G. William Skinner (ed.), *The City in Late Imperial China* (Stanford: Stanford University Press, 1977)

G. William Skinner and Mark Elvin (eds.), *The Chinese City between Two Worlds* (Stanford: Stanford University Press, 1974)

G. William Skinner,"Cities and Hierarchy of Local System," Arthur Wolf, ed. Studies in Chinese Society (Stanford: Stanford University Press, 1978), pp. 1-78.

_____, "Introduction," Tim Wright, ed. *Migration and ethnicity in Chinese history: Hakka, Pengmin, and their neighbors* (Taipei: SMC Publishing Inc., 1998), pp.1-18.

＿＿＿, "Marketing and Social Structure in Rural China," *The Journal of Chinese Studies* 24(1)(1964): 3-43; 24(2)(1965): 195-228.

＿＿＿, *Chinese Society in Thailand* (Ithaca: Cornell University Press, 1957)

Gray G. Hamilton, "Ethnicity and Regionalism: Some Factors Influencing Chinese Identities in Southeast Asia," *Ethnicity* 4(1977): 337-351.

Gregory E. Guldin, "Seven-Veiled Ethnicity: A Hong Kong Chinese Folk Model," *Journal of Chinese Studies* 1(1984): 139-156.

Helen F. Siu(蕭鳳霞), "Recycling Tradition: Culture, History, and Political Economy in the Chrysanthemum Festivals of South China," *Comparative Studies in Society and History* 32(4)(1990): 765-794.

Howard J. Martin, "Taiwan Hakka Ethnic Movement: Inventing Ethnicity," 謝劍、鄭赤琰主編，《國際客家學論文集》（香港：香港中文大學，1994），頁223-240。

＿＿＿, "The Hakka Ethnic Movement in Taiwan, 1986-1991," Constable Nicole, ed. *Guest People: Hakka Identity in China and Abroad* (Seattle: University of Washington, 1996)

Huang Shu-min, "The Development of Regionalism in Ta-chia, Taowan: A Non-kinship View of Chinese Rural Social Organization," *Ethnohistory* 27(1980): 243-266.

＿＿＿, Chen Chung-min and Chuang Ying-chang. (eds.) *Ethnicity in Taiwan: Social, Historical, and Cultural Perspectives* (Taipei: Institute of Ethnology, Academia Sinica. 1999)

Huang, Philip C. C., *The Peasant Economy and Social Change in North China* (Stanford: Stanford University Press, 1985)

Julian H. Steward, Theory of Culture Change: The Methodology of Multilinear Evolution (University of Illinois Press, 1955).

John Lagerwey, "The Structure and Dynamics of Chinese Rural Society," Cheng-kuang Hsu, ed., *Proceedings of International Conference on Hakkaology: History and Socio-economy* (Taipei: Institute of Ethnology, Academia Sinica, 2000), pp.1-43.

Kenneth Dean, "China's Second Government Regional Ritual Systems in Southeast China," 王秋桂等編，《社會、民族與文化發展研討會論文集》（臺北市：漢學研究中心，2001），頁 77-110。

Lowrance W. Crissman, "Marketing on the Changhua Plain, Taiwan," E. W. Wilmott, ed. *Economic Organization in Chinese Society* (Stanford: Stanford University Press, 1972), pp.215-259.

_____, "The Segmentary Structure of Urban Overseas Chinese Communities," Man 2(2)(1967): 185-204.

Marshall Sahlins, *Historical Metaphors and Mythical Realities: Structure in the Early History of the Sandwich Islands Kingdom* (Ann Arbor: University of Michigan Press, 1981)

Maurice Freedman, *Chinese Lineage and Society: Fukien and Kwangtung* (London: Athlone, 1966)

_____, *Lineage Organization In Southeast China* (London: Athlone Press, 1958)

_____, "Shared Belief: Corporations, Community and Religion Among the South Taiwan Hakka During Ch'ing," *Late Imperial China* 14(1)(1993): 1-33.

_____, "The Hakka of 'Gest People': Dialect as a Social-Cultural Variable in Southeastern China," *Ethnohistory* 15(3)(1968): 237-292.

_____, *House United, House Divided: The Chinese Family in Taiwan* (New York: Columbia University Press, 1976)

_____, Kinship, Contract, Community, and State: Anthropological Perspectives on China (Stanford: Stanford University Press, 2005)

Nicole Constable, "Ethnicity and Gender in Hakka Studies," Cheng-Kuang Hsu, ed., *Proceedings of International Conference on Hakkaology: Community, Lineage and Ethnic Relations* (Taipei: Institute of Ethnology, Academia Sinica, 2000), pp.365-396

_____, "History and the Construction of Hakka Identity," Chen Chung-min, Chuang Ying-chang and Huang Shu-min, eds, *Ethnicity in Taiwan: Social, Historical, and Cultural Perspectives* (Taipei: Institute of Ethnology, Academia Sinica, 1994a), pp.75-89.

　　　　, "History and the Construction of Hakka Identity," Chen Chung-min, Chuang Ying-chang, and Huang Shu-min, eds, *Ethnicity in Taiwan: Social, Historical, and Cultural Perspectives* (Taipei: The Institute of Ethnology, Academia Sinica, 1999), pp.75-89.

　　　　, "Introduction: What does it mean to be Hakka?" Nicole Constable, ed. *Guest People: Hakka Identity in China and Abroad* (Seattle: University of Washington Press, 1996), pp.3-35.

　　　　, *Christian Souls and Chinese Spirits: A Hakka Community in Hong Kong* (Berkeley: University of California Press, 1994b)

P. S. Sangren, *History and Magical Power in a Chinese Community* (Stanford: Stanford University Press, 1987)

Patrick Hase, "The Alliance of Ten: Settlement and Politics in the Sha Tau Kok(沙頭角) Area," David Fare and Helen F. Siu, eds. *Down to Earth: the territorial bond in South China* (Stanford: Stanford University Press, 1995), pp.123-160.

Philip Q. Yang, *Ethnic Studies: Issues and Approaches* (Albany: State University of New York Press, 2000)

Presenjit Duara, *Culture, Power and the State: Rural North China*, 1900-1942 (Stanford: Stanford University Press, 1988)

Sow-Theng, Leong , "The Hakka Chinese of Lingnan: Ethnicity and Social Change in Modern China, " David Pong and Edmund Fung, eds. *Ideal and Reality: Social and Political Change in Modern China, 1860-1949* (The University Press of America, 1985)

　　　　, *Migration and ethnicity in Chinese history: Hakka, Pengmin, and their neighbors* (Stanford: Stanford University Press. Taipei: SMC Publishing Inc., 1998)

Wolfram Eberhard, "Chinese Regional Stereotype, " *Asian Survey* 5(1965): 596-608.

Yih-yuan, Li, "Four Hundred Years of Ethnic Relation in Taiwan," Chiao and Tapp, eds., *Ethnicity and Ethnic Groups in China* (Hong Kong: The Chinese University of Hong Kong, 1989)

五十年來的臺灣客家研究 *

陳運棟

一、前言

　　客家族群雖為臺灣第二大族群，然而在臺灣的歷史上卻沒有獲得應有的定位與重視。就以反映當地歷史的史書來說，臺灣方誌中能如實反映客家史的少之又少。桃、竹、苗三縣是目前客家人聚居最多的地方，清同治10年（1871）刊行的《淡水廳志》敘及客家人和客家地區篇幅極少；甚至連民國65年（1976）新竹縣政府刊印的《新竹縣志》似乎也找不到幾則和客家人相關的紀錄。撰寫桃、竹、苗地區史書的人，似乎沒有覺察客家人的存在。因此研究臺灣史的學者才有：「在臺灣的地方志中發現有關客家史的論述，就令人有彌足珍貴之感」的歎語。[1]

　　在不被重視，找不到史料的情況下，光復後一直到民國60年代，臺灣的客家研究，除了客家雜誌「苗友」、「中原」刊載介紹性的篇章外，似乎沒有系統性的研究，當然也就談不上研究成果。為了使讀者全面瞭解整個客家族群

* 本文原刊登於《臺灣文獻》，1998，49卷2期，頁171–189。因收錄於本專書，略做增刪，謹此說明。作者陳運棟現任財團法人陳運棟文教基金會董事長。

1 尹章義語，見〈臺灣客家史研究的回顧與展望〉，載《臺灣文獻》48卷2期，民國86年6月，南投，臺灣省文獻委員會。

研究的來龍去脈，本篇的敘述不侷限於臺灣的客家研究，也把客家族群相關的研究工作，一併包含在內，作一考察。

二、客家族群

客家族群是漢民族中一個系統分明而很有特點的支系。客家先民原來主要是居住在黃河、淮河和長江流域的漢族人民。由於戰亂和天災的驅迫，他們背鄉離井。輾轉遷徙，備嘗艱辛，終於紮根閩粵贛邊的廣褒山區中，與閩粵贛邊的原住民交流融合、混為一體，形成為一個特別吃苦耐勞，特別團結的族群。客家族群形成之後，又在宋、元以來的歷次中國大事變中，表現出愛國愛鄉、敢於奮鬥、勇於犧牲的精神，在歷史發展中一次又一次的作出了重大的貢獻；在這樣的過程中，客家人也一次又一次的鍛練了自己使自己變得更堅強不屈，更有進取心，更有適應性。

因此，客家學界的共同認識就是客家先民是古時南遷的中原漢人。中原漢人南遷，有史料記載者始於秦代，但不是所有南遷的中原漢人都是客家族群的先民，它還包括了廣府、福佬等族群的先民。客家先民自中原遷居南方，一般認為大的遷徙有五次。第一次大遷移從漢末至東晉，受東漢末年黃巾之亂和東晉「永嘉之亂」影響，中原漢人南遷至長江流域的洞庭湖、鄱陽湖和太湖三大區域，但到達鄱陽湖區域的中原漢人才是直接的客家先民。第二次大遷移從東晉至五代，受安史之亂八年、黃巢之動亂十幾年和五代紛爭的影響，漢人從長江流域主要是鄱陽湖區域南遷到贛南和福建汀洲地區。到達這一地區以後形成了客家族群，所以以後三次大遷移實際上是客家族群的擴散。第三次大遷移是宋元朝代，金人南下、元人入主，客家人的一部分又由閩贛分遷至粵東粵北。第四次大遷移是在明末清初，明末政治腐敗，又值連年荒災，後來清兵南下，大批客家民眾分遷至粵中及濱海地區，及至川、桂、湘、臺灣，且有一小部分

遷至貴州南邊及西康之會理（今屬四川省，靠近雲南省）。第五次大遷移是在清代，這次客家人的遷移屬於世界範圍的遷移，受廣東西路事件和太平天國革命的影響，部分客家人分遷至廣東南路、海南島、臺灣、香港、澳門、南洋群島、甚至遠至歐、美各洲。其他零星遷移在歷史上從未間斷。通過上述歷史性遷移，而今成片客家人居住並講客家方言的省分有廣東、江西、福建、廣西、湖南、四川、臺灣、海南八個省區二百多個縣市，其中閩粵贛交接地區最為集中。[2]

有關客家淵源，客家學界也存有三種不同觀點：第一種認為客家人的祖先從中原遷來，「是純粹的漢族」。持這種觀點的人不可能是多數，因為從第一次大遷移到第二次大遷移到達贛南和福建汀州地區並定居下來形成客家群體經歷了五百年以上的時間，超過了二十代人，不可能不與當地土著居民通婚融合而保持純粹的中原漢族血統。

第二種觀點是客家族群以漢族為主體，承認與古百越族的支系畬、瑤、苗、疍等族特別是畬族通婚和血緣交融。持這種觀點的人占多數，認為客家本來就是生活在北方的「土著」居民，漢族中的一支族群「司豫流人」。在漫長的往南遷徙過程中與百越諸族互相交流，互相影響和互相融合，有的轉化為漢民族的其他族群或其他民族的成員，有的則在交流過程中影響和融合了別的族群或民族的居民，保留了客家的本色，即今日遍布海內外的客家人，根據這種論點，除了強調客家族群以漢族為主體以外，似乎認為是客家人南遷而不是中原漢人南遷並與其他民族融化形成客家族群。這與前面提到的共同認識形成鮮明對照。

第三種觀點是較少數的中原漢人帶著當時較發達的中原文化融化於南方較

---

2 張衛東《客家文化》頁 47，1991 年 7 月，中國文化書院。

多的古百越族中，形成以中原文化為主體的「客家共同體」。也就是說，客家族群在血緣上古百越族的一支族成分大於漢族，提出這種新觀點的人是大陸學者房學嘉，他指出：「歷史上散居於閩粵贛三角地區的少數中原人跟當地古百越人等少數民族婦女通婚，建立家庭。其後代的語言、文化習俗自然跟隨母親的民族，此即客話叫阿姆話之故。客家話的母語是閩粵贛三角地區古百越族語。客家話中夾有相當多中原古音，則是南遷的中原漢人帶來的。由於南遷的漢人因閩粵贛山區訊息閉塞，交通落後，其人數任何時候與當地土著相比都是少數。中原漢人由於文化素養較高，往往自命不凡……」。「客家共同體由古越族遺民中的一支與歷史上南遷的中原人融合、漢化而形成。」「歷史上並不存在客家中原南遷史。」「古越族人口基數大。根據生物進化規律，應是越族人同化了中原流人。而屬於少數的中原流人則用中原科舉文化教化了客地人民」。[3]

第三種觀點一經提出即受到大陸客家學界的質疑，紛紛指出這種把客家主體說成是古越族的觀點，不符合歷史事實。去年（1997）12 月 13 日至 15 日，在廣東省梅州市舉行的「客家淵源與客家界定」學術研討會，經過熱烈討論與會學者 124 人，在客家淵源及客家界定問題上，普遍肯定下述三種觀點：1. 客家根在中原。客家是遷入閩粵贛三角區的中原漢人，融合原居地的百越族後裔（主要是畬瑤族）形成的一支漢族族群，其主體是中原南遷的漢人。2. 客家形成的地域在贛南、閩西、粵東北三省交界的三角地區。故學者所指稱的「客家搖籃」或「客家大本營」是閩粵贛三角區客家的整體，而不是某一局部地區。閩粵贛三角地區在客家族群形成和發展過程的各個歷史階段，都發揮了重要作用。從這個意義上說，贛江、汀江、梅江都是孕育形成客家族群的「母親河」。

---

3 房學嘉《客家源流探奧》頁 51 及頁 155，1994 年 3 月，梅州，廣東高等教育出版社。

3. 羅香林的《客家研究導論》和《客家源流考》，為客家族群形成的研究奠定了基礎，其基本觀點經得起歷史考驗。存在某些缺陷或不足，是繼續完善的問題，而不應全盤否定。[4]

　　客家人存在的歷史不受到重視自古皆然，其中含有太多太錯綜複雜的因素。從可資查詢的文獻來看，客家人具體形成，最關鍵的年代應該是中國的南宋末年，客家人為了逃避元朝的武力，高遷至中國粵東山區以後，一直採取「入山惟恐不深，入林惟恐不深，但是他們的衣冠文物，仍然襲用宋代的規則，連建築房屋也仿照中原時代的小型宮室。中上之家都是前中後三座落，左右二列橫屋，看來十分寬敞整齊。」[5]元朝覆亡之後，客家人依舊避居粵東山區，跟官方少有往來，直到明代末葉，先有沿海地區的流寇之禍，不久之後滿清入關，「逼近閩粵之際，客家節義之士，多起兵勤王，抗爭失敗，無法留居原地，而被迫遠走他方。」[6]之後，又有清順治年間的「遷海覆界」政策，限令閩、粵、江浙等沿海居民內遷五十里，使得沿海地區徹底堅壁清野，主要的目的雖是為了斷絕鄭成功的後援，卻使得沿海地區的居民顛沛流離，粵東地區的客家人首當其衝，生活陷入困境，也只得流亡異地……這幾百年的變遷與流離，讓這一支自南宋形成的族群，在擁有廣大領土的中國政府眼中，不過是眾多少數族群中的一支，甚至是較不合作的一支，自然不易受到統治者的正視與重視。

　　明朝末葉，鄭成功渡海來臺灣，同時帶到臺灣的，就有二萬五千兵士及五千家眷，到了永曆18年（1664）鄭經又率領了六、七千名兵士和若干家眷渡海而來，其中自然包括了原籍汀州府長汀縣賴坑客籍人士劉國軒的子弟兵，

---

4 謝重光〈團結、共識、發展……梅州「客家淵源與客家界定」學術研討會紀要〉，載《客家雜誌》94 期頁 32-33。1998 年 4 月，臺北，客家雜誌社。
5 陳運棟《臺灣的客家人》頁 24，1989，臺北，臺原出版社。
6 同註 5，頁 27。

「另外沿岸各島招聚運往臺灣的『閩粵無賴子弟』也不少。增產糧食和擴充兵員是鄭氏政權的至上要求。」[7]

　　明鄭覆亡後，在靖海侯施琅的力陳正下，清廷勉強同意繼續治理臺灣，但先是頒布了〈臺灣編查流寓例〉，把單身無業的「流寓者」，強制遷回中國原籍，接著又在康熙 23 年（1684），頒布相關的渡臺禁令，「有人說這是出於施琅的私怨。施琅是福建省晉江縣人，他跟先當海盜後來幫助鄭軍的潮州地方客家作戰，吃了不少苦頭。」[8] 連橫的《臺灣通史》更直接指出：「琅以惠潮之民多通海，特禁往來。」[9]

　　施琅的影響固是事實，然而粵東之地自明季以來，一直都為海盜的淵藪，也是事實，這諸多遠因與近果，自然使得新的當權者，對於客家族群築起更高的圍堵之牆，渡臺禁令便是希望把客家人規範在粵東山區，以免到了臺灣，更肆無忌憚地跟海盜勾結，造成更大的禍害。

　　渡臺禁令是頒布了，違反者一律嚴懲，可惜卻起不了什麼大作用，「商船水手，多空缺數名，所以私載無照客民而獲其利者也……出口入口，文武弁員，因以為利，如鹿耳門查驗，每空名例銀五錢，惟恐其不多耳。無照客民，或為盜賊，風大人少，或至覆舟。通同作弊，可為浩歎。」[10]

　　利用各種管道，偷渡來臺的客家人，大家聚居一處，以利彼此照顧相助，只是這些「客子」，在中國福建漳浦人藍鼎元的眼中卻是：「廣東饒平、程鄉、大埔、平遠等縣的人赴臺傭雇佃者，謂之客子。每村落聚居千人或數百人，謂之客莊。客莊居民朋比為黨。睚眥小故。輒嘩然起爭，或毆殺人匿滅其屍。健

---

7 王育德《臺灣》頁 57，1979，東京，臺灣青年社。
8 陳運棟《客家人》頁 69，1978，臺北，聯亞出版社。
9 連橫《臺灣通史》頁 61，1984，臺北，大通書局翻印本。
10 藍鼎元《平臺紀略》頁 51，1987，臺北，大通書局翻印本。

訟，多盜竊，白晝掠人牛鐵鐵印重烙以亂其號。（臺牛皆烙號以防竊盜，買賣有牛契，將號樣註明），凡牛入客莊，莫敢向問；問則縛牛主為盜，易己牛赴官以實之。官莫能辦，多墮其計。此不可不知也」，[11] 藍鼎元也進一步分析客家人在臺種種不當行為的緣起及防治之道：「客莊居民，從無眷屬。合各府、各縣數十萬之傾側無賴遊手群萃其中，無室家宗族之係累，欲其無不逞也難矣。……凡客民無家眷者，在內地則不許渡臺；渡臺有犯，務必革逐過水，遞回原籍。有家屬者雖犯勿輕易逐水。則數年之內，皆立室家，可消亂萌」。[12]

明鄭時代，有潮州客家人投身鄭家軍麾下抗清，使得清初客家移民想橫渡臺灣，必須付出更艱困的代價；清領之後，數百或數千聚居一村的客家人，又被輔佐藍廷珍平定朱一貴事件的重要幕僚藍鼎元視為：「結黨尚爭，好訟樂鬥，或毆殺人，匿滅蹤跡，白晝掠人牛，莫敢過問」[13] 之輩，顯見執政者對他們的成見已深；儘管「辛丑朱一貴作亂，南路客子團結鄉社，奉大清皇帝萬歲牌與賊拒戰，蒙賜義民銀兩，功加職銜。」[14] 但這僅是清廷治理臺灣的一種手段而已，並不表示當政者和臺灣客家人之間的關係有所改善，當然更不能做為重不重視客家人的指標。

客家族群形成以後，和統治者的關係始終不怎麼和諧，甚至經常是敵對的角色。只是這些人僻居在遙遠的南方，勢力又不夠強大，朝廷也許曾經對這些人所扮演的角色感到厭惡，卻很難讓統治者正視（重視）過他們的存在。

來到臺灣的客家人，角色跟在中國原鄉的族人扮演得差不多，無論這些人

11 同註10。
12 同註10，頁52。
13 同註10，頁67。
14 同註10，頁63。

如何念念不忘著「出身中原」的「正統」身分,又如何強調自己是「大漢民族精華」的角色,在統治者看來,不過是一群「結黨尚爭,好訟樂鬥」的傢伙;既使在往後的一些民變事件中,客家人也會數度扮演過「義民」的角色,皇帝所頒的「忠義」,或「懷忠」匾額是讓某些客家人(家族)奉為至寶,甚至直到現在,都不斷拿出來做為榮耀的表徵,事實上卻無法改變清廷對於客家人的漠視態度。清乾隆 12 年(1747),禁止客家人渡臺的命令開始鬆動了,但這並不表示單獨賜給客家人的恩寵,早在一年前,乾隆皇帝就詔准漢民攜眷渡臺;更準確一點的說,乾隆以降的海禁政策,其實已經無法禁絕如潮水般湧到臺灣的偷渡者,清皇朝也得順應大勢所趨,廢止有名無實,起不了什麼作用的「渡臺三禁」。

總而言之在大陸不會受到重視的客家人,在臺灣有清一代也沒有受到正確的定位。除了比較大規模的墾拓或者民變事件,一般的志書中,甚少提及客家的史蹟,偶而出現的往往是某個事件的背景說明,不然就是語焉不詳的簡單敘述,使得後人無法從清代的志書文獻中,看到客家人在墾拓、變遷與發展。這個臺灣的第二大族群,就這樣進入了歷史的泥淖中,慢慢隱沒而成了不起眼的族群。

在臺灣客家族群,與漢族裡的第一大族群——福佬族群,始終站在尖銳對立的立場。清代道光年間恩貢生林師聖論及閩粵分類時說:「臺地閩人多而粵人少,閩人散布粵人聚,閩人貪而愚、粵人狠而狡,故粵人常專逞志於閩人焉。每叛亂,多屬閩人,而粵人每據上游,籍義毒肆生靈,甚於叛賊。且粵莊既多,儲糧聚眾,以竹為城,以呷為池,磐石之安,孰逾於此。閩人攻且多,復放耕牛、農具、衣服等物,散布於路以餌之。而伏人於僻近棲莽間,閩人利其有,大肆搶奪,伏起殺之。故閩人多死焉。其禍自朱逆叛亂以至於今,仇日以結,怨日以深,治時閩欺粵,亂時粵侮閩,率以為常,冤冤相報無已時。」[15]

三、客家研究的開端

客家研究開端於土客械鬥。客家先民南下，經過長期的艱辛拓殖，經濟發展迅速，人口劇增，原有山多地少的社區，已不足以繁衍生息，遂有向外擴張之勢；另外，當時的統治集團對客家人實行歧視政策，更加劇了土客矛盾，致使閩粵地區土客械鬥事件的時有發生，當時較有見地的學者，恐其交惡不休，致傷民族和氣，便有一些有關客家的源流及其語言習俗的講述。

嘉慶 13 年（1808）執教於惠州豐湖書院的徐旭曾，便以土客械鬥事例向門生講述客家與漢族其他不同之緣由，後成文收入《和平徐氏族譜，旭曾豐湖雜記》有人說《豐湖雜記》是一篇「客家人宣言」，該文雖短，僅一千餘言，但論及客家源流，語言及風俗等諸多方面，為客家意識的最好寫照。[16] 客家人有了這種族群意識才可以保持自己共同的社會、文化特點和價值觀念。就其內容看來客家意識包含以下諸端：

（一）是自稱先人「乃宋之中原衣冠舊族，忠義之後也。自徽欽北狩，高宗南渡，故家世冑先後由中州山左，越淮渡江而從之，寄居各地。」「所居既定，各就其地，各治其事，披荊斬棘，日出而作，日入而息，即古人負耒橫經之教也。客人多精技擊，客人之技擊，傳自少林真派，每至冬日，相率練習，拳開刀矛劍梃之術，即古人農隙講武之意也。」

（二）是贊美自己的中原話言、風俗。「客人語言，雖與內地各行省小有不同，而其讀書之音，則甚正，故初離鄉背井，行經內地，隨處都可相遇。」「客人儉勤樸厚，放其人崇禮讓，重廉恥，習勞耐苦，質而有文。」「客人以

---

15 林師聖〈閩粵分類〉，《臺灣采訪冊》頁 34-35，1994，臺北，大通書局翻印本。

16 徐旭曾〈豐湖雜記〉，羅香林《客家史料匯編》頁 297-299，1992，臺北，南天書局翻印本。

耕讀為本,家雖貧必令其子弟讀書,鮮有不識字不知稼穡者,築室墾田,種之植之,耕之穫之,興利除害,什養生息,曾幾何時,遂別成一種風氣矣。」

(三)是宣揚自己的愛國主義,大談特談他們先人在抗元鬥爭中,「沿途據險,與元兵戰,或徒手與元兵搏,全家覆滅,全族覆滅者,殆如恆河沙數。」「終元之世,客人未有出而作官者,非忠義之後,其孰能之?」「其忠義之心,可謂不因地而殊,不因時而異矣。」

(四)是贊揚自己的婦女。「客人婦女,其先亦纏足也,自經國變,艱苦備嘗,始知纏足之害,厥後生女不論貧富,皆以纏足為戒。自幼至長,教以立身持家之道,其于歸夫家,凡耕種樵牧井山炊爨紡織縫紉之事,皆能一身兼之。事翁姑,教兒女,經理家政,井井有條,其聰明才力直勝於男子矣,夫豈他處之婦女所可及哉。及客人之婦女,未有為娼妓者,雖曰禮教自持,亦由其勤儉足以自立也。」

(五)最後,鄭重提出「土自土,客自客,土其所土,客吾所客,恐再閱數百年,亦猶諸今日也。」所謂「客吾所客」者,表明客家這一群體已建立起「居天下之正,合天下於一」(歐陽修語)的族群意識,藉以保持群體共同的社會、文化特點和價值觀念。客家人這種主觀意識上的特徵:首先是強調自己的出身中原,是「宋之中原衣冠舊族,忠義之後」;講的是屬於中原語言的客家話;「風俗儉勤樸厚,崇禮讓,重廉恥,習勞耐苦,質而有文」;「以耕讀為本,家雖貧亦必令其子弟讀書」。其次認為自己是被輕視迫害的一群人,客家人的祖先在宋亡之後「沿途據險,與元兵戰」,造成此後遭受迫害的命運。另外,離開故土的客居命運對客家人精神的影響還表現在社會生活上。客家人入居異地,必然需要佔領生存空間,從而引起生態上的壓力增加,生存競爭加劇。這輕則引起土著的排擠壓迫,重則發生流血衝突。在客家歷史上死傷幾十萬人的土客大械鬥,客家被辱稱為「犭客家」,客家歷史上具有防衛功能,堅

如城堡的住房……土樓等等，都足以說明當年客家受歧視的程度和社會環境的險惡。其三，認為自己積極向上的進取精神、吃苦耐勞的精神，以及報本追源的愛國愛鄉精神，曾經在歷史上作出很多的貢獻。具有剛毅性格，受過中原文化傳統薰陶的客家人在客居的困境中並沒有消沉，他們「窮則思變，因則謀通」（王弼《周易‧困卦》注），積極向上，開拓進取，在生存危機中奮發圖強，開創了一條新的客家康莊大道。客家進取之路主要有兩條：一是大興文教，發憤讀書。二是跨海出洋。客家人就是依靠這種精神力量來開創未來，譜寫客家的生存史和創業史的。同時，客家人也深深體會到，僅有開拓進取的人生價值取向不夠，還必須有刻苦耐勞，不畏艱辛的堅忍卓絕品格，理想才能實現。為了在艱難中奮起，客家人寧願吃大苦，耐大勞，以自己的血汗來改變命運。另外，客家人完全承繼中國古代報本追遠的人文傳統。在長期遷徙中，把中原漢族的宗法觀念，宗族傳統帶到他們的顛沛生活中。唯有如此，他們才能依血緣共同體的力量生存下來。再把這種報本追遠的古老傳統轉化為具有活生生的現實內容的愛國愛鄉精神。

其後，大約在嘉慶15年（1810）至25年（1820）間，鎮平（今蕉嶺）人黃釗著《石窟一徵》一書。「石窟」為鎮不平縣治所在，「一徵」是作者謙稱自己的作品為私修之地方史書。全書凡九卷，特辟二卷「方言」詳細敘錄客家方言。強調「客人聲音多合於周德清《中原音韻》」「研究客家方言者，必以此書為鼻祖矣。」[17] 溫仲和後來編著《光緒嘉應州志》卷七「方言」即被認為以此為藍本。

---

17 古直語，〈述客方言之研究省〉，載《中山大學語歷史周刊》（5），頁3452，1928，臺北，文海出版社翻印本。

四、近代的客家研究

　　明末清初，客家人競向海外謀生，經營工商，實力速增，業績斐然，引起
人們的注意。道光 30 年（1850），洪秀全發動太平天國運動，歷時十四載，
縱橫十八省，震驚中外。其主要將領和基本力量，均為客家子弟，客家方言成
為太平天國的「國語」。中外人士為之矚目，引起了對客家研究的濃厚興趣。

　　咸豐 6 年（1856），廣東西路發生六邑（高要、高明、鶴山、恩平、新寧）
土客大械鬥，械鬥逐步升級，急遽蔓延，歷時十二載，雙方死傷散亡者，達五、
六十萬之眾。對於這場慘劇，有些人仍不以人民團結為重，反而誣稱客家人為
「客賊」，《新會縣志》和《四會縣誌》更書之為帶「犭」旁的「客」字。這
一事件引起輿論界和學術界的強烈反響，客家源流問題研究，更猶如春潮般一
浪高過一浪。

　　這些本地（Puntis）與客家（Hakkas）對立的事件也特別引起歐美人對客
家人的注目，遂開始對客家問題的研究。1868 年梅耶斯（W. P. Mayers）首
次提出了土著與客家差異的報告。[18] 接著，艾特爾（E. J. Eitel）、皮頓（Ch.
Peton）等也相繼發表關於客家的報告。[19] 此後有三十多位中外學者對客家問
題作了初步探討，並發表了文章。他們往往把客家人看作同漢族並列的單一民
族，視客家為少數民族。後來，康普爾（G. Cambell）實地調查梅縣地區，發
表文章說：「客家是純粹承襲了中國人血統的世族。」「當時漢族的土著人認

---

18 據中川學〈華人社會與客家研究現代課題〉第一節〈前世紀末的客家研究〉。載戴
　　國煇編《東南亞細亞華人社會研究》（上），頁 59-61，1974，東京，亞細亞經濟
　　研究所。

19 E. J. Eitel: "Ethnological Sketchs of Hakka Chinese" in《Notes and Qutline on China and
　　Japan》Vol.I 1867: "An Qutline History of the Hakkas" in《China Review》Vol.1II
　　1873-74. Ch. Peton: "On the Origin and History of the Hakka" in《China Review》Vol.I
　　No.4.1873

為客家是漢族同瑤族的混血種，其實，客家並非混血種，而是具有純正血統的漢族，不僅比少數民族優秀，而且比土著漢族優秀，他們是有來歷的中原王朝的後裔。」[20] 自此之後，中外學者都因襲了康普爾的看法。

其後，公然貶斥或歧視客家人的事件又屢有發生，如光緒 31 年（1905）順德人黃節的《廣東鄉土歷史》稱客家人「非粵種，亦非漢種」，民國 9 年（1920）上海出版的烏耳葛德英文版《世界地理》稱客家為「野蠻的部落」，民國 19 年（1930）廣東《建設周刊》載文侮辱客家人人格等等。這類事件引起客家人更大的不滿，也再度引起輿論界和學術界的譁然。在此期間，「客家源流研究會」、「客家源流調查會」之類的社團組織紛紛成立；大批學者如顧頡剛、洪煨蓮、羅常培、章太炎、鍾用和、黃遵憲等都熱心倡導並努力進行客家研究；一些正式的研究機構，如燕京大學國學研究所，更是熱心倡導，精心組織，並委派羅香林編輯《客家史料叢刊》及實地考察客家歷史和文化；旅居海外的客家人亦紛紛成立社團，連絡情誼，編纂專書，闡揚客家源流和文化風俗，與大陸客家研究遙相呼應；當時的粵地軍政要人如陳銘樞等，親自出面調停、處理事件，無形中對客家研究發生推波助瀾的作用。這一切，把客家研究推上鼎盛時期。

這一時期的研究，內容十分廣泛，幾乎觸及客家的所有問題，而且成果豐碩。據現有資料統計，這一時期大陸出版的客家研究著作有五十餘部，實屬空

20 George Cambell: "Origin and Migration of the Hakkas" in《China Recorder》Vol.III, 1912，據中川學云：「未見原文，漢譯本據羅香林之說，是由梅縣出身之鍾魯齋所譯，刊《嘉應》第 1 卷第 3 期，1923 年。中川所看到的則是」《霹靂客屬公會開幕紀念特刊》，1951。係由今崛誠所借閱者。康普爾論文的結論為：「客家確是中國之一種極特殊而強有力的族群；其源流及移民，皆可以見其世族之尊重及軍隊之精神，而足以自豪。確可預言。客家將增加其重要部分於其進展程中，而提高中華之人民。」

前。而其中最具代表性，當推集客家研究大成的羅香林，於民國 22 年（1933）
出版的《客家研究導論》與於民國 39 年（1950）出版的《客家源流考》二書。
前書是羅氏吸收了前人的成果，並在自己實地調查的基礎上撰寫的。這本書對
客家的源流、遷徙之原因與路線、人口分布和語言特點等作了詳盡的考證和闡
釋。儘管由於歷史條件的限制，其某些論述欠全面，某些觀點尚需商榷，但仍
不失為當時研究客家最具權威感的著作「如欲從事客家研究，應以該書為常識
性的入門手冊」。[21] 後書則再次復述前書的觀點；而強調客家人南遷之後「以
其在當時所處的地域為南唐以南，王閩以西，馬楚以東，南漢以北地帶，即閩
粵贛三省交接的三角地帶，各個割據政權的融化勢力，既不能支配他們，而適
以環繞他們，使他們保持了傳統的語言和習俗。而與其四圍的民系相較，則一
者已為各別混化，一者仍為純粹自體，對照起來，便覺二者有點不同。因此而
他人遂覺其另一系統，而其人亦自覺其是另一系統，這樣在意識上和觀念上便
成了客家這個民系。」[22] 數十年來，中外學者發表客家問題的論著文章，大多
數都是依據這兩本書的觀點，認為客家人是中原血統最純正的正統漢人後裔。

　　日本學者中川學首先對羅香林研究客家源流的方針，提出批評意見，先後
寫了〈關於客家在中國及東南亞的歷史地位〉（1973）、〈華人社會與客家史
研究的現代課題〉（1974）、〈中國客家史研究的新動向〉（1977）等文章。
集中批判了羅香林為代表的以血緣關係為研究取向的客家觀。在中川看來，羅
香林客家觀的內涵，主要是以「客家為中華正統文化的精華，自我認定為繼承
古代中原華夏道統、法統的正統思想」為主要精神。他認為羅氏客家研究的根
本動機「終究是離不開把客家的源流看作是支撐古代中原王朝的一股力量」，

---

21 張衛東、王洪友主編《客家研究第一集》，頁 210，1989，上海，同濟大學出版社。
22 同註 21，頁 46。

對羅香林從各姓族譜調查客家姓氏源流，把各姓的遠祖一直追溯到周或晉的古代王朝的王室和官宦世家，中川認為主要是「證明遠祖到自己一脈相承的血緣關係」，「羅氏的主旨決不是單純探討文化價值的中華倫理秩序，而是以探討更為具象的漢人血統為其問題取向」，並指出這種強調血緣關係的研究，是「人種主義的排他性」。

筆者從周達生《客家文化考》（1981）一文中得此訊息，[23] 再取得中川著作原文，於是在民國 78 年（1989）出版的《臺灣的客家人》一書中特設〈客家源流的另一觀點〉一章詳細介紹了中川學的觀點，並對自己過去採用羅香林觀點作為探討依據，進行一番省思。筆者認為在當時的歷史條件下，羅氏批駁對客家的蔑視，以及與此有關的資料，是正確而必須如此做的。筆者也在肯定羅香林對客家研究貢獻的同時，認為羅香林客家觀，是對抗當時一些「客家非漢族說」和「客家為漢族與苗、瑤、社、畬等族的混血種說」而來的，這種構想完全是起自「漢族」對「夷狄」，「中央」對「邊疆」的民族觀，以純血、混血為人種區分標準的一種「人種主義」為其出發點，因而在論點上很難擺脫民族自我中心偏見的陰影。[24] 總而言之，近代客家研究的成果，大體上勾勒出客家的源流、系統、分布、語言特點及遷徙的原因與遷徙路線，不僅為其後的研究打下堅實的基礎，而且對消除歷史誤會，緩和土客矛盾、制止土客械鬥、振奮客家精神、弘揚中華文化，起了重要作用。

23 周達生《客家文化考：以衣、食、住、山歌為中心》，載日本《國立民族學博物館研究報告》第 7 第 1 號，頁 58-139。鍾肇政所印贈者，無年代及出版地點紀錄。
24 同註 5，頁 38-41。

五、日據時期的客語研究

日本統治臺灣之後，對臺灣地區的語言一直很關心，不但編了好幾冊內容完整的閩南語辭書，而且對客家話（日本人筆下的「廣東話」）也不吝研究。以下的敘述是依據鍾榮富以橋本萬太郎民國 62 年（1973）的「A critical Survey of hakka studies」（原書一、三節）為基礎的說明。[25]

第一部日本版的客家會話是 Shiba，1915（志波吉太郎《廣東語會話篇》），此書為日後日本人做臺灣地區的漢語方言研究樹立了假名（Kana）拼音方式及聲調標記法。雖然此書引言中說是以四縣話為準，而實際上卻是海陸客家，因為去聲也分了陰陽。同時，此時的調號錯誤百出，不足以採信。

四年之後，在日本出現了第二冊客語教材：Ryuu，1919（劉克明《廣東語集成》），作者為臺灣人。書分三部分：語音描述、文法分析和二十二課的對話練習。語音以桃園、新竹、苗栗及高屏地區的四縣話為準，去聲不分陰陽，採假名拼音。此書對變調有很詳細的描述，是為其優點。

在日本的客語著作中，最優秀的應是 Kan，1933（菅向榮《標準廣東語典》）。Kan 是 Ryuu 的學生，本身是客家人，因此對客家語語法的分析很透徹，可惜調類的記音前後不一致。該書載有三十八課的對話練習，無不精心挑選，書後並附有字表及客家諺語，音則採用四縣客家語為準。

日本人編纂的唯一字典是 Sootokuufu（臺灣總督府）1930（廣東話辭典），[26] 用的是四縣話（長樂方言），載有二千五百個日本字，用漢字書寫，

25 鍾榮富〈客家話研究的過去與未來發展〉，為作者接受蔣經國學術交流基金會編號 CKF20121 與國科會 NSC86-2411-H-017-001 資助之研究報告。初稿曾宣讀於民國 86 年 6 月 30 日在國立新竹師範學院舉行之臺灣母語教學研討會。作者所提供。

26 據楊鏡汀民國 84 年〈廣東語辭典有音無字之整理初稿〉云：此書出版於昭和 7 年（一 1932），在此引橋本萬太郎之說。

客語解釋，假名拼音。楊鏡汀於 1995 年整理了七千多個有音無字的音，以補該字典之不足。

　　日據時期的另一本客日字典是中國人管向榮於 1933 年所編的《標準廣東語典》（按：此書即 Kan，1933），內容實為客語句法綱要，全書分篇：音調、語法與會話。其中語法又分為十二章，幾乎所有的詞數均有簡略之討論，而會話有三十八章，所論之主題範圍很廣。書後並附有臺灣俚諺（實為客家諺語）及單語詞彙，內容極具參考價值，即使以今日眼光來看，其語法分析依然頗有助益。

六、臺灣的客家研究

　　光復後，臺灣所受的戰爭災害正待復興，整個社會都為生活而奔波忙碌，沒有談及文化建設，當然也就沒有所謂的客家研究。臺灣的客家研究是當時新近由大陸來臺的「新客」所倡導的。民國 51 年 6 月，中華日報駐苗栗記者梅縣白渡堡人謝樹新在苗栗刊行《苗友》雜誌，專門報導客家典故。刊行以來客籍人士都認為可讀性高，惟刊名侷限於苗栗，嫌其狹隘，無法獲得全球客家人的認同，乃於 52 年 3 月改名為《中原》雜誌，以示客人出身中原永不忘本之義。《中原》為月刊，純粹介紹宏揚客家傳統的倫理道德；客家風俗、習慣、語言、客家源流、客家居地文物、名勝、客家先賢、先烈忠孝節義掌故；客家人文、歌謠及有關客家先人初定居於閩粵贛各地篳路藍縷的創業垂統；以及遠走海外從事發展、闢地開天，艱辛締造的事蹟；民國前後客家先賢先烈獻身革命事業的建樹，以及一系列抗虜、抗敵、抗暴精神之表著等，為其主要旨趣。其所刊載客家風土，掌故之篇什，清新雋逸有類小品文，又有類名人傳記；有的令人風儀，有的令人感奮，有的令人展顏，有的令人噴飯捧腹，恍如八珍在前，美不勝食。客家詩圃亦稱中原詩圃，選載頗嚴，古今人詩鈔均有，兼有詩話，例

如人境廬、丘倉海、羅卓英、梁伯聰「梅縣風詠」等遺作，均為淺顯雋上之作。時人作品如「疏桐高館詩」，「曇花詩草」、「海上吟草」等佳作，亦均為一時之選。所登載之客家歌謠，可說十分豐富；情歌、勸世歌、招親歌、從軍歌、戒嫖賭歌及一般山歌，有怡情抒懷的，有教育意義的所佔份量也不少，更有創新歌譜，每期一欄提供音樂工作者參考。以其內容之多樣化，廣受全球各地客屬人士的喜愛，每期發行量有二千五百份之多。

民國 54 年 2 月，又將過去「苗友」「中原」所刊有關客家文化之資料，分為客家語言研究，客家話、客家掌故、客家風土、客家山歌瑣談及客家歌謠等六類，整編為《中原文化叢書》第一集。此後，原則上以每兩年結集一次，至民國 70 年 12 月，共出刊七集。其出刊情形是：56 年 2 月出刊第二集，58 年 5 月出刊第三集，60 年 3 月出刊第四集，60 年 5 月出刊第五集，65 年 9 月出刊第六集，70 年 12 月出刊第七集。這當中影響比較深遠的有黃基正《客家語言研究》都十餘萬言，刊在第一、二集，所附之《客家字音表》則刊在第二、三集。此書為作者民國 56 年〈苗栗縣志卷二人文志語言篇〉之擴充，以自創的改良式注音符號為音標，先就聲母，韻母的發音方式加以描述，再繼以客語語音與國語語音之比較，其次是方言詞彙。完全是以中古音為基準，以比較中古音系與其時音系的發展為主軸，點出客家話與其他方言之區別。本書為客家人在臺灣最早發表的一本描述介紹客家話的工具書，功勞很大。筆者於民國 67 年出版《客家人》一書，其中〈客家話的面面觀〉一篇完全襲用本書的看法及音標，包括音系的來源、古今音的參照及陰陽對轉等等。中原雜誌又把該刊所刊之客家歌謠輯錄為《客家歌謠專輯》，一共出刊七輯。又在民國 62 年出版《中原客家禮俗實用範例專輯》一冊。

羅香林的《客家研究導論》，早在日據時期的昭和 17 年（1942），由時任臺灣銀行科長的日本人有元剛譯成日文發行，但在臺灣並不通行；遲至民國

64 年始由臺北古亭書屋印行出版中文本。臺灣最早發行客家書籍的是時任屏東縣立長治中學校長後任逢甲大學教授的郭壽華，於民國 52 年自印《客族源流新志》交由臺北中央文物供應社經銷。其次是服務高雄警察界的李關仁，於民國 62 年自印發行的《客家人》。惟這兩本書篇幅都沒超過 100 頁，屬於小冊子型態。鄉土誌方面則鍾王壽於民國 62 年著《六堆客家鄉土誌》，由常青出版社出版。曾秀氣於民國 66 年編《六堆英華》由美和出版社出版。

筆者於民國 67 年 9 月著《客家人》一書都二十萬言由臺北聯亞出版社出版。論者評為「由於此書為近年來臺灣第一本關於客家人源流、歷史的專書，甚獲大眾垂青。」[27] 此後，在臺灣出版的主要客家專著有民國六十九年廖偉光《客家民系研究》，71 年鄧迅之《客家源流研究》，72 年夏忠堅《隱藏的一群：臺灣客庄和客庄教會》，74 年雨青《客家人尋根》，78 年陳運棟《臺灣的客家人》，80 年鍾孝上《客家的過去，現在與未來》，80 年江運貴《客家志》（英文版），80 年徐正光編《徘徊於族群與現實間；客家社會文化》，80 年陳運棟《臺灣的客家禮俗》，80 年臺灣客家公共事務協力會編《新个客家人》，81 年高宗熹編《客家人：東方的猶太人》，82 年楊國鑫《臺灣客家》，82 年臺灣客家公共事務協會編《臺灣客家人新論》，82 年黃秋芳《臺灣客家生活記事》，83 年戴興明、邱浩然編《客家文化論叢》，84 年彭欽清《心懷客家》，84 年何來美《笑問客從何處來》，84 年簡榮聰《臺灣客家農村生活與農具》，84 年游日正編《傳統客家建築篇》、《客家生活篇》兩書，85 年董忠司主編《「臺灣客家語概論」講授資料彙編》，86 年臺北市客家公共事務協會編《客家民俗文化》，86 年鄧榮坤、李勝良合編《臺灣新客家人》。

以上有關討論客家風俗，源流與族群特質的專著，大多是「導引」、「簡

27 鍾榮富語，見註 25 文中之頁 10。

介」式的篇章。解嚴前的專著以羅香林的觀點為主；一如前述，羅香林研究的
基本論點是以譜牒為中心。羅認為族群的形成勢必是具有同一歷史根源的共同
體，因此探討「客家人的淵源何在」，便成了最重要的研究課題。羅的兩本集
大成的專著花了許多篇幅詳述客家族群歷史淵源、遷徙路線，並舉證歷歷的指
出客家人在語言、食物或是衣飾等的特色與中原人士的相似性，用來證明客家
人絕對是晉室南遷之後的結果。換言之，羅的研究重點，是要證明客家並非土
生土長的南方民族，而是如假包換的「漢族正統」、「中原貴冑」。其研究上
的這種論點有人批判為：不但預設了族群必定有單一的源頭，帶有相當濃厚的
「族群一元演化論」的意味；同時也明顯的透露出論述者漢族中心的研究立場。
筆者於 67 年出版的《客家人》一書亦跟隨羅香林的基本論點，以譜牒作為研
究，理解客家族群的基本方法與架構。這是因為當所能看到的資料僅有《客家
研究導論》、《中原文化叢書》一集至六集六冊、《世界客屬第二次懇親大會
錄實》，以及一些本省或南洋各地同鄉會、客屬總會的特刊。這些資料所介紹
的客家研究的基本論點幾乎是清一色羅的論點，只好就此論點充實其研究內容
與規模。此後，接觸日本方面的客家研究著作，方發現羅基本論點難免具有「人
種主義的排他性」，而難以擺脫民族自我中心偏見的陰影。經過一番省思之後，
認為客家人的所以始終以為自己是中華文明的正統繼承者，不能像羅一般從血
緣上來探討「漢族正統」或「中原貴冑」；而當從文化上來考量。客家人主張
他們自己是客家的論據不在於客觀特徵，而在於跟主觀意識有關的特徵，例如
以傳統藍布大衫為代表的衣飾文化；以香、肥、鹹三大味覺見長的客家菜為代
表的食文化；以土樓、圍樓、圍壠屋為代表的民居文化；以聚族而居為根本的
血緣家族制度；以唐宋中原古音為基礎的客家方言；以民間傳說「劉三妹」為
代表的客家山歌；以多次葬為特色的喪葬制度；以祖先崇拜為優位的宗教信仰；
以佛教優位功德性優於咒術性的功德儀節；以讀書為立家之本的教育思想；以

刻苦耐勞、進取開拓、熱愛自由、反抗壓迫、團結互助、親和禮讓為主體的客家精神。我們不能說這種特徵大部分為客家所獨有，這樣的傾向在漢族裡的其他族群裡也有，只是客家的這種主觀意識特別強烈的表現出來。

　　民國 79 年年尾，「臺灣客家公共事務協會（HAPA）成立，首任會長鍾肇政提出「新个客家人」觀念、撰文謂：「新个客家人之出現，此其時矣！我們雖未敢以此自許，然而我們確不願徒然陶醉於過去創造歷史的萬丈光芒中，更不願自滿於以往英才輩出並管領風騷；我們所深信不疑者，厥為客家潛力至今猶存。在此世局詭譎，青商會擾攘，新的人文景觀亟待建立之際，我們願意為尋回我們的尊嚴，再創我們的光輝而努力，更願意與其他族群……不論福佬，各省抑原住民各族，攜手同心，為我們大家的光明未來而戮力以赴。」[28] 從此，許多年輕一輩的客家研究者在此「新个客家人」概念下，對傳統客家研究過於追究祖籍、源流考的研究路徑有所反省，並意圖建構出嶄新的客家論述。開始呼籲臺灣客家人不要再沉溺在過去歷史的光榮中，而應積極投入當代社會。不過所謂「新个客家人」的素質究竟何所指？截至目前為止，除了出現過一些激昂振奮的語句，像是「新的胸襟、識見與行動」、「早日揚棄自卑過客心態」、「要做臺灣的主人，不是客人」之外，卻未見實踐「新个客家人」的具體形象或內容。此外這些新的客家研究固然不再強調自己族群的血統、根源，不過其論點仍有不少值得玩味之處。首先是泛客家現象；把客家族群形成的時空概念任意追溯或擴大；對古今名人或偉人，在沒有確據的情況下，隨意將其列為客家人。例如不少客籍作者在行文當中，時時不忘指出李登輝、鄧小平、李光耀、邱創煥、吳伯雄等政治人物的客籍身分。就表面上看來這似乎是某種「挾名人以自重」的心態，不過若是了解客家在臺灣歷史上處於相對少數的族群生存經

---

28 臺灣客家公共事務協會主編《新个客家人》頁 20-21，1991，臺北，臺原出版社。

驗，以及一般仍有「客家人只懂得保鄉衛土，卻不關心國家社會等公眾事務」的刻板印象，便不難理解為什麼諸多客家篇什至今乃需要大打名人牌，藉以說明存在的合理性了。其次為盲目追求學術突破，輕易否定前人（主要是羅香林）學術成果，似乎客家方面的學術研究只有從本質上否定羅香林的觀點，才能有所突破。其三為貶低，否定譜諜的作用；片面強調田野調查，把它當作客家研究的萬能法寶。他們雖然反對譜諜式的族群討論，卻會刻意強調某些他們認定為客家意識的特徵，像是「硬頸精神」、「耕讀傳家」、「團結」、「特別重視歷史傳統」等等。這固然在說明客家族群的認同（identity）上有其必要性，但是有些學者也指出；這種說法的前提基本上是預設了族群的人格，文化或體質上的特徵，即使是經過了世代的更迭仍會保持下去；換言之，他們認為族群內部的特質必是恆常穩定、不變的。這種對族群特質的理解，不僅與目前絕大多數的族群理論相違；同時在現階段的臺灣社會，一再的提倡單一族群的獨特性，固然有助於族群內部的團結，但也可能只會加深他人對該族群的刻板印象與成見。

　　五十年來臺灣的客家話研究是由外國傳教士開啟端緒的。民國 40 年代，原在大陸客家地區傳教的天主教美國馬利諾外方教會的神父、修女到臺灣來傳教，引進了許多年輕一輩的傳教人員來臺，為了學客家話他們帶來了諸如法籍神父 Charles Rey 所編的《客法大辭典》等的客家話教材。同時為了適時提供英文版的工具書，乃由 Guerrino Masecamo（滿思謙）所領導的包含吉愛慈、梁木森、陳俊茂及邱全漳等人的編輯群，花了兩年的時間，終於在民國 48 年由光啟出版社出版了《英客大字典》（English Hakka Dictionary），共 620 頁加 7 頁的附錄。這本字典取用苗栗地區的四縣客家話為發音的基準，用 Rey 的拼音字母標音，不過另加海陸客語的參照，因此通行於臺灣的大部分客家方言區。全字典採用了 13,271 字，共有 20,000 個的用語，內容很充實，只是主

題是英文，固然對西方人士學習客家語的助益很大，但對一般客家人而言，價值似乎也僅足於客語語彙、記音的層面，因此並不很通行。此後，客語字典詞書沈寂一陣，直到民國 80 年代以後，詞書的編纂才熱絡起來。

民國 81 年，中原週刊主編的《客家辭典》是由徐運德、黃緯禎統合之下所完成的，撰述委員有楊政男、徐精明、龔萬灶、宋聰正等人。他們的選詞標準，以苗栗一帶有的常用客家字詞為主，標註時以萬國音標及改良式注音符號兩個注音系統同時並列。依羅肇錦的序這本辭典是「漢人遷臺以來第一部與客家人生活結合在一起的辭典」，蒐集的重點放在「客家獨有」的字詞上。遇到有音無字時，依五個原則：（1）考溯本字，如「著」；（2）叫採俗子，如「做」（他）；（3）採堪用字，如「涿」「遂」；（4）採同源字，如「羊」；（5）借字，如「忒」、「歸」。如尚有存疑，則付之闕如。此書前有各音標對照表：同音字表，然後依 Pi，Pe，Pa……等順序排列，這種排列法大異於以前的字典排列法，查閱較為不易。再者每一項只取詞，而不列例句，如「泌飯」註「將飯中水瀝乾」，對包括客家人本身在內的許多人而言，這種解釋是不夠的，因而相當程度的阻礙了此辭典的實用性。然而，就其編纂毅力及識見而言，這一本辭典依然有其功能在。運用此一辭典時，別忘了多用同音字表，這裡的同音字表，相當於國語客語的對應字典，一般用字的唸法，都可以在同音字表找到。至於特殊用法的詞彙，則是這本辭典的最大特色，所以它是一本文化性極強的客語工具書。

劉添珍於民國 81 年出刊的《常用客話字典》是手稿影印本，並沒有說明發音是依那個方言，但作者方音是臺灣南部的六堆方言。還是一部為非客籍人士學客字音所編寫的字典，所收詞彙大都是客語國語都可以對應的字才收錄進去，至於客家所獨有國語閩南語所沒有的則收錄較少，是一本工具性的字典，文化性稍嫌不夠。本書一大特色是用自己綜合的羅馬拼音和萬國音標符號，聲

母有 B, CI, CHI, D, F, G, H, JI, K, L, M, N, NG, P, S, T, TS, WI, Z 共有十九個，韻母單元音有 A, E, I, O, U, YU 六個，入聲尾用 -B, -D, -G 三個。聲調分平升、低沉、俯切、吊入四聲，然後俯切又分下俯，切割兩個，吊入又分高吊、斷人兩個，一共六個調。欲使用本字典須先熟習這套符號系統才能運用自如。

李盛發著民國 86 年屏東縣立文化中心出版題為《客家話讀音同音詞彙》，實具有字典功能，內容與劉添珍《常用客話字典》呈互補現象，因為李書完全是以客家特有的常用詞彙為基礎，這點比較接近《客話辭典》，不同的是：李書包容性較大，以北京話為本的客語詞彙也兼收。此書前面雖然有音標表，卻沒有進一步說明音系，也沒有註明是以何方言為主，是為弱點。然而就實用性而論，本書內容已足夠供平時查閱。

在描述語言學方面，民國 46 年由中央研究院歷史語言研究所所出版的楊時逢《桃園客家方言》，是國內第一本用現代語音學理論，按中國式的語言研究就聲母、韻母、聲調結構做系統分析的客家話著作。全書用萬國音標記音，桃園的四縣話和海陸話為記音根據，內容分（1）語音分析，（2）本地音韻，（3）比較音韻，（4）臺灣客家話。臺灣客家話部分有故事和詞彙，語料非常豐富；並附有索引方便查閱。作者於民國 60 年又以美濃地區的客家話為對象有所描述，體例完全是中規中矩的中國式語言研究傳統，只是規模上比《桃園客家方言》小得很多，沒有故事，也只有少許點綴式的話彙。

羅肇錦為本地專攻客家話的語言學者，民國 66 年臺灣師範大學國文研究所的碩士論文寫《瑞金方言》。本書採描寫語音學方式，把江西瑞金的語音系統做詳細描述。全書分六個部分：（1）前言，（2）記音經過及發音人，（3）語音描寫（分聲母、韻母、聲調、連調變化、聲韻調的關係及單字表），（4）比較音韻（分文白異讀比較、瑞金語音與梅縣客語比較、瑞金語音與贛語比較、瑞金語言與中古之比較、綜合比較），（5）結話，（6）附錄（分詞彙、韻文，

對話及故事）。民國72年臺灣師範大學國文研究所的博士論文為《客話語法》。本書是以四縣客家話為描述分析對象，用萬國音標描寫，音標後再譯出漢字。分第一章引論，說明研究意義及方法，有音無字及相關資料的處理。第二章語音描寫，分聲母、韻母、聲調、變調、文白、音韻結構。第三章詞法，分概說，字詞與短語、簡單詞典複合詞、構詞類型、詞類問題、體謂詞、謂詞、虛詞。第四章句法，分簡單句複合句、句子成分（分主語、謂語、賓語、表語、定語、狀語、補語）及句子類型（陳述句、疑問句、反詰句、祈使句、感歎句、肯定句、否定句、比較句）。第五章客語語法特點，分綜合特點、構詞特點及句法特點三方面。最後還附錄常用詞彙。

　　羅肇錦對現代客家話研究的貢獻是多方面的，舉凡語法、語音、各次方言的比較，客語之異讀、構詞，以至於客語社會地位的提升，都為學界所肯定。其較通俗的著作為民國79年臺原出版社出版的《臺灣的客家話》。此書雖定名為「臺灣的客家話」，並沒有把饒平及詔安的話音系統收入，僅以四縣及海陸音韻調做描述分析。全書分十八章，緒言談客家話在臺灣的危機；其次說明客家言詞的聲韻調、客家話的語音特點。另外，臺灣客家話的次方言現象，也做了基本的比較。比較音韻部分，有四縣與海陸的比較，變調及文白差異的比較，客語、國語及中古音的對應。後三章談詞彙結構、構詞法、詞句特點。最後有客語常用虛詞附錄。由於全書所談內涵很廣，對一般應用頗為方便，但語言上的描寫都以萬國音標為主，所以，不熟萬國音標的使用者，必須先熟練前言所標舉的音標使用及對應，才能看懂後面所分析的各種特徵。

　　呂嵩雁民國82年東吳大學的碩士論文，由臺北南天書局影印出版的《臺灣饒平方言》。以調查中壢過嶺里、新竹六家、新竹芎林、苗栗卓蘭、臺中東勢等地的饒平客家話做分析。文分七大部分：第一章導言，說明調查經過，發音人背景，符號使用；第二章語音系統，分聲韻調系統、聲韻調配合關係、聲

韻調的音變，文白異讀四個子題；第三章同音字表；第四章比較音韻，饒平方言與中古音、四縣、海陸的比較；第五章分類詞表；第六章附錄故事、諺語、童謠、對話。呂的研究使我們更能理解饒平、四縣、海陸等各客家次方言在音韻系統上的異同，為客家話的研究拓展了更開闊的空間。

在臺灣的客語研究上有所謂「北羅南鍾」，北羅指的是羅肇錦，南鍾指的是鍾榮富是臺灣第一位應用現代音韻理論來分析客家話的學人，雖然迄今尚未見其研究成果結集成書，但由其79年起發表的八篇主要論文[29]已可窺見其貢獻。另外，作者還有一篇〈客家話研究的過去與未來發展〉的論文，評述與討論過去客家話研究的文獻，並從文獻的回顧中，指出客家話研究在記者、構詞與語法三方面幾個未來值得探討的研究主體與方向，頗具啟發性與參考價值。[30]

本會（編按：現國史館臺灣文獻館）所發行的《臺灣文獻》季刊，在臺灣的客家研究上從未缺席過，早在民國41年起就開始登載有關客家研究的篇章。其情形如下：民國41年王金蓮〈客家山歌輯註〉（文獻專刊3卷1期）；51年張奮前〈客家民系之演化〉（臺灣文獻13卷4期）；56年廖素菊〈臺灣客家婚姻禮俗之研究〉（臺灣文獻18卷1期）；60年連文希〈客家入墾臺灣地區考略〉（臺灣文獻22卷3期）；61年連文希〈客家之南遷東移及其人口流布〉

---

29 鍾榮富，高雄師範大學教授。其已發表之主要論文有以下各篇：（1）〈論客家話介音的歸屬〉；1990，《臺灣風物》44卷4期，頁189-198。（2）〈客家話韻母的結構〉1990，《漢聲研究》8卷2期，頁47-77。（3）〈客家言詞的〔V〕聲〉1991，《聲韻學論叢》第三輯，頁435-455。（4）〈客家方言的唇音異化研究〉1994，收於《國際客家學研討會論文集》頁57-592。（5）〈客家童謠的文化觀〉1994，收於《客家文化研討會論文集》頁124-140。（6）〈客家話的構詞和音韻關係〉1995，收於《第一屆臺灣語言國際研討會論文集》頁155-176。（7）〈美濃地區客家次方言的音韻現象〉1997，收於《臺灣客家語會論文集》頁79-94（8）〈美濃鎮誌語言篇〉1997，頁1317-1477。

30 同註25，頁18-25。

（23 卷 4 期）；63 年連文希〈世界客屬第二次懇親大會紀實〉（臺灣文獻 25 卷 1 期）；64 年連文希〈臺灣省客家人物傳資料十二篇〉（臺灣文獻 26 卷 1 期）；70 年楊越凱〈客家喜慶舊禮俗述略〉（臺灣文獻 32 期 4 期）；72 年吳政恆、陳德村〈臺灣省文獻委員會客家婚俗座談會紀錄〉（臺灣文獻 34 卷 1 期）；75 年陳永寶〈中原古音－閩南話與客家話〉（臺灣文獻 37 卷 3 期）；石萬壽〈乾隆以前臺灣南部客家人的墾殖〉（臺灣文獻 37 卷 4 期）；79 年洪麗完〈清代臺灣福客關係初探－兼以清水平原三山國王廟之興衰為例〉（臺灣文獻 40 卷 2 期）；83 年簡榮聰〈關西、頭份鎮土地公聯合辦公廟紀實；客家現代鄉村社區人口結構變遷的合祀土地信仰〉（臺灣文獻 45 卷 3 期）；86 年尹章義〈臺灣客家史研究的回顧與展望〉（臺灣文獻 48 卷 2 期）。

　　尹章義〈臺灣客家史研究的回顧與展望〉一文指出臺灣客家史的論述，三百年來從方志開始一直到民國 79 年都沒有受到重視，而成為被忽略的研究領域。打從 79 年以後出現了以莊英章、陳運棟為軸心；以尹章義為核心以及師大史、地兩研究所互通聲氣的三個研究群；加上北部的楊鏡汀、黃榮洛、黃卓權，南部的石萬壽及建築學者的加入，一共可分為六個群體，使得臺灣客家史的研究逐漸形成規模，其大要如下：（1）莊英章、陳運棟軸心研究群，共有論文 17 篇。其中莊、陳合著者 5 篇；莊英章 3 篇；陳運棟 6 篇；莊、周靈芝合著 1 篇；王世慶 1 篇。（2）臺師大歷史所、地理所，共有論文 14 篇。其中施添福 5 篇，林滿紅 2 篇；劉妮玲、蔡淵絜、詹素娟、溫振華、劉慧貞、李明賢各 1 篇。（3）楊鏡汀、黃榮洛、黃卓權等人，共有論文 15 篇。其中黃榮洛、黃卓權各 5 篇；楊鏡汀 4 篇；林柏燕 1 篇。（4）臺灣南部客家史研究，共有論文 3 篇。其中石萬壽、湯熙勇、劉正一各 1 篇。（5）青年建築學者之研究、共有論文 5 篇、其中李允斐 2 篇；梁宇元、邱永章、蘇仁榮各 1 篇（6）尹章義核心研究群，共有論文 20 篇。其中尹章義 10 篇；吳學明 4 篇；黃煥堯

2 篇；卓淑娟、洪麗完、陳亦榮各 1 篇。

　　尹章義有關臺灣客家各研究群的分類還漏了幾個群，如「臺灣客協（HAPA）研究群」，「客家雜誌研究群」、「臺視鄉親鄉情節目研究群」、「懷寧傳播公司研究群」、「苗栗縣地方史研究群」、「劉還月常民文化學會研究群」等。

　　五十年來臺灣客家研究成果的發表園地，除了本會刊行的《臺灣文獻》季刊外，尚有《臺灣風物》季刊，一直從光復後持續到今日。現已停刊的有《苗友月刊》、《中原月刊》、《三臺雜誌》、《楊梅週刊》、《中港溪週刊》。現在仍繼續刊行的有《中原週刊》、《月光山週刊》、《山城週刊》、《六堆雜誌》月刊、《客家之光》月刊、《六堆風雲雜誌》月刊、《彌濃》月刊等。其中《客家雜誌》創刊於民國 76 年 10 月，原名《客家風雲》，曾提出努力的重點有五：（1）是客家話，客家文化的提倡；（2）是客家史的詮釋（3）是客家地位的提高（4）是客家夏令營的興辦；（5）是邀請客家男女學者專家就各種客家問題，舉行座談會。這五項目標就目前來說可以說都已達成初步的成果。該雜誌於民國 78 年 12 月進行人事改組，於次年改名為《客家雜誌》，目前已成為客家研究成果最主要的發表園地。

　　五十年來臺灣客家研究的回顧，還有客家民謠，客家文學及客家學術研討會三項，以本文篇幅所限，只好從略，有待他日之補充。

七、大陸的客家研究

　　民國 38 年後的四十年間，大陸客家研究滑入低谷，可稱之為「沉寂期」。在此期間，過去對客家研究超過重要作用的社團已不復存在；官方的研究機構沒有著力組織過客家研究；只有極少數學者從自己的愛好出發，作些零打碎敲的探索，發表過數量有限的論文，如何炯的《以梅縣為代表的客家話與北京語

的對應規律》、李映川的《梅縣方言的一些詞匯》、何耿豐的《廣東東北部客家方言詞匯點滴》等，真可謂鳳毛麟角。至於專著，更無一部問世。由於缺乏研究，人們在思想上對客家問題普遍缺乏認識，因而經常發生把客家族群當成少數民族來處理的誤會。

　　進入民國 70 年代後，大陸實行開放改革政策，經濟發展迅速。面對現代化大趨勢，客家的歷史命運又面臨一個比以往任何時期更為嚴峻的歷史關頭。因此，客家問題再度引起大陸學術界和輿論界的廣泛注意，客家研究有了新的轉機。深圳中國客家研究會籌備組、上海華東師範大學客家研究室、北京客家聯誼會、梅州市客家研究中心、嘉應大學客文化研究室、江西師範大學歷史系客家研究所等研究機構和民間學術團體紛紛成立；《客家民俗》、《客家人》、《客家史與客家人研究》（即今《客家學研究》）等刊物相繼問世；舉行了多次客家研究學術研討會和客家聯誼會，特別是民國 78 年舉行的「廣東梅州客家聯誼會成立慶典暨世界客屬聯誼大會」，有海內外 27 個團（組）參加，與會人數之多，盛況之空前，對客家研究具有潛在的巨大推動作用。

　　這一切表明，大陸客家研究已走出低谷，進入振興期。在此期間，一批大陸學者致力於客家研究，發表了一批論文，還出版了詹伯慧的《現代漢語方言》；李如龍、張雙慶的《客贛言調查報告》；陳修的《梅縣客方言研究》；何耿鏞的《客家方言語法研究》；謝永昌的《梅縣客家方言志》；鄭曉華的《客家方言》；古進編以照片為主文字為輔的畫冊《客家人》；張衛東、王洪友合編的《客家研究論集（第一集）》；劉佐泉的《客家歷史與傳統文化》；張衛東的《客家文化》；謝重光主編的《客家文化叢書》10 冊；饒任坤、盧其飛主編的《客家歷史文化縱橫談》；黃偉經，劉發青主編的《客家名人錄》（梅州地區第一大卷）；程志遠主編的《客家源流分佈》；房學嘉的《客家源流探奧》；謝萬陸的《客家學概論》；羅英祥的《飄洋過海的客家人》；王東的《客

家學導論》；陳支平《客家源流新論》；林浩的《客家文化新論》等等，琳瑯
滿目，一片興旺的景象。

八、結語

　　如從嘉慶 13 年（1808）徐旭曾發表《豐湖雜記》算起，客家研究已整整
有 190 年的歷史。在此期間，雖有低潮，但總的說來，中外學者的研究工作從
未間斷，且成果豐碩，在族群識別，源流探索，以及傳統文化研究等方面均有
建樹，尤其是客家話的研究方面建樹特多。臺灣的研究正由政府、民間及學術
機構大力的推行。1998 年，國立中央大學成立之客家文化研究中心；本會（現
國史館臺灣文獻館）正在編輯《臺灣客家族群史》（已於 2000 年陸續出版）；
臺北市成立客家中心，高雄市正在興建客家文物館（1998 年 11 月落成）；行
政院文建會（現文化部）正委託中興大學研究臺灣各地建立客家文物園區及客
家博物館的可行性探討。民間則由各地之客家文化工作者紛紛成立文化工作室
糾集一批年輕研究者。這些都是可喜的現象。

　　大陸則雖自民國 38 年起進入低潮長達四十年，然而改革開放之後不到
二十年即形成蓬勃發展的景象，論文、出版物一波波的出版。不過由於時代的
局限和一些其他因素的影響，海峽兩岸的這些研究成果還無法涵蓋客家族群形
成前後千百年來豐富多彩的客家文化各方面；換言之，無論從其廣度，或是
深度來看，目前的研究程度都還沒有達到系統性和理論性的階段。為了推動客
家研究的深入開展，大陸客家學界提出創建「客家學」的主張，筆者認為臺灣
的客學界也應該有對應的措施，對客家研究從事理論架構的建立，擴大研究對
象，倡導科際整合，加速對客家一些主要問題進行深入，系統的調查研究。

客家界線的游移與想像：從臺灣福佬客議題看中國、臺灣、日本的客家研究[*]

賴旭貞

一、緒論——客家認同與界線的相關研究

當提及客家研究，只要曾稍稍一窺客家究竟者，可能無人不曉客家研究先驅者之一的羅香林先生，亦無法略過其人對客家研究的奠基與開創。由於羅香林有鑑於當時土客之爭激烈，「客家」的起源或身分負面或鄙視成了攻訐的利器，[1] 是以 1933 年著有《客家研究導論》[2]，始發先聲地為客家辨正為漢族之一支的身分，並建立起學理式的客家民系說。其引用大量客家族譜為據，證明客家源於中原，歷經五次因戰亂南遷，又因避居於閩、粵、贛交界的群山之中的封閉，和堅守傳統的性格使然，成為定居中國南方，擁有純粹血統的中原正統漢族。

---

* 本文曾獲客委會 2009 年學術研究獎助。因收錄於本專書，略做增刪，謹此說明。作者賴旭貞現任《新編六堆客家鄉土誌宗教禮俗篇》協同主持人。

1 所謂土客之爭，是指 1856 年起在廣東所發生的大型且長達十二年的客家與廣府系人的激烈土客械鬥。而在此之前，廣東省已因移民者間的互相撞擊，產生了多起零星的土客械鬥事件。

2 羅香林《客家研究導論》一書，最初 1933 年在廣東以謄寫版付印，羅香林的故鄉興寧發行。（參考中川學〈中国客家史研究の新動向〉，《一橋論叢》，第 77 卷，第 4 號，1977，頁 69。）本文參閱的版本是 1992 年由南天書局出版。

　　由此可知，羅香林的客家研究，主要是為辨明客家身分而發聲，所以從一開始的客家研究即帶有濃厚正義漢民族的色彩，而日後大部分研究者因襲之，使得客家這族群的形貌一直停留在其所塑造出的客家之中原正統形象。甚至可以說，至今大半的相關研究者，只要關涉到客家課題，不論是客家源流或客家的樣貌之論說，或多或少皆承襲羅香林的客家假說，或可說是口耳相傳，不忍相離其之相沿成風的客家民系定說。尤其是在族譜的基礎上所描繪出的客家民系遷移說，深遠地影響著對客家歷史探源有興趣者，甚至是一般的客家人。[3]

　　羅香林的客家論說，在客家研究的學術意義上是有其創造性和時代性，甚至依其研究客家的成果論之，亦堪當開客家研究先河之宗師。儘管如此，並不代表當時羅香林所建立的客家假說已是毫無疑問、顛撲不破的絕對性論說。再者，作為一先驅者必然得命定般地承受來自後人的挑戰與批判，加上其的一家之言，充滿了個人難捨與有著時代背景促成的客家情結的自我辯護。因此可以總結地說，後人諸多的客家研究，是在羅香林的客家假說基礎上所做的延續與修正。而這樣的客家研究效應也成了羅香林的功過之所在。

　　相較於世俗大眾對羅香林等人所建立之客家通說的全盤接受，在東亞學界對羅香林的學說很早即提出反動與省思的佼佼者，當屬日本已故的歷史學者中川學先生。其直指客家的本質核心問題是在於擺盪在「真實」與「事實」之間的「客家意識」測度差距。所謂「真實」，中川學的定義為主觀的願望或信念，對神話、傳說的由衷相信，或是信仰等在心理與意識內在層面成立的現實。而「事實」則是在學問分野上，經過規則程序證明的現實；並且認為對客家人而言的「真實」，即是身為純粹漢民族的客家，以正統地繼承了古代中原開花形

---

3 就筆者的田調經驗所得，與客家鄉親談及客家起源時，其人大多能說上一段客家是來自中原，經過幾番遷移歷程的認知。而這樣的客家意識建構有著複雜的諸多成因，但不可否認的，羅香林所形塑的客家印象是其中一項重要的成因。

成的中華文化秩序，同時並抵擋住了來自塞外異民族侵略的自覺為主軸所構成的。[4] 是故，其嘗試從歷史學的角度，分解客家「真實」的諸要素，並將每個要素整理成「事實」，再將諸「事實」的綜合像和「真實」相互參照。[5] 也因此提供了關於客家研究的諸多方向與著力點。日後，其學生蔡驎和飯島典子等人對客家進行的探究，皆是在中川揭示過的課題基礎上發展而來。[6]

相較於中川學從歷史學的視線揭明「客家意識」的本質所在，文化人類學者瀨川昌久的客家論說則是清楚地闡明了「客家意識」所具有的「流動」性質。瀨川昌久對客家精彩的剖析表現在 1993 年其論著的《客家》[7] 一書中，儘管其書開宗明義地表示只是「嘗試將文化人類學者所擅長觀察一村或一地域社會的顯微觀點導入客家研究中，無非是想為歷來的鳥瞰式的民系研究吹入一股新氣息。」[8] 然而實際上，其書透過對地域社會中的客家實像的細緻描繪，以及所勾勒出的客家與畬族之間民族的游移曲線，得出了客家意識的多樣與流動。

而中國的客家研究發展情況，大致如上所述，奉羅香林的說法為圭臬，對客家所展開的論說多因循沿襲其所建立的客家界定、民系、屬性、源流遷移等假說為依歸。一如瀨川昌久的觀察「其後出自中國人之手的客家研究，包括中國本土和臺灣方面，所見大部分以羅香林的客家研究為典範，沒有質的超越，不，無寧說不過是忠實地複述羅香林的假說。例如以上海華東師範大學為中心，於 1989 年創刊的《客家學研究》，所揭載的諸論文；或臺灣出版的陳運

---

4 中川學編著，《客家論の現代的構圖》，（アジア政經學會，1980），頁 3。

5 同註 4，頁 4。

6 其成果分別是蔡驎，《汀江流域の地域文化と客家》，（東京：風響社，2005）；飯島典子，《近代客家社會の形成》，（東京：風響社，2007）。

7 瀨川昌久，《客家：華南漢族のエスニシテイーとその境界》，（東京：風響社，1993）。

8 同註 7，頁 18-19。

棟的《客家人》，在關於客家民系的歷史形成及其遷移路線，大都依舊沿用羅香林的研究」。[9]換言之，正因為這樣的傳統之故、地緣之便，使得客家源流的追尋，一直以來是中國客家研究的核心與重點。也因為如此，在 20 世紀近尾聲之際，中國的諸多客家研究者也紛紛對羅香林的客家源流假說興起了一股反動與修正風潮。

其中，陳支平所著《客家源流新論》[10]即是典型的代表之一。而且於是書的引言裡不僅說明了其著作的宗旨與意圖，更將中國客家研究自羅香林以來的繼承與傳統的性質表露無遺。其言道：

> 十年來，我斷斷續續地在福建、廣東、江西一些城鄉作社會調查，翻閱了不少客家與非客家漢民的族譜，從而逐漸使我對『客家是中原最純正的正統漢人的後裔』的傳統觀點產生了懷疑，同時也引起我對客家源流重新探討的興趣。本書中，我對客家源流的看法，概括來說，就是客家民系是由南方各民系融合形成的，客家血統與閩、粵、贛等省的其他非客家漢民血統並無差別，他們都是中華民族一千多年來大融合的結果。這種觀點，當然與羅香林前輩的觀點有很大的不同。需要說明的是，我的研究，完全是建立在羅香林教授研究的基礎之上的，本書吸收了羅香林教授的不少合理觀點，並非刻意標新立異。[11]

---

9 瀨川昌久，《族譜：華南漢族の宗族‧風水‧移住》，（東京：風響社，1996 年 10 月），頁 206。
10 陳支平，《客家源流新論》，（臺北：臺原，1998）。
11 同註 10，頁 9。

面對舊調重彈的客家源流的課題，陳支平同樣選擇以大量的族譜作為分析的材料，只是與羅香林有別的是，其搜羅的族譜不僅有客家的，亦含括非客家者，甚至也同樣以羅香林曾引用過的客家族譜作為其立論依據，經過其詳實的檢證與比對，生動地抓出客家與非客家的界線，並非是僵硬的直線，而是柔軟的曲線。

另外，在探索客家源流的同時，除了正視客家本身外，不能略過的是與客家關係密切的畬族之深究，這亦是現今中國客家研究的重要一環。基本上，依據畬族在原居地和現住地與當地遷入的漢民族關係探析，相關的研究者認為畬族非全然單方面地接受漢化，而是傾向不論是漢民族的客家或閩南（福佬）皆有吸取畬族文化，將之納為自己的文化一部分。中國歷史學者謝重光從歷史的角度所寫成的《畬族與客家福佬關係史略》[12] 一書，即可見到畬族與客家之間雙向的互動關係，由此更見客家界線活潑柔軟的流動性質。

視線轉至臺灣的客家研究，自不待言，正如上述 1996 年瀨川昌久對中國包括臺灣的客家研究的理解，其認為臺灣的客家研究亦如同中國一樣，大多因襲羅香林所建立的客家假說。呼應瀨川昌久見解的最佳例證是臺灣政府在南臺灣設有的數間客家文物館，其內部的說明文字，只要述及客家的中原大遷徙，即不離羅香林的說法。

除此之外，由於臺灣諸多學者對清朝來臺漢人的祖籍和其所信仰的神祇作了大致分類與歸屬，而有了客家的祖籍神是三山國王的說法，這樣的論點不僅在學術界甚囂塵上地為臺灣的客家找到了一刻板印記，亦成為流行於臺灣民間的客家印象，以及尋找曩昔客家蹤跡熱潮下的唯一索引。但深究三山國王與客家的歷史關係和實際調查各地客家信仰祭祀的諸多神祇，就可發現客家來臺拓

---

12 謝重光，《畬族與客家福佬關係史略》，（福州：福建人民，2002）。

墾，奉祀三山國王者，並不是普及於所有的客家地區。儘管三山國王並非客家祖籍神可謂之「事實」是存在的，但一直以來，相信有三山國王的地方就有或曾經有客家人的「真實」也歷久不衰地被傳誦著。

而「福佬客」一詞的發明與傳播，可能為三山國王的「真實」與「事實」的歷史之辯找到一解套出口，同時也似乎某種程度鬆動了僵化已久的臺灣客家界線。所謂「福佬客」，簡而言之，即是原本祖先是說客語的客家人，子孫後來卻成了講福佬話的福佬人（閩南人）。這樣的身分轉化現象，不只出現在臺灣，中國大陸亦有之，但耐人尋味的是，「福佬客」一詞卻為臺灣所獨創與強調，除了反映臺灣漢人的福佬多、客家少的人口結構型態外，也相當程度地彰顯出臺灣客家研究的視角與特性。

加之，「福佬客」是由學界裁定而來，因此與被界定為「福佬客」的一群人的自我認同意識一直有著值得商榷的落差存在，這是不爭的事實，這也是臺灣專賣的「福佬客」研究所遭逢的難題。但無庸置疑的是，「福佬客」的創出與強調，卻為臺灣如緊箍咒一般的羅香林式的客家陳說帶來一鬆脫的方法，並藉此明顯地看到了客家界線的柔軟性與可動性。這亦是本研究的副標題雖言由臺灣的「福佬客」議題看中國、臺灣、日本的客家研究，然而並非指中國與日本有相關「福佬客」的研究，或本研究試圖圍繞「福佬客」的課題發展，充其量只是因為「福佬客」反映了放諸四海皆準的客家文化普遍性，因此以「福佬客」作為一投石問路的引子，藉此一窺中國、臺灣、日本三地研究者投入客家實像的逼近工程中，所牽引出的活潑流動之客家界線景況。

總言，雖然日本、中國、臺灣所著眼的客家，視角各有不一，但其所展現的客家言說趨勢，皆殊途同歸地指明了客家界線並非僵化固定的直線，而是具有高度流動的游移與想像空間的曲線。以下各節即分別嘗試聚焦於中國、日本、臺灣三地客家研究者眼中所映見出的客家界線之游移與想像。

二、中國的場合

　　隨著 17、18 世紀中國移民浪潮湧向國內各地和海外，客家與其他族群有了踫觸的機會，由於語言、風俗習慣等的差異，客家的身分也因此受到注目。客家的出現，正如中國研究者劉鎮發所言明的，「『客家』是一個概念模糊的群體：『客家人』一方面是漢人的一支，但另一方面又跟其他漢人有區別。這個區別看來不是自古以來就存在，而是在圍繞在這個群體的周圍，和這個群體的近代歷史息息相關的」。[13] 可以這麼說，客家是近代中國歷史所催生的產物。而研究客家的啼聲高唱，也與中國的政治、社會密不可分。

　　自清代以來，客家人多逐波於風起雲湧的中國政治之中。從歷史軌跡中找尋客家的身影，會發現，1850 年具客家身分的洪秀全所領導的太平天國起義反動，其成員多為客家人，緊接而來的，1856 年起在廣東發生大型又長達十二年之久的客家與廣府系人的激烈土客械鬥。而在這之前，廣東省已因移民者間的互相撞擊，產生多起零星的土客械鬥事件。總言，客家因著一連串的政治、社會動盪事件，吸引了中外人士的目光，也引發了客家種族屬性的爭議。[14] 當時，多有人士因此將客家視為苗蠻之類的少數民族，為此，不少客家人士大聲疾呼組織客家源流的調查會，力闢客家的非漢族說，論證、護衛自己的漢族正統出身。而如此的為客家身分的辯證努力，也將客家正式推入學術研究殿堂裡，並且，這樣的客家源流究明，成了一直以來中國客家研究的傳統課題。

　　此外，在探究客家源起的同時，與之緊緊相隨的另一重要課題，即是與客

---

13 劉鎮發，〈“客家”：從他稱到自稱〉，《客家研究輯刊》1998 年第 1、2 期，頁 72。

14 日本學者中川學先生認為「接近現代意味的客家研究，是 19 世紀廣州開港、香港割讓以後，歐美人開始的。」參見中川學，〈華人社會と客家史研究の現代的課題〉，（戴國煇編《東南アジア華人社會の研究・上》アジア經濟研究所，1974）。

家淵源深遠的少數民族之畲族研究。因此本節嘗試一探中國客家研究的究竟時，也擬觀照畲族與客家的關係，試圖藉此描繪出柔軟且彎曲的客家界線。

（一）客家源流的窮究

　　將客家推入學術殿堂的首位推手——羅香林先生，其人的客家論說已於第一章緒論有所著墨，在此不再贅述。於今無論客家是否為甚囂塵上的話題，還是已經，抑或正要開始一探客家究竟的研究者們，幾乎都無法略過「『客家』為何？」的問題。而面對此一提問，或可用兩種方式來回答。其一是諸如一般學者所用的學術客觀性解釋，以族群所操持的語言和其分布現況來說明之，一如日本學者周達生所言，「關於『什麼是客家』的問題，會在後面加以敘述，但現在姑且以說客家方言的人所分布的地域來看，除了從中國移至海外的人們，即所謂華僑（居住在國外的中國人）或華人（已歸化居住國的中國系住民）不論，其主要的分布地域是廣東省東北部、福建省西部、江西省南部。……客家，倘若可以先說結論的話，是漢族，但常常被誤認為是少數民族之一」。[15]

　　另一對客家的解釋，是發自客家本身對其自身身分的深層感觸。已故的旅日學者戴國煇先生曾為文寫道：

> 不論是否能說得出一口流利的客家話的人們，往往皆有強烈的客家
> 意識。所謂客家意識，一部分是指誇示客家精神。其具體的內容和
> 支撐其意識的是什麼，至今我也不明白。儘管還是不清楚，但我的
> 內心也充滿了強烈的客家意識。[16]

---

15 周達生，〈客家文化考：衣・食・住・山歌を中心に〉，《國立民族博物館研究報告》7 卷 1 號，1982，頁 59-60。

16 戴國煇，《台湾と台湾人：アイデンテイテイを求めて》，〈「客家」とは何か〉，（研文出版，1979 初版第 1 刷，1991 初版第 6 刷），頁 313-314。

　　這看似無以名狀的心理層次認同，可能不是直接令人能具體地了解客家究竟為何的詮釋，但卻充分顯露出，客家成為研究議題以來，無法免卻的主觀情感與客觀事實的不時糾葛。

　　以上無論是從描述實況來解釋客家，或深刻地攬鏡自照尋求自己的樣子，實際上，皆反映出客家作為研究對象以來，一個一直為研究者窮追不捨的重要課題，即是客家究竟為漢族？抑是少數民族的爭論，簡言之，也就是客家源流的論戰。

　　1944 年林耕在紛紜的諸家客家說，統整得出的四類客家界定主張。第一種說法是「客家」是苗蠻的別支，第二種則認為「客家」是古代越族的後裔；第三類主張雖無法明確斷定客家何屬，但認為客家與漢族是不同一種族者。第四種的說法則是認為「客家」是純粹的漢族。而林耕在細細辨明這四種說法之依據後，認為第四說客家為漢人的說法最為有力。[17]1998 年許懷林的〈關於客家源流的再認識〉一文提及「目前爭論中的一個具有關鍵性意義的問題，是『南遷說』與『土著說』之爭，即客家究竟是南遷的中原人，抑或是閩粵贛邊界山區的土著人」。[18]除了上述的分類之外，主張客家是漢族與華南少數民族的苗、瑤等族的混血者，亦大有人在。

　　從上述可得知，不論是對客家身分界定的四種說法，或二分法的「南遷說」與「土著說」，抑是「混血說」，皆說明了客家研究中對客家身分辨明議論的歷久不息，同時也反映出客家研究的特色與難題，更突顯了客家源起中國，中

---

17 林耕，〈「客家」とは如何なる民族か：その歴史と分布〉，收於中川學編著《客家論の現代的構図》（アジア政經學會，1980），頁 102-103。
18 許懷林，〈關於客家源流的再認識〉，《客家研究輯刊》1998 年第 1、2 期，頁 32。

國對客家起源窮究的本質。儘管面對客家的眾說紛紜，並不表示無法回答「何謂客家」的提問，在 21 世紀初的此時，鳥瞰目前國內外諸多學者的研究成果指向，筆者仍然同意半世紀前林耕的看法，面對客家，可以這麼定義「客家是漢族的一支」。緊接著，在這界定基礎上，為一探中國在客家源流究明上的表現與進展，本節嘗試以先前提及的中國歷史學者陳支平的《客家源流新論》作為解析文本。之所以選擇此書的理由，主要是由於其書相當程度可作為中國現階段客家研究的象徵與指標，亦即是其試圖擺脫羅香林式刻板僵硬的客家假說，重新抓出客家界線的流動脈絡之現今中國客家研究的趨勢。

　　《客家源流新論》一書，在第一章即開宗明義言道，其書是以羅香林的《客家源流考》[19] 作為分析論述的藍本，並直指羅香林以族譜作為引用材料的偏頗與缺失。其指出：

> 毫無疑問，客家族譜是探究客家人源流的最基本資料，然而羅香林先生在引證這些族譜材料時，似乎存在著兩個問題：一是僅引證能夠說明自己觀點的材料，而把同書中不能說明自己觀點的材料摒棄不用。二是僅關心客家人的族譜，而極少參證非客家人的族譜。這樣就難免限制了全面考察客家源流的視野，陷於就客家論客家的圈子。本書所要做的工作，正是試圖把閩、粵、贛、臺等地不同民系的族譜綜合起來，相互參照，從而對客家人的來龍去脈作出一個新的解釋。[20]

---

19 羅香林，《客家源流考》，（香港：崇正總會，1950）。
20 同註 10，頁 17。

　　基於如上理念的展開，其書第二章隨即相同引用了羅香林經常使用的《崇正同人系譜》[21]，並參照非客家人的族譜，以及縣志所載各姓氏的郡望（即溯源祖先的故居地）的比對，來論證客家先民[22]並非如羅香林所標榜的皆來自中原，即河南中州一帶。甚且「實際上，南方各地家族標榜自己的祖先來自河南中州並不僅僅是一部分客家人，更突出的是福建的非客家人，如閩南福佬人、興化人、福州府人、建寧府人，都有這種習慣」。[23]加上再細究一些福建族譜得出：「與其說客家人所追尋的祖先來自河南中州，還不如說福建人更為熱衷於追尋其祖先來自河南更為符合事實」。[24]無獨有偶，這樣的後來文獻揭露，與早先瀨川昌久在香港新界的田野觀察一致，在其所著《客家》一書中提到，不僅是客家人以來自古代中原地方的純粹漢族子孫自居，廣東人或福建人亦不遑多讓地這麼主張。[25]由此，根據族譜，陳支平除了認為客家與非客家的中原居地沒有差別外，甚至發現不論客家或非客家所尊崇的中原先祖有相當一部分是同一人。[26]

　　緊接著，其書的第三章到第七章主要是在論述客家與非客家南遷過程的一致性，以及南遷之際，彼此互動，客家形成的四種類型：一、客家人與非客家

---

21 賴際熙，《崇正同人系譜》，（奇雅，1925）。

22 羅香林所謂的客家先民，在其《客家研究導論》一書中雖然沒有特別定義，但從其字裡行間推測，羅香林所指的客家先民是其認為在五代宋初「客家」一名出現之前的客家祖先。亦如日本人類學者瀨川昌久所做的推論：「『客家』的成立是其到達福建、廣東、江西三省交界地方以後的事，在這之前的客家祖先稱為『客家先民』以區別之。」（參照瀨川昌久，《中国、台湾、日本の学術書ならびに一般書における「客家」イメージの形成過程の研究》，平成 16 年度～平成 19 年度科學研究補助金（基盤研究（C）研究成果報告書），平成 20 年 3 月（2008），頁 18。）

23 同註 10，頁 30。

24 同註 10，頁 31。

25 同註 7，頁 22。

26 同註 10，頁 31。

人南遷時原為同一祖先，後來分支各處，有的成為客家人，有的成為非客家人。二、原為非客家人，遷入閩粵贛山區後而成為客家人。三、原為客家人，遷入非客家區後成為非客家人。四、客家人與非客家人交相混雜。[27] 簡言之，其從族譜論證客家與非客家的南遷過程沒有差別，所以客家不僅無法證明其為獨特又穩定的群體，更無法不出現客家與非客家相互交錯、融合的結果。也正因為彼此的接觸，衍生了客家與非客家身分上的四種轉變形態。更由其精彩流暢的族譜剖析，展現在吾人眼前的是，客家界線並非僵直固定的畫面，換言之，客家到非客家身分的雙向轉化流動活潑躍然於族譜上。

儘管全書也如羅香林一般，以族譜作為分析客家源流的底本，頗有借力使力之研究態勢，但其作者仍要頻頻強調「要之，族譜中的血統淵源記載，作為客家移民及其源流變遷的研究資料，有一些可取的地方；而把族譜中的血統淵源記載作為界定客家的依據，則是不可取的」。[28] 同時，整本論著除了充分展現族譜在客家源流研究的運用之道外，在結語部分也提出客家研究上值得深省的思辨與發想。其認為客家方言才是界定客家的最基本要素，[29] 並且客家的形成當從明中葉以後閩粵贛三省邊區的社會經濟變遷史中去探索。

> 而到了明中葉以後，隨著人口對於土地的壓力增強以及商品經濟的發展，促使客家人沖破閩、粵、贛三省交界邊區的界限，向廣東南部擴展，從而與這裡的原有漢民發生嚴重的衝突。閩、粵、贛三省邊區居民為了適應外移過程中所發生的矛盾衝突的需要，他們自身團結和族群凝集的意識空前高漲，族群的自我意識和標榜便有了極為重

---

27 同註 10，頁 45。
28 同註 10，頁 150。
29 同註 10，頁 147。

要的現實意義，於是，閩、粵、贛邊區居民索性利用當時逐漸俗成的
名詞，自稱為「客家」，從此以後，「客家」這一名詞逐漸見諸於各
種文獻記載之中，客家人的群體也從這一時候開始形成。[30]

然而，這樣的客家形成說，易失之於簡略的推論，精神層次的自我意識的
確是凝聚人群的力量之一，但尚不能構成人我的明顯區別。筆者以為客家的之
所以成立，除了語言的界定要項外，仍需有其他的共同外在的文化表徵，而支
撐這些文化印記的是深層內化的共同思維。換言之，客家之所以為客家，有一
部分是通過擁有某些共同的觀念，並將其外顯於共有的文化表象上。

（二）客家與畬族

或許對臺灣的客家來說，畬族是一陌生的族群，但在中國境內，畬族可
是 56 個少數民族之中甚早即受到學者青睞的一民族。據中國歷史學者謝重光
所言：

> 早在 1949 年以前，學者們對其特殊的生活和生產方式，特殊的風俗
> 習慣，就有了濃厚的研究興趣，寫出了諸如《畬民調查記》、《說
> 畬》、《畬語十八名》、《福建畬民考略》、《畬民之起源與畬字
> 之商訂》、《浙江景寧敕木山畬民調查記》、《畬民的圖騰崇拜》、
> 《浙南畬民圖騰文化的研究》、《畬民圖騰文化的研究》、《福建
> 畬姓考》、《客族瑤僮及閩南民族》、《廣東輋仔山的瑤民》等一
> 系列論著。1949 年以後，配合政府的民族政策和民族工作，畬族研
> 究興起了熱潮，發表了大量的調查報告和研究論著，還出版了《畬

---

30 同註 10，頁 156。

族簡史》、《畬族史稿》、《畬族社會歷史調查》、《廣東畬族研究》等畬族史專著，以及《上杭縣畬族志》、《福安畬族志》、《霞浦縣畬族志》等專志。可以說，畬族研究早已是我國民族學研究中的一門顯學。[31]

　　僅從這些琳琅滿目的出版書名約略可知，畬族在中國的分布地，有福建、浙江、廣東等地。而依現況研究的情報，畬族總人口約有46萬，分布在福建、浙江、廣東、安徽、江西等省區，超過六成居住在閩東，三成則在浙南，餘者有散布在粵東和博羅山區。[32]

　　所謂「畬」，《辭源》解釋有「火耕」、「火耕地」二義。[33] 一般咸認為畬族的命名源自其刀耕火種的耕作型態，而依據謝重光考證指出「畬」作為族稱，始見於南宋中葉，此時已形成畬族，且有鮮明的文化特徵和穩定的生活地域為人所知。[34] 至於追究畬族的起源，中國學界掀起兩種說法的爭議，即主張畬族是武陵蠻等中國西南族群的「外來說」；另一則認為是閩粵贛邊區的百越等土著的「土著說」。[35] 這樣的論戰場景，似曾相識於客家身分的遭遇。然而不單如此，畬族與客家更有深厚的歷史交光錯影。

　　學界多贊成語言是畫分一族群的基本與重要的識別線，而99%以上的畬族所使用的是接近漢語的客家方言的語言，[36] 因此若非中國少數民族政策的

---

31 同註 12，頁 2-3。

32 同註 12，頁 1。

33 《辭源》（大陸版），（臺北：遠流，臺灣初版十一刷，1992），頁 1150。

34 同註 12，頁 12-13。

35 同註 12，頁 4。

36 同註 12，頁 6、316。

實行，僅就語言部分，畲族與客家即實難分你我。早在近二十年前，瀨川昌久赴廣東潮州地區進行畲族調查，提到當地畲族對外多能流暢使用鄰近的漢語的潮州方言，儘管其自身也標榜擁有自己語言的「畲話」，但客觀評定其「畲話」，實際上是很接近漢語中的客家方言。[37]

　　不僅是語言，就瀨川昌久的觀察，甚至連風俗習慣也趨近客家，整個村落的景觀氛圍無異於漢族村落。[38] 然而，有趣的是，以現今畲族與客家涇渭分明的居住地來看，何以客家與畲族的關係會如此密切？面對此歷史結果，瀨川昌久不忘觀照歷史時間的因素和善用人類學對文化的敏銳，作了如下精彩的推理分析。

　　其認為在南宋到元的時代，畲族與客家的遷移路線在廣東省東北部到福建省西南部的地域曾經有所大交會，之後，分道揚鑣，確切的說法是受到客家移動浪潮的波及，畲族往福建省北部和浙江省南部移動，也因此造成畲族在客家主要分布地的廣東省東北部銷聲匿跡的可能。然而客家與畲族並非單方面的驅逐與被驅逐的關係，兩者交會其間必定經過長時間的文化消融過程，否則就不會遺留語言這項的深遠影響。也因為這樣的文化消融，畲族產生了兩種可能的形態，一是吸納了客家的漢文化之後，異地而居，與當地的漢族文化兩相映照而顯其異質性，由此除了得以維持其畲族自己的自我認同意識外，漢化的畲族有可能在中國東南的漢族文化自體的多樣性中扮演重要的角色。二則為留在原地的畲族完全融入客家，因此不是諸如客家大本營的梅縣等地不見畲影，而是已同化於客家中。此外，客家文化中的山歌，或移動性，抑或親族組織則可能是受到畲族一方的影響。[39]

---

37 瀨川昌久，〈畬族の漢化とアイデンティティー〉，《東北大学教養部紀要》，第 56 號，別刷，平成 3 年 12 月（1991），頁 13-14。

38 同註 37，頁 9-14。

在早期畬族相關資料尚未豐富累積之際，瀨川昌久真知灼見地抽出了中國漢族與少數民族之間雙向流通的動線，同時也預告了日後畬族研究的趨勢。

時至 21 世紀初，中國廈門大學人類學研究所和福建師範大學人類學研究所合作編寫的相關畬族研究叢書之一，由前述的謝重光所執筆的《畬族與客家福佬關係史略》[40] 一書，善用作者其本身歷史學所長，除了大量引用正史、方志等史料外，更參佐古人詩文集，細細追尋畬族在中國歷史上的身影，並且充分舉出畬族與客家、福佬文化生活各層面雙向交流的事證。舉凡服飾、飲食、生產技術和方式、民間信仰、風俗習慣、節俗、客家民間文藝的山歌、建築等，皆可找到客家、福佬承接畬族文化的痕跡。其中，在民間信仰部分，作者認為三山國王和媽祖的信仰都是來自畬族。至於客家、福佬對畬族的影響，則可在衣冠、節俗、宗教信仰、語言文字、族譜編撰、門第觀念、中原正統觀念、封建禮教觀念等典型漢族文化中見及。

關於客家與畬族關係的淺探，以謝重光娓娓道來的畬族與漢族文化交融事證的引言作為本小節的結語。

> 畬族與客家、福佬的文化交流是雙向的，畬族接受了漢人的文化走上了漢化的道路，客家、福佬也吸收畬族文化滋養而使自身的文化更加絢爛多姿。這樣的相互交流和相互吸收過程，有的已如水過無痕，無法追蹤了，有的卻仍可探本溯源，大體分清是誰影響了誰。[41]

---

39 同註 37，頁 16-18。
40 同註 12。
41 同註 12，頁 285。

三、日本的場合

客家研究在日本學界一直以來並不屬顯學，也難單獨特出自成一研究類別，但若將客家研究歸納至中國研究的脈絡中又非能等閒視之。關於這樣的觀察，日本學界首先關注客家，並對客家所衍生的相關課題多有論述的歷史學者中川學先生，曾多次為文說明之。在其初將研究視野拓展至客家領域的1970年代初期，其對大學新生談及有關研習中國史的入門指南時，曾提及「當前我們的課題，是無論在世界或國內的歷史學界都乏人問津的客家問題」。[42]之後，在其編著的《客家論的現代構圖》一書中也再次談述，「在日本的中國研究界裡，客家研究，除了作為華僑研究或會黨研究的一部門之外，從正面將其作為問題來研究者仍屬稀有的分野」。[43]

中川學除了正視客家，重新檢視了客家的諸多問題，並提出客家研究領域待解的諸多課題與思考方向之外，更重要的是，揭櫫了客家研究的本質，成為之後日本學界客家研究者的指南和特徵。其談到：

> 正如所言，為了正確理解在抗元、抗清、太平天國、辛亥革命、抗日、新民主主義革命的諸鬥爭中，客家所發揮的能量，不但不能將客家歷史特殊化於部分的專門史中，亦不能因漢民族史的人種差別主義而予以扭曲，必須將其昇華至中國全體的歷史之中。[44]

因此可以這麼說，在日本的客家研究的起始點是中川學先生。

---

42 中川學，〈中国・東南アジアにおける客家の歴史的位置について〉，《一橋論叢》，第69卷第4號，1973，頁65。

43 同註4，頁12。

44 同註42，頁73。

儘管，若將日本的中國研究與客家研究分別視之，而在與研究中國者相較之下，研究客家者屬少數，但在稍稍了解了客家的性質，以及日本的客家研究之趨向和型態後，會發現客家研究並無理由獨樹一幟，自排於中國研究之外。因此，包含客家研究在內的日本之中國研究，可稱得上「麻雀雖小，五臟俱全」。各類學科，諸如從歷史學界到文化人類學界都有人投入，而其視野領域也從中國歷史到民族問題皆有廣泛深入的探討。尤以中國大陸在鄧小平時代從自我封固的世界走出，對外實行改革開放政策，拜此政策之賜，使得日本的中國研究者能夠自由進出中國做實地的調查，更加速了日本在中國研究上的精進。[45]

總體言之，日本的中國研究多有傑出的表現，而其客家研究又能排除「當局者迷」的盲點，當仁不讓地展現其精湛的理解。以下即嘗試一揭日本的歷史學與人類學兩領域內所構築的客家印象。

（一）歷史學的客家

1. 中川學

承上所言，日本學界的客家研究，是始於歷史學者中川學在 1970 年前後起所發表的諸篇論著。而欲了解中川學在客家研究的表現，從其投入客家研究的因緣著眼，不啻為最佳管道。

與中川學熟識的王賢賀先生，曾為文〈日本「客家研究」泰斗中川學教授〉

---

45 關於這點，曾向筆者的老師瀨川昌久先生請益，「日本的文化人類學界的客家研究情形如何？」瀨川先生為我做了一詳盡的解說。其言道，以文化人類學界來說，大致可分為三個階段，前期的客家研究，因中國國情的限制，多注目中國大陸以外的華人地區，代表人物有渡邊欣雄先生、末成道男先生。中期則因大陸的開放政策使然，研究者多可自由進出中國大陸，因而有較多的日本研究者投入，他自己（瀨川昌久）即是其中之一。現階段卻因中國大陸本身對自身的研究能力日益提高，相形之下，日本研究中國文化的人卻減少了。

一篇，其中提及中川學投入客家研究的緣起，是因其本身是日本廣島原子彈的
「被爆民」，而在日本是被歧視差別的三大族群之一，因而引發了其對差別問
題的關心，之後他發現「客家」在中國也是受到差別歧視的族群，基於同理心
而觸發了「客家研究」。[46]

　　除此之外，從學術層面來看，也能得出中川學研究客家的因緣軌跡。其
陸續所發表的相關客家的諸篇論作，諸如有〈關於中國、東南亞的客家歷史
位置〉[47]、〈華人社會與客家史研究的現代課題〉[48]、〈客戶與客家的歷史關
聯〉[49]、〈中國客家史研究的新動向〉[50]、《客家論的現代構圖》[51]等。但是最
初關於客家的力作，應屬 1967 年以其對隋唐社會經濟史的擅長所發表的〈唐
末梁初華南的客戶與客家盧氏〉[52]一文。主要探討唐末華南地區出現的國家支
配體制外的逃戶、流民，其所組織的自衛團體中，試圖與唐滅後的後梁王朝合
作之客家盧氏集團的位置。

　　除了發表與客家相關的論著外，其間，中川學也多為文探討有關唐代各種
國家制度施行時，其對社會、經濟的影響。尤其對唐代的「客戶」[53]有深入的
研究。藉著對「客戶」的多方探析，進而探索與「客戶」演變有某種聯繫的客

---

46 王賢賀，〈日本「客家研究」泰斗中川學教授〉，《アジア文化》23 號，（アジア
　　文化總合研究所出版會，1998.9），頁 179-202。

47 中註 42。

48 中川學，〈華人社會と客家史研究の現代的課題〉，（戴國煇編《東南アジア華人
　　社會の研究 • 上》アジア經濟研究所，1974）。

49 中川學，〈客戶と客家の史的関連〉，《一橋論叢》，第 72 卷第 1 號，1974。

50 中川學〈中国客家史研究の新動向〉，《一橋論叢》，第 77 卷，第 4 號，1977。

51 同註 4。

52 中川學，〈唐末梁初華南の客戶と客家盧氏〉，《社會經濟史學》，33 卷 5 號，
　　1967。

53 客戶的出現，即在唐玄宗時代實行宇文融的括戶政策，而導入的主戶 • 客戶制度。

家形成史，這樣的研究進程並不突然，因為從唐代客戶到客家史的研究應是位於同一條直線上。

關於客家與客戶的關係，中川學並不似羅香林的「客家即宋代的『客戶』」說[54]之論斷。其詳細地考證史料中「客戶」出現的軌跡與歷史位置，而認為：

> 從客家這面來看客家史，一方面是截至晉朝為止，一直為歷代中原王朝官人‧支配階層的客家源流通說；另一方面是所謂後世的客家是由唐朝到宋朝所行的國家戶籍制度中的客戶所演變來的了解。而會發現以上兩者的提起，是兩個不同次元、不同時代的源流問題。也就是，在此的問題是，重新整理舊中原諸王朝的支配階層的後裔與唐宋兩王朝的被支配階級的「客戶」之間有著怎樣的關連，而又如何形成後世的客家。[55]

從中川學研究客家的起點是唐史來看，或可也說是種巧合，因為客家研究的巨擘羅香林也是專精於唐史。因此可以這麼說，中川學和羅香林的客家研究之路，皆從唐史的研究出發。綜論之，從唐史到客家史，其相當反映出客家歷史的形成與唐史有某種程度的關連。而且，唐史中客家的位置，更是值得吾輩

參考中川學，〈客戶と客家の史的関連〉，（《一橋論叢》，第 72 卷第 1 號，1974）和《客家論の現代的構図》〈客家中国人の政治經濟史像概論〉，（アジア政經學會，1980），頁 34-37。

54 羅香林，〈客家源流考〉，收於羅香林編纂，《香港崇正總會三十週年紀念特刊》，（香港崇正總會出版，1950 年 12 月，頁 1-45）。在《客家研究導論》，羅香林先生贊同溫仲和先生所提出客家的名稱是源於宋代的「客戶」，到了〈客家源流考〉一文，又把客戶上推至晉元帝「給客制度」的詔書。見於〈客家源流考〉，頁 41-42。

55 同註 49，頁 49。

重新檢視的重要課題。

　　中川學在客家研究上的開展之特色，亦是其成就，有二：一是「客家民族主義」的闡明和諸多客家相關課題的揭示。其關於客家研究的議論，往往能一針見血地直指問題的核心，即在於掌握了對客家形成特質的理解。其言及：

> 所謂「客家民族主義」就是大概客家中國人都有的強烈的集體意識
> 和中華的正統觀念。有時，其甚至是帶有神話性的。例如，無論是
> 怎麼樣的出版品，經由客家人之手整理完成者，必定可看到客家才
> 是漢民族的精華，並且繼承古代中原王室血統的自我分析主張。[56]

　　因此中川學指出，客家研究總在「真實」與「事實」之間游移，大多寧願相信「真實」的中原正統源流神話，也不願正視客家的「事實」。[57]此外，其不僅對客家有精闢入裡的認識，同時也指示了未來客家研究的諸多課題與發展的方向。其認為日後的客家研究應該是，「接連語言學的科學研究的發展〔橋本萬太郎，附篇二，Hashimoto 1973〕，並且一面對照族譜，一面準備展開社會經濟史的構造分析，或運用形質人類學・民族學・疫學的方法，開始向客家源流照射。而支撐客家自我認同意識的思想體系之人文科學研究的新方法，即是考察各種拉近社會科學與自然科學的方法，並且依據實證映照之後，才開始客家史的『事實』究明」。[58]

　　而另一成就，即是具有超越客家的中國史觀。一如前面所提到的，其曾揭示客家研究不僅僅止於研究客家，局限在客家的框架中，應是超脫客家，提升

---

56 同註4，頁2。

57 同註4，頁2-4。

58 同註4，頁83。

至對中國歷史的全面理解上。中川學從開始著眼於客家，即抱持如此的見解。
而於 1980 年代其編著的《客家論的現代構圖》之後，其學術重心雖轉移至教
授客家相關的課程上，[59] 但在 1998 年國際亞洲文化學會第七回夏季大會之客
家研究會所講演的「客家的形成過程與產業組織」議題時，中川學仍再次強調
客家研究的性質為：

> 客家史是世界史。因為客家的活動廣泛地在世界中展開，支配著全
> 球近代化的內在發展。歷來的客家研究，認為客家是漢民族，而急
> 於強調、證明是中華的精髓這件事，成了在中國全體像之中解釋客
> 家的特殊性，反而有陷於狹隘的部分史傾向。客家也是中國史，而
> 應將其顯明在中國全體歷史的客家形成過程中，並有將閃耀在東亞
> 的近代化開拓者（羅芳伯的羅芳共和國），整體地納入世界史的必
> 要。[60]

2. 菊池秀明／片山剛

菊池秀明自 1987 年起赴中國大陸進行農村的調查研究，至 1994 年為止，
其間，以其多次實地訪察所得與收集到的地方第一手資料，於 1998 年出版《廣
西移民社會與太平天國》[61] 的鉅著。其書主要是對太平天國發生前夕的廣西移

---

59 王賢賀在其文〈日本「客家研究」泰斗中川學教授〉介紹「現正在日本國立一橋
　大學大學院『言語社會研究科』講授『客家論』的中川學教授」。（1998，頁
　180）。

60 1998 年 6 月 14 日於日本工學院大學所舉行的國際亞洲文化學會第七回夏季大會中
　的客家研究會上，以中川學教授為首所講演的「客家の形成過程と產業組織」中，
　中川學先生首先闡明。其後，講稿編入《アジア文化》23 號，（アジア文化總合研
　究所出版會，1998.9）。

61 菊池秀明，《廣西移民社會と太平天國》，（東京：風響社，1998）。

民社會之形成的分析，以及解明地域社會中漢族移民和少數民族之間的關係演變歷程和社會階層的流動。由於其內容是從太平天國的發生與內部結構來看中國社會的發展動向，加上太平天國的成員多為客家人，故而書中多有述及相關客家的討論。

　　一如菊池秀明為其書的結構所做的說明：

> 本書是基於三分法，第一部（第一章、第二章）是「上等之人」，即分析在太平天國前夕的廣西，發揮其地域菁英勢力的漢族移民、少數民族土官之後裔的發展過程。其次第二部（第三章、第四章）是檢討「中等之人」，即以參加『客籍』菁英集團為目標的新興勢力和其失敗後的中流宗族的上昇、下降之移動。⋯⋯。再者，第三部是選定難以獲得政治地位的「下等之人」的漢族下層移民（特別是客家移民的例子）和少數民族。即便為數不少的客家以外之漢族下層移民，或者是客家和少數民族之中，獲得政治地位、完成社會上昇的例子，所在多有。但是從參加拜上帝會的人多為客家與少數民族這事實來看，將他們的動向置於考察的重點，應是解明太平天國發生原因最適當不過的了。[62]

　　正因為其將客家作為研究對象之一，藉由對客家的實例考察，重新分析「客家」與「客籍」的概念。「『客籍』或『客籍』菁英——如稻田清一所強調的，作為史料用語的『客籍』，所指為從外地來的移民，未必等同於民族性集團的客家」。[63] 這樣的概念舉證，不啻為探討客家形成史的重要佐證依據。

---

62 同註 61，頁 43。
63 同註 61，頁 43。

並且透過其對客家與少數民族之間關係流動的注目，更進一步彰顯出當時廣西
地域社會的客家實像。而這些相關客家的討論，都成為菊池秀明在客家研究上
的重要貢獻。

關於「客籍」的討論，片山剛也從清代中期的童試受驗著手，檢視當時
戶籍制度下廣府人的社會秩序與客家人之遷移。[64] 一直以來，少有針對客家與
國家體制的關係之討論。其文的重要貢獻，即在於藉由作者對史料的細緻分
析，有助於吾人認識中國科舉制度下所顯現的客家身影，以及客家在國家秩序
中所扮演的角色。

3. 蔡驎／飯島典子

時序邁入 21 世紀，日本的客家研究的新生代，當推自中川學一脈相承的
一橋大學畢業生的蔡驎和飯島典子兩位。其相關客家的論著皆為博士論文再修
訂而成，分別為蔡驎的《汀江流域的地域文化與客家》[65] 和飯島典子的《近代
客家社會的形成》[66]。

誠如其書名所揭示，蔡驎選定汀江流域作為研究對象的地域，而汀江流域
即是客家形成地，亦是中心居地的福建、廣東、江西三省交界的閩西地方。其
試圖解明汀江流域的地域文化特徵與形成經過，藉由詳細解析當地的地理環境
和礦業等生產經濟型態，以及邁向漢化的科舉之路，來支持其所認為畲族的
「山哈」（SAN-HAK）是客家前身的推論。並循前章曾提過的，瀨川昌久所
揭櫫畲族的漢化，可能是形成漢族多樣性的理路啟發，究明汀江流域的客家文
化的多樣性與一體性。

---

64 片山剛，〈清代中期の廣府人社會と客家人の移住：童試受驗問題をめぐって〉，
　　收入山本英史編，《傳統中國の地域像》，（慶應義塾大學出版會株式會社，
　　2000），頁 167-210。

65 蔡驎，《汀江流域の地域文化と客家》，（東京：風響社，2005）。

66 飯島典子，《近代客家社會の形成》，（東京：風響社，2007）。

　　飯島典子的客家研究則把焦點放在歷史上「客家」身影和名稱出現的探求。其使用大批的史料，諸如中國的縣志、奏摺、實錄，西洋傳教士的書簡、報告文書，礦山、礦業相關的調查報告書，自稱是客家或客的華僑、華人團體的出版品，分別就西洋傳教士眼中的客家；廣州客家與本地人對立，官方眼中的客家；廣東東北部即嘉應州及其周邊的礦業與客家的關係；客家人本身眼中的客家等四部分來顯影客家，並得出客家出現在文獻的時間順序是，1830年代的東南亞→1850年代的廣州→1890年代的嘉應州。

　　大致而言，蔡驎與飯島典子的客家探究是延續中川學所揭明的課題。其中兩方都有討論到的礦業，即是中川學明白指出「至今客家的產業實態不明……最必要的是，收集整理關於華南山區的礦工業、林業、手工業的近現代經濟史料的作業」。[67]此外，附帶一提，蔡驎的客家溯源頗有承繼中國客家研究的傳統，即客家源流的辯證。而飯島的客家研究則是呼應下節首先要介紹的周達生曾揭示過的客家課題：「必須確切地檢討客家的形成史，或客家這稱呼確立的時期」。[68]

（二）人類學的客家

1. 周達生

　　繼中川學之後，服務於日本大阪國立民族學博物館的文化人類學者周達生，也依其1979年和1980年分別在中國廣東省梅縣以及福建省龍岩地區所做的實地調查，並參考前人所發表的關於客家的資料，寫就一篇〈客家文化考：以衣、食、住、山歌為中心—〉[69]。

---

67 同註4，頁75。
68 同註15，頁70。
69 同註15，頁58-138。

其內容主要是從客家的物質文化，食、衣、住、山歌等有形有聲的文化特徵著眼，重新檢視這些前人既定的文化表徵與客家的關聯性。其考察的結果是，某些既定的客家物質文化，並不似前人所標榜的客家是中原文化的繼承者，或有其特殊性，而在其食、衣、住、山歌等方面所顯現的是，客家文化並不全然皆具有獨特性，反倒看出客家受華南地方文化影響很大。

儘管，周達生對客家的注目，就筆者目前所見，可能只屬這篇論文為重，但其文章在客家研究所反映出的價值與意義，就如作者述其研究的焦點與展開時所言：

> 然而，不僅是所謂漢族本身的形成史，至今的研究還不十分透徹，
> 連構成其一部分的客家形成史，至今不是沒有研究，只是也處於極
> 為不明的狀態。因此接著必須確切地檢討客家的形成史或客家這稱
> 呼確立的時期，但本稿不是著手其全部，而只是鎖定「何謂客家」
> 的客家文化面。然而，關於客家文化也只是以物質文化為中心加以
> 考察而已。但是話雖如此，也不盡然只鎖定物質文化，為了彰顯物
> 質文化的特性，便不得不追問與之相關連的文化。[70]

即藉由重新檢討客家的物質文化，看見客家與其他族群之間文化的流動性，而釐清關於客家文化某部分屬性之概念。

2. 瀨川昌久

瀨川昌久可稱得上是現今日本文化人類學界研究客家的代表人物，亦是至今日本少數仍持續關注客家的學者。而其與客家的因緣，可能可以追溯自

---

70 同註 15，頁 70。

1983 年起在香港新界所進行為期二年的調查研究工作。瀨川昌久曾在所著《客家：華南漢族的民族性與其界線》[71] 一書的前言裡提及：

> 當初這調查並非以客家研究作為直接的目的，但是在香港新界，屬於客家民系的居民不少，筆者隨著調查的進行，逐漸與客家的人們有著深厚的關係。到達香港的最初一年間是住在香港中文大學的鄰村，同時也是個客家村，第二年選定作為調查地而住進的新界中部・八鄉地區的 S 村同樣又是個客家村。在這香港新界的調查之後，發表了拙著《中國人的村落與宗族——香港新界農村的社會人類學的研究》（瀨川 1991），完全是以村落、村落連合、宗族等漢族社會組織的分析為主。但是透過這時的調查，對於客家與其他漢族次集團的文化、社會的相互關係的關心日益提高。在這之前，筆者對客家的認知僅是從羅香林的著作和研究香港、臺灣的人類學者所提及的得知，但在香港新界實際所見到的漢族內部的次集團的分化和其相互關係的展開方式，是比歷來的研究所構築的客家形像複雜得多，因而深感興趣。[72]

上述所提及的論著，即是瀨川昌久在客家研究的代表作。這本著作是結合了其在香港新界田野調查的深厚基礎，與立足於諸前輩所積極投入客家研究的成績，而開展出對地域社會的客家多元實像之精彩呈現。[73] 其所謂地域社會中

---

71 同註 7。

72 同註 7，頁 1-2。筆者也曾當面問及，瀨川先生的口頭回答也大致如此。

73 瀨川昌久在《客家：華南漢族のエスニシテイーとその境界》的前言中提及其著作的緣起「本著即以在香港新界的田調其間，與客家人相遇時所萌發的問題為出發點，

的客家實像之描繪，是以客家意識的流動作為底本，勾勒出地域社會中所呈現的多元客家面貌，以及客家與畬族之間民族的流動曲線。即藉由瀨川昌久本身所擅長的中國宗族研究中，對族譜的剖析詮釋之力，探究客家遷移的歷史進程對客家意識認定上的影響。換言之，各地域客家的形成或出現之所以有差異，主要是客家遷移史所致。即遷入的時間先後，影響其與當地土著的互動結果，此對客家民系的形成與內部意識的差異、區別有很關鍵的作用。「像這樣各地客家的自我意識或與其他民系的關係呈多樣性的主要原因，是地域內的漢族系住民的歷史遷移的類型所致」。[74] 並且，試圖藉此微觀各地域客家與其他族群之間的互動關係演變，進而從各族群相對的觀點來修正客家原有的特殊論。

由上述各地客家遷居時間的不同，影響與各民系的互動，作為思考的經緯，交織成其所強調的各地客家圖像之多樣，也因此瀨川昌久留意於地域性在文化多樣性中所扮演的角色。其提及「在香港新界地區所看到的那些範疇的分化與之後界線的維持，是順著地域內部的脈絡，而有某種程度的獨自開展，同樣地在各地也是相應於地域社會內部的脈絡所展開的」。[75]

從瀨川昌久所舉的事例中，其認為從各地域社會或各時代來看被稱為「客」的人，都是具有極其多樣性的，未必與現在鉅觀下的「客家人」一致。[76] 故而其在討論新界的客家時，是將其視野放在客家與其他族群的互動發展上，去解析客家意識的多樣與客家文化消長的界線，而非僅從客家單方面的角度來看文化的輸出與意識形成。

之後，一面循著文獻資料或新的實地調查的結果，一面是筆者重新整理、接觸華南漢族內外展開的民族之各種樣態關係時的考察。」（瀨川昌久，1993，頁2）。

74 同註7，頁113。

75 同註7，頁87。

76 同註7，頁166-167。

除了上述關於客家的力作外，實際上，一直以來，瀨川昌久的研究課題可說始終不離中國客家與少數民族的關係探究。其諸篇的相關論文有嘗試從地方宗族組織，或語言，或土樓建築等各方面來接近客家，追尋客家意識的流動與變化。[77] 之後，更將田野地拉至海南島，發表了相關海南島上包含客家在內的漢族與當地少數民族文化互動的調查報告。[78] 因而從其豐富又有深度的諸多論著來看，當今日本學界中，長期對客家持有高度關注，並多有精闢見解發表的研究者，瀨川昌久堪稱第一人。

3. 末成道男／渡邊欣雄

日本的文化人類學者末成道男與渡邊欣雄的客家研究，或基於選擇田野場所的某種因緣，或許是對外國研究者而言，到中國大陸做調查仍多限制，而將視野投注在臺灣。[79] 末成道男曾於臺灣北部的苗栗地區，進行關於客家祭祀活動的調查研究。[80] 而渡邊欣雄主要著力於東亞的風水、祭祀等方面的研究，但也曾經依據其在臺灣南部的屏東縣竹田鄉的一客家村，所行之關於客家過年（正月節）的調查，寫就一篇考察並呈現臺灣南部客家歲時風俗生活的文章。[81]

---

77 2001 年在日期間，承蒙瀨川教授不吝相贈幾篇已發表和未發表的文章，有〈客家語と客家のエスニック・バウンダリ：についての再考〉，（2001 年 2 月贈予，未清楚其後刊於何處）；〈福建省南西部地域における客家と円型土樓〉，（《東北アジア研究》第五號，2001 年 3 月 31 日）；〈廣東省海豐縣の漢族の地方文化と宗族〉，（未發表，預定刊於《東北アジア研究》第六號，2002 年 6 月）。

78 瀨川昌久編，《海南島の地方文化に関する文化人類学的研究：日中仏国際共同学術調査成果》，東北アジア研究センター叢書第 25 號，2007。

79 關於這點，雖未詢問過兩位學者，但間接由瀨川昌久教授告知（可同時參考註 4），一些研究中國的日本文化人類學者幾乎都與已故臺灣出身的學者王崧興先生認識，甚至受其啟發。而末成先生與渡邊先生到臺灣做調查，某種程度是因緣於王先生的引介。

80 參考末成道男，〈村廟と村境：台湾客家集落の事例から〉、《文化人類學 2》Vol.1/No.2/1985；〈祭祀圈與信者圈：基于臺灣苗栗縣客家村落的事例〉，（《聖心女子大學論叢》第 73 集，1989）；〈台湾漢族の信仰圏域：北部客家村落の資料を中心に〉，（《国立民族学博物館研究報告別冊》，14 號，1991）。

　　上述兩位學者在臺灣所做的客家研究，同樣具備了二項特點，一是將文化人類學顯微一村落或地域社會的特質充分發揮，將地域社會或村落的表像如實呈現。二是皆從祭祀活動考察了客家人的生活型態與社會構成。而這兩項特色除了反映了兩位學者對臺灣客家研究有進程性的影響之外，更重要的是，將其互為參照，多少能映見出臺灣南、北客家的多元樣貌與差異性。

四、臺灣的場合

　　隨著福佬客在臺灣學界的現身，日後不論將其視為一族群或一現象[82]的論說探析，多停格在尋找福佬客蹤跡的議題之中打轉。事實上，越過「福佬客」驗明正身的僵直單一視線，福佬客所牽引出的客家研究兩大核心課題，一是客家認同意識的流動歸宿；二是客家因子的尋覓，探索其或隱性或顯性的存在。因此，儘管福佬客的稱謂幾是臺灣客家研究上的獨擅專賣，但福佬客本身所投射出的性質中，彰顯出的族群間文化互相流動融合的現象，卻是極具普遍性，為一放諸四海皆然的準則。因此福佬客一詞雖是從臺灣發聲，但透過福佬客所反映出的上述兩個客家研究軸心課題，卻是國內外客家研究的注目焦點。本章即嘗試將焦點鎖定在臺灣福佬客的始發與田野中福佬客的現蹤，藉以顯現福佬客之於臺灣客家研究的位置，以及客家界線因為福佬客，更為顯在化的流動性質。

---

81 渡邊欣雄，《漢民族の宗教：社會人類學的研究》，〈台湾南部客家人の正月節：頭崙村の生活と儀禮〉，（第一書房，1991），頁 197-245。

82 研究臺灣福佬客有成的邱彥貴認為「福佬客不是當代定義下的一個族群（ethnic group），應該只是一種族群現象（ethnic phenomenon），福佬客現象普遍出現於臺灣與華南、東南亞，但臺灣是最早發現與進行研究，甚至炒熱福佬客話題的區域。對這現象的觀察已經延續了 110 年以上，而且持續進行中。」引自邱彥貴，〈福佬客篇〉，《臺灣客家研究概論》，（徐正光主編，行政院客家委員會‧臺灣客家研究學會合作出版，2007），頁 62。

（一）「福佬客」的勃發

「福佬客」名詞的新創與源頭，就目前相關福佬客的諸多研究報告，都會上溯至長期耕耘臺灣民俗的已故老前輩林衡道先生，其於 1963 年所發表的〈員林附近的「福佬客」村落〉[83] 一文。文中記述其在彰化員林偶然聽聞當地名流人士談起其地張、黃等姓氏大族原祖籍粵東客家，但後來為福佬人所同化，而成為「福佬客」，已不會說客家方言。[84] 其文透露了兩個訊息，一是何謂「福佬客」的定義，簡言之，即是原本祖先是說客語的客家人，子孫後來變成了講福佬話的福佬人。另一是「福佬客」一詞的創出確立，幾成了現在臺灣客家諸項研究課題的特許專賣。令人玩味的是，中國大陸的客家與福佬的關係，亦有如臺灣福佬客現象或族群的產生，但卻沒有旗鼓大張地倡議「福佬客」。而反觀臺灣，則高調這樣的專賣權取得，究其原因，主要與臺灣的族群結構和海島型的環境，以及其傳統的客家固有舊說有關。

儘管「福佬客」仍屬探究族群互動的傳統議題，但是之所以「福佬客」此專有名詞的創出與標明，會在臺灣發燒而非他地的原因，必須溯源影響臺灣人群結構的歷史緣由。除卻早在數千年前來臺的屬南島語系的原住民與平埔族群外，臺灣族群的主體構成是遲至 17 世紀末葉清領時期，才大量移入的來自中國福建、廣東兩省的漢族。其中，依使用的方言，大致區分成閩南語與客家話兩大系，閩南漢人其下位集團主要又分為漳州、泉州兩支；客家方面則不單指從粵東的嘉應州或潮州府移入的客家人，亦包含來自閩南、閩西的客家。只是因為當時的歷史背景，諸如政治，或地緣，或族群遷移特性等因素影響所及，

---

83 林衡道，〈員林附近的「福佬客」村落〉，《臺灣文獻》14（1），1963，頁 153-158。

84 同註 83，頁 153。

漳、泉兩州的閩南人（方言語音中稱福佬、鶴佬或河洛，採音似之異字）佔臺灣漢人組成的絕對多數優勢，客家成了相對的少數。[85] 而當這兩個漢族的下位集團相互接觸時，隨著各地族群界線的推移，或顯現或隱沒，其中即有產生了研究者們所觀察到的「福佬客」身影存在。加上，臺灣是海島型的地理環境，其天然的閉鎖阻隔，更突顯並強化了福佬客的特殊。

另一方面，福佬客的現身，除了為欲擺脫客家舊說窠臼的臺灣客家研究帶來一線曙光而被強調外，長久以來，臺灣客家移墾史的研究始終必須面對「泉州人住沿海，漳州人居中之平原，客家則是靠山之丘陵地」的漢人在臺分布態勢固說課題。這樣的歷史刻板印象，猶如緊箍咒般地不時箝制著臺灣客家的塑形。而福佬客的分布地恰為此固說尋得一鬆綁，一如邱彥貴試圖為福佬客覓得其在臺灣客家研究位置的論說。

> 而福佬客分布，亦即歷史時間中的客家分布，卻也改寫臺灣對客家的印象與牽動整體臺灣歷史、族群的研究成果。首先「客家居山」的成說深植人心，即便六堆客家大抵平原居住亦難釐清！然而現今發掘的福佬客卻大抵也是分布平原上。再者，當今回溯西臺灣的漢人亞類分布態勢，大抵認定是泉州祖籍靠海，漳州祖籍居中，而粵籍或客家靠山，這是源於晚清的地方官員的印象，並經由 1926 年祖籍調查及其後續分析確認。然而，至少彰化平原福佬客與地跨雲嘉的 53 庄福佬客，基本上卻是隔斷漳泉，形成「泉人靠海，粵人居中，漳人倚山」態勢。[86]

---

85 關於在臺灣閩客的實際人口數，於日治時期 1926 年底所統計全臺人口共 424 萬人，扣除在臺的日本人、外國人、原住民，閩南人約 310 萬人，客家人約 80 萬人。（參考魏德文、高傳棋、林春吟、黃清琦，《測量臺灣：日治時期繪製臺灣相關地圖 1895-1945》，臺北：南天，2008，頁 117。）

除了如其所言福佬客的探究，使臺灣具體的族群空間分布圖得以重新釐訂描繪外，筆者認為福佬客在研究上的意義，倒不是停留在追尋其身影在何地出現，而是讓一向投入臺灣客家的研究者們，不得不面對族群間彼此相互游移的可變界線之既存事實，進而能將目光投注於福佬客本身對文化的取捨。換言之，循著臺灣福佬客產生的足跡，思索臺灣的客家與福佬接觸後，客家文化中的哪些要素被延續或消失，藉此放寬視野，探索不論在中國或臺灣的整個客家文化放諸四海皆準的普遍性，以及因地域之風土民情差異形成的多元性，並且判明、論析族群互動之際，文化消長的界線所在。一言以蔽之，福佬客的存在，為臺灣對客家或客家意識的何去何從，提供了絕佳的研究範本與管道。

（二）田野中的「福佬客」

截至目前，雖然若依福佬客寬鬆的界定，臺灣可謂處處可見其身影，但本節擬檢視的福佬客顯影的區域限定在，福佬客首次現身學界的彰化和大多由閩籍客家轉化成福佬客的宜蘭，以及位於南臺灣，一直保有穩定的客家社會型態的六堆，其向周邊擴張遷移後，演繹成福佬客的恆春半島，藉以表現臺灣福佬客多元的生成形跡。

1. 彰化方面

彰化為「福佬客」一詞的誕生地，因此相較於客家福佬化現象普遍發生的臺灣其他地區來說，獲得更多的青睞。而從林衡道的「福佬客」名詞確立，到許嘉明的深化福佬客信仰組織的構成，可說皆替彰化福佬客的研究奠定基礎，並樹立了典範。是以在此也錦上添花地重新檢視許嘉明的〈彰化平原福佬客的地域組織〉一文，藉以透析福佬客研究的歷史軌跡與里程碑。

---

86 邱彥貴，〈福佬客篇〉，《臺灣客家研究概論》，（徐正光主編，行政院客家委員會、
　臺灣客家研究學會合作出版，2007），頁83。

許文以綿密的手法，透過臺灣移墾大時代的歷史成因分析，逼近彰化福佬客的地域組織的形成與連結態勢。首先描繪漢人移墾臺灣的環境布景，再集中著色於彰化這區塊。其謂彰化平原上的福佬客大多來自廣東潮州府，而人口比例上較之於泉、漳兩州的移民為少的原因，主要是源於政治因素，即清廷所頒之禁海令。禁海令內容之一對移民來自地區的寬嚴限制不同，其中尤對廣東移民限制嚴苛，導致其地來臺人民在人數上處於劣勢。而當時臺灣社會常有大欺小的普遍現象發生，因此廣東移民來到彰化，常為當地占多數的泉州人所欺壓，加上全臺分類械鬥的勃發所導致的少數者自保效應之凝聚力強化，進而促成當地福佬客藉由家鄉的祖籍神信仰組織人群，並且以此為基礎，發展出三種類型的地域組織。

其分別為：（1）同姓氏的聯繫。即在彰化永靖地方的永安宮以三山國王的祭祀為中心，舉行俗稱的單姓戲（或稱字姓戲）的活動。（2）客家村落間的聯繫。所指為彰化地區的客家居民因入墾時期與路線的不同，而分屬同樣祭祀三山國王的兩個廟宇，所進行的進香與繞境活動。（3）超祖籍人群的聯合。則是由於彰化平原的漳州人和客家兩個集團的人口數不及泉州人，又因乾隆以後的分類械鬥不斷，是以漳客結合以抗泉，其表現為漳客聯結的七十二庄組織。[87]

以上簡要地擷取許文之大意。一言以蔽之，這篇文章對日後的福佬客研究深具學術性的啟發與典範作用，並且值得重申與注意的是，其文所表露出作為福佬客研究範本的貢獻與疏漏。在貢獻方面有兩項，一為讓學界正視福佬客的存在，使福佬客研究成為臺灣客家研究的重要議題之一。二是其研究展現了功過相抵的成果，其文中以三山國王作為客家祖籍神的假設，套用祭祀圈的理

---

87 許嘉明，〈彰化平原福佬客的地域組織〉，《中央研究院民族學研究所集刊》，第36期，1973。

論，細緻地討論福佬客構成的地域組織形態，因而強化了臺灣的祭祀圈論說。然而，其中亦有一可議之處，即是三山國王究竟是否為客家祖籍神？長久以來，在臺灣普遍的認知裡，三山國王為客家祖籍神的刻板印象是根深蒂固的，是以要回答這個問題，不甚容易，但是，長期關注三山國王的邱彥貴已為文指出「三山國王信仰確認不一定為客家所專屬」。[88] 因此，若拿三山國王的信仰作為檢證全臺所有的福佬客從客家走向福佬的歷史陳跡，使福佬客的身影更顯模糊難辨的可能性是存在的。充其量，可以這麼說，信奉三山國王的存有歸屬，某種程度聊備一格地慰藉了臺灣客家想像版圖的延伸與擴張。

而在疏漏方面，主要是對福佬客的定義不清與著墨不多。儘管，許文在開章明義的前言中清楚地揭示何謂福佬客，其言道：

> 行文中的粵籍居民或客家人，是指祖籍來自地為廣東省，原本操客家方言的居民，由於這些客家居民已經福佬化，故稱之為福佬客。調查期間發現彰化平原的客家居民，福佬化的程度已經相當徹底。田野工作中，已經找不到善操客家方言之人，且有一大部分的人甚至於不知本身原為客家人。[89]

但在文中又言及「潮州府在行政區分上屬於廣東省，若從語言上看則近似閩南語，因之又有福佬客的別稱。根據日據時期的調查（如表1），今之彰化縣境內的客家居民，很顯然的，祖籍潮州的所謂福佬客佔絕大多數」。[90]

從以上兩段字面文理顯示，客家人因已不會說客家話的福佬化而稱福佬

---

88 同註 86，頁 80。
89 同註 87，頁 165。
90 同註 87，頁 169。

客,與潮州府的語言近似閩南語而有福佬客別稱,這兩者的福佬客定義是有所不同的。並且隨著其對福佬客釋義的語意模糊,再加上其對彰化平原上的福佬客只羅列了屬客家村落的各姓氏,並未見細探祖籍地是否有粵籍客家和閩籍客家之分,而僅以絕大多數來自潮州府一語籠統之。衍生的問題是,不僅無法稍解彰化福佬客的成因與演變——當然許文的焦點不在此,而是闡述彰化平原的福佬客透過地域組織聯結來鞏固強化我群,但也因此更無法回答彰化的福佬客在我群強固的堡壘下,為何最終仍從客家認同走向福佬認同。

2. 宜蘭方面

提及宜蘭的福佬客,可能無法不提宜蘭客家研究推手的邱彥貴先生。或者應該這麼說,只要對臺灣福佬客感興趣者,皆很難略過邱彥貴的福佬客論述。如前已提,其人長期對三山國王信仰的關注投入,並探究三山國王信仰究竟是否為客家專屬,再到嘉義、雲林、彰化等地的福佬客發掘。循其探尋步履,即猶如參與臺灣福佬客的追蹤歷程一般。而 2004 年到 2005 年邱彥貴更以計畫主持人的身分,結合宜蘭在地的研究者或觀察者們,通力合作完成了厚厚兩大冊關於宜蘭客家的歷史與現況發展的名為《發現客家:宜蘭地區客家移民的研究》[91] 鉅著。

其書在最前面的摘要即開宗明義揭明:「由於清代入居宜蘭地區的客家,如今大抵呈現福佬客現象,而非一般認定的客家,故緒論以福佬客討論切入。再者,清代宜蘭地區的客家,迥然有別於全臺灣者,係其以閩籍客家為主流」。[92] 因此,儘管全書是採歷史為縱軸,而時間涵蓋了清代、日治,乃至於民國到現在,來瀏覽宜蘭客家各時期的不同變化與發展。但整體而言,其書

---

91 邱彥貴計畫主持、林怡靚等撰述,《發現客家:宜蘭地區客家移民的研究》,行政院客家委員會/國史館臺灣文獻館出版,2006。
92 同註 91,頁 11。

通篇仍不脫圍繞以福佬客為中心議題而展開的論述，主要原因可能是宜蘭客家的主體即是閩籍客家，加上閩籍客家在臺灣歷史洪流的福佬化宿命。

　　清代宜蘭的漢族族群結構是漳州人為主，泉州人次之，粵人最少。而《發現客家》指出，雖然宜蘭福佬客多由閩籍客家轉化而來，但也不乏因為官方政策移入的粵籍客家存在，是以書中先細細地辨明了閩籍客家與粵籍客家的分類區別。再說明宜蘭的閩籍客家組成為漳州客家和汀州客家，而逐一掃描宜蘭縣境內閩籍客家，依姓氏統計出的諸多各姓氏系譜，其來自與開枝散葉的來龍去脈，得出宜蘭閩籍客家大多為漳州客家中的詔安客。至於粵籍客家部分，清領臺灣之後，有為數不多的粵民隨漳州人吳沙所帶領的漢人拓墾團來到宜蘭，後來因為漳、泉、粵三籍分類械鬥的熾熱化，導致粵籍客家的他遷。日後宜蘭設有噶瑪蘭廳的治理單位，儘管官方有意的策略推動均衡漳、泉、粵三籍在宜蘭的態勢，而引進新竹的粵籍客民，但可能仍因分類械鬥的不斷發生，族群再次地消長整合，使得粵籍客家不復現身於今日的宜蘭。[93]

　　《發現客家》猶如歷史長河，汨汨地細數著宜蘭福佬客的前世今生，非本小節能娓娓訴盡，在此僅浮光掠影地簡要檢討書中第一篇清朝時期宜蘭福佬客的追索。簡而言之，其對於宜蘭福佬客的關注視野，基本上延續了彰化、雲林等地對福佬客的探尋，除了對臺灣漢人祖籍的重新廓清，以俾福佬客身分的明確認識外，更著力於蒐羅宜蘭各姓氏系譜，一一羅列排比；並且聚焦員山鄉大湖底聚落群的區域性家族史全面普查，嘗試重建宜蘭閩籍客家福佬化的過程與現狀。因此，綜覽文章脈絡，其由家族的角度切入，解構福佬客這課題的企圖，可說表露無遺。其將諸多姓氏系譜以地毯式搜尋集結呈現，以明宜蘭福佬客的根源出處的用意嘗試，可說是成功的。至少依其收集到的閩籍客家姓氏譜系比

---

93 同註 91，頁 52-127、155-210。

對統計的結果，宜蘭福佬客的主要構成是來自漳州詔安的客家。但僅止於此而已，仍餘留未竟之業。即是未充分運用系譜索引，深入追蹤解明各姓氏的拓墾詳情與社會連結。而專章針對區域性家族史的建構，也流於報導式敘述，缺乏分析論說的強度與觀點的提出，因而難以窺見閩籍客家福佬化的過程。

此外，全書各篇章不時用「過不過農曆正月二十日天穿日」的歲時節令作為檢索宜蘭客家的關鍵字之一。換言之，天穿日已成了驗明宜蘭客家正身的客觀標準要項。既然天穿日是如此重要的檢驗依據，但匪夷所思的是，全書卻不見關於天穿日習俗的深入探究。其書對天穿日僅為幾段片面的釋義與介紹：

> 廣義北臺灣的中桃竹苗等縣份的客家人，傳統上通行過陰曆正月二十日的「天穿日」，相傳當日為女媧補天日，由於天穿地漏，不用工作，因為做了也等於白做，徒勞無功。但此俗亦相當流行於宜蘭，員山鄉流傳有「天穿若去田裡工作，就做未出倉（米倉不會飽滿）」一語。1990 年代中期，筆者曾紀錄過員山鄉惠好村吧荖鬱耆老對此風俗的解釋，報導人並明白揭示此俗為客家與福佬的差別界線。這樣的看法絕非孤例，日後他人在吧荖鬱訪問的其他耆老亦同此說。而且察覺此舉非僅限一隅，補天穿風俗至少也遍見於員山鄉其他區域與宜蘭其他鄉鎮市。分布的祖籍人群不僅限於詔安李氏、黃氏、南靖簡氏等客家，甚至擴及漳浦祖籍的福佬人。[94]

另外，則是員山鄉大湖底聚落群的詔安客耆老們對過天穿日的片段零星卻不失生動的記憶描述道：

---

94 同註 91，頁 50。

根據菁仔腳陳氏第 16 世子孫中最高齡的陳石釜老先生（1918 年生）表示，他很小的時候父親即去世了，但 10 幾歲時他的伯父陳福能曾告訴他，他們「陳蔡」在大陸的祖先為客家人，所以他們有客家的血統。從那時候開始他才注意到，家中在農曆的正月二十，並沒有「播田」（即下田工作），而且大人會煮「菜頭飯」——就是用菜頭去炒些蔥頭、魷魚仔，然後摻米下去炒後再燜熟來吃，他說道：「客人仔上勤儉，整年做毋歇，所以上希罕天穿」，因為這一天不用工作，還可以四處晃盪遊玩。但這樣的傳統據他的印象大約在他約 20 歲左右就漸漸沒有了，而且家族中也少有人去提及。

對於垺仔底呂氏第 17 世呂茂東先生（1930 年生）而言，小時候就從長輩口中聽聞先祖為來自客家鄉的客家人，但對於習俗上比較有感於福佬人不同的，也屬正月二十過天穿的傳統。從他有印象起，天穿日就是所有族親聚會之日，大大小小準備水果、餅乾在垺仔底祖厝的公廳拜拜，晚上則辦桌聚餐，感覺上甚至比農曆年還熱鬧。⋯⋯。

⋯⋯。針對這點，第 19 世的游阿琳（1931 年生）表示，這可能與家族中從他有記憶以來，長輩就會對子孫提到祖先的源流，再加上從小以來，他們都了解正月二十家族得過天穿日的習俗，實源自客家例而非福佬例，所以他們姓游仔的子孫多半都知道自己為客家後代。提到天穿日，與游阿琳同年且同輩的游石炭描述小時候的情景，非常生動；他提到正月二十那天，女人們會煎菜頭粿煮菜頭糜（稀飯），拜些餅乾水果等，所以零食很豐富，男人們則趁著不用下田工作，就在家裡拿出碗公大玩骰子和玩輸贏小小的四色牌，一時整間屋子人聲鼎沸，鬧熱滾滾。時至今日，年輕人不作興這套，天穿

日除了老人家準備點水果拜拜外，氣氛早不若從前。[95]

　　從上文可以看出，在臺灣有過天穿日的族群，與其說是客家人，無寧說祖籍是福建的客家人和福佬人較為貼近事實。因為畢竟祖籍大多為廣東嘉應州梅縣與蕉嶺的臺灣南部六堆客家就沒有天穿日的風俗節令。再者，其上文雖提及「廣義北臺灣的中桃竹苗等縣份的客家人，傳統上通行過陰曆正月二十日的『天穿日』」，但是中桃竹苗等地客家的出自地亦有福建或廣東者，而究竟行天穿日此習俗者是來自福建的居多，抑或偏重來自廣東者，這點無從得知。因此，若沒有將實行天穿日的地區或族群辨析清楚，且不深究比對天穿日的慶祝內容是否各地皆然，而直接拿來作為衡量某地區的客家或福佬客的尺規，除了無法逼近研究對象的真相外，在分析理路上也是相當危險的。

　　實際上，關於天穿日的研究，囿於筆者見識短淺，目前所見僅為日本人類學者瀨川昌久在廣東所做的調查報告。有趣的是，其論文顯示天穿日的習俗並不行於客家集中地的廣東梅縣、蕉嶺等地，反而是盛行於本地人所居以廣州為中心輻射分布的廣東中部地區。鑑於對天穿習俗的釐清辨明，有助於客家相關議題研究的視野開拓，筆者茲將瀨川昌久對相關天穿節日的探究，摘譯如後：

　　在一些地方志所出現的「天機籟敗」，是同樣在正月中所舉行的歲時節令。例如《花縣志》（光緒一六年版）中有「十九日，仙姬大會，俗訛為天機籟敗。各懸蒜于門，謂之辟邪惡，烙糯粉為大圓塊，加針線其上，謂之補天穿。」即是所謂在門上掛蒜以驅逐邪惡，又在糯米所做的圓餅上插上針線以填補天空漏洞的歲時節令。又如【表

1】的康熙版《重修新安縣志》也記述有正月十九日爲「天機」，二十日是「籟敗」。在「籟敗」時不只掛蒜而已，還要在門口繞行紙船，各家主人並將「麻豆」置於船上送至郊外。麻豆即是麻的種子或豆子，被視爲麻疹等發疹性疫病的象徵，以此爲限，這樣的歲時節令可視爲一種禳災儀式。

然而，F.Blake 基於其在香港新界東部的西貢地區所做的調查，記述正月十九日所行的「天機節」既是祈求女性多產，亦爲召告雨季的到來＝農事開始的預祝儀式。具體而言，在這天各村的女性們會敬奉香、蠟燭、已料理好的雞肉或豬肉、果物，以及蒸好的「茶糕」糕餅等供品祭拜神明。同時，Blake 也提到這樣的儀禮只見於本地村落，而未見於客家的村落。

在筆者自身的調查地香港新界中部的八鄉地區，不論本地、客家，現在已無舉行所謂「天機」或「天機籟敗」的歲時節令的形跡。但是在部分的本地村落曾經有個每年一月二十日前後叫做「扒天機」的儀禮，一說是與農事開始有關的儀禮。上面所引《重修新安縣志》的記述，二十日的「籟敗」被認爲是禳災儀禮，而且也與同樣上面引用的《花縣志》一節裡的一月十九日是填補天空漏洞之「補天穿」日重疊，因此至少推測這樣的行事具有與 Blake 所謂「雨季的到來＝農事的開始」相關連的要素。根據葉春生關於廣州的年中行事的論考解釋，「天穿」日大約與二十四節氣的「雨水」重疊，是正值容易下雨的時期。所以，古人將此視爲天空開了一個洞之日，而盛行填補之的儀禮。

而「天機籟敗」究竟是否可算是豐穰儀禮，從『中國地方志民俗資料匯編・中南卷』的廣東省部分中挑出言及這行事的地方志，若在

地圖上標示其分布的話，如【圖 1】。其很明顯的是以廣州為中心
穩定分布在廣東省中部，而不見於被視爲客家中心的梅縣地區或東
江上流地區。因此可以推測這個行事與廣東本地人，特別是廣州的
本地人，有很強的關連。[96]

3. 恆春半島

趁著現今臺灣客家研究熱潮，倘若要到國際聞名的觀光勝地——墾丁之所
在地的恆春半島，一尋客家蹤跡，在客家已非陌生或隱匿的詞彙的時下，且熟
知恆春地理人文的人，可能會告知保力、滿州、永靖等地都是客家人分布的地
方。然而實地走訪，便會發現當地人幾乎成了鄉音已改，全用流利閩南話對談
的學界所認定的福佬客。

關於恆春半島客家的移墾來源和語言使用情形，近幾年來已有幾篇相關研
究報告詳細論之。綜合來說，有清一代，恆春地區的客家來歷多是來自屏東平
原上的內埔、萬巒、佳冬等鄉，換言之，恆春半島屬六堆客家的遷移外擴區域。
而有語言研究者對其地的歷史與語言的描述為：

> 另外在屏東縣滿州鄉恆春地區（保括車城鄉的保力村、統埔村和整
> 個滿州鄉境內）的福佬客有兩種情形：第一種是指清代從廣東省從潮
> 州府、惠州府和嘉應州的客家移民。這些客家移民已經不會客家話
> 了，平常交際都用閩南話。第二種是已經移居六堆的客家人，因爲二
> 次移民到恆春半島之後，使得自己原先使用的客家話在不同世代之

---

96 瀨川昌久，〈廣東漢族的文化的多樣性〉，《儀禮・民族・境界：華南諸民族「漢
化」的諸相》，（竹村卓二編，風響社，1994），頁 213-215。

間流失了，在新的地區完全改用閩南話。包括車城鄉的保力、統埔，滿州鄉境內各村落，以及恆春鎮上。在恆春地區這兩種福佬客的差別在於第一種福佬客所使用的閩南話當中已經沒有客家話殘餘的成分；而第二種福佬客所使用的閩南話還有一些客家話殘餘。[97]

　　雖然從研究者的敘述中，看不出當地居民是否認同研究者所界定的福佬客身分，但可以很清楚地，從語言的角度看到客家形象的逐漸褪去，而福佬文化浸淫日深之結果。依據日治時期的昭和 10 年（1935）恆春地區祖籍調查統計，其客家聚集地的客家人口數量來看，保力可算是恆春半島上數一數二的客家集中地（見表 1）。然而現今的保力，就筆者田野聞問的情況，僅餘兩三位年過七旬的老人會說客家話。換言之，時經 60 年的物換星移後，恆春半島的客家移民並未像原鄉的六堆一般，再創第二個六堆，反而是隱沒在福佬文化之中。究其原因，除了當地客家聚落分布鬆散，不易彼此連結外，其與母地六堆的距離太過遙遠，可能也是促使其快速福佬化的原因之一。

　　相較於位在全境為閩南語區的里港鄉，而屬客語孤島的武洛聚落，雖然被視為右堆的搖籃地，但現今行政的劃分和自然村的語言使用，武洛已與右堆的高樹有所阻隔，並非連成一氣，儼然成了客家孤島。儘管如此，武洛仍能保有客語的使用和客家文化的保持，除了與作為客家遷入地的保力不同的是，武洛是客家的遷出地，而具有相對地穩定因素外，又可能與鄰鄉的客家聚落距離並不太遠。諸如村落祭祀所需的行禮先生，若本身聚落已無傳承人手，還是可以從鄰鄉聘請。反觀保力，距離最近的六堆客家鄉鎮的佳冬，約有 46 公里之路

---

97 張屏生，《永靖和滿州兩地區福佬客的語言使用調查比較》，97 年度行政院客家委員會獎助客家學術研究，頁 4。

程，驅車前往，單趟至少要花上 40 分鐘以上的車程。因此，當文化承傳過程中自然的遺落發生時，與母文化的遠距離亦可能成為加速文化凋零的重要關鍵。因此可以這麼說，在時間與空間的諸因素交互作用下，恆春地區的客家即成為研究者眼中的福佬客。

表1：昭和十年恆春地區（恆春鎮、車城鄉、滿州鄉）祖籍戶數與大姓統計

庄名＼祖籍	福建	廣東	熟番	生番	不詳	總計	大姓
恆春街	126	29	0	0	144	299	陳、張、楊
山腳	52	5	6	0	47	110	陳、黃、楊
網紗	51	1	2	0	40	94	朱、尤、張
虎頭山	38	2	11	0	43	94	潘、楊、黃、張
貓仔坑	37	0	1	0	26	64	黃、莊、郭
上太平頂	174	0	7	0	99	280	張、尤、陳
下太平頂	86	1	0	0	71	158	陳、廖、盧、林
楝根林	75	2	0	0	53	130	龔、陳、尤、葉
龍泉水	185	0	1	0	138	324	張、吳、陳
大樹房	142	4	1	0	110	257	吳、陳、李
水泉庄	149	1	1	0	118	269	陳、林、吳
鼻子頭	70	2	3	0	53	128	趙、郭、陳
大坂將	24	2	22	0	35	130	潘、許
鵝鑾鼻	48	7	1	0	46	102	陳、張、朱
墾丁社頂	52	18	25	0	52	147	潘、陳、郭
統埔	11	46	1	0	42	100	林、張、黃

表 1：昭和十年恆春地區（恆春鎮、車城鄉、滿州鄉）祖籍戶數與大姓統計（續）

祖籍 庄名	福建	廣東	熟番	生番	不詳	總計	大姓
車城	195	1	0	0	155	351	林、黃、董
田中央	63	1	0	0	0	64	林、王、殷
海口	24	1	0	0	28	53	白、王、黃
四重溪	14	1	0	0	53	101	
保力	6	123	4	0	127	260	林、張、楊
山腳	0	9	0	0	8	17	傅、宋、張
竹社	0	3	11	1	8	23	潘、陳
滿州	13	80	35	3	85	216	潘、王、林
射麻里	39	74	64	1	102	280	潘、鍾、劉
港口	37	54	59	0	75	225	潘、曾、賴
九個厝	3	20	22	2	14	61	潘、謝、曾
響林	19	41	12	4	45	121	潘、洪、邱
九棚	14	11	20	0	25	70	潘、吳、洪
豬朥束	5	23	51	1	80	160	潘、曾、張

* 此表筆者根據黃啟仁碩士論文《恆春地區客家二次移民之研究：以保力村為例》，頁 19-20，改製而成。

圖1：保力的三山國王廟——保安宮
（2009／11／16，筆者拍攝）

圖2：保力張姓堂號，保持六堆慣有的「堂」字於書寫中。
（2009／11／16，筆者拍攝）

圖3：保力古姓堂號。
（2009／11／16，筆者拍攝）

圖4：保力古姓廳堂格局，與六堆客家廳堂陳設如出一轍。
（2009／11／16，筆者拍攝）

圖 5：保力古姓的祖先牌位，不論是其外形或其上的祖先名諱書寫，一應是六堆模式。
（2009／11／16，筆者拍攝）

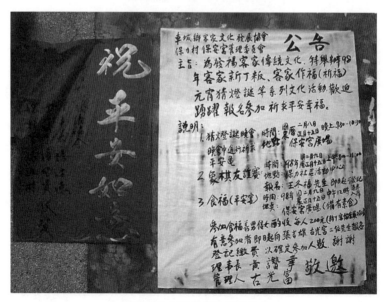

圖 6：保力新年祈福活動公告
（2009／11／16，筆者拍攝）

五、結語——客家界線的游移與想像

　　無論身為客家人所信仰的「真實」為何，不可否認的是，客家文化本身即充滿了游移與想像空間的「事實」。而能反映此一事實，大部分必須仰賴具體的文化表象來顯現。換言之，客家界線的游移與想像之空間如何，端視標示出的文化表象為何。

　　自羅香林以族譜、語言等，標出客家純粹漢族的優越性和中原正統性，並舉出客家有：（一）各家家人各業的兼顧與人材的並蓄。（二）婦女高度的勞動力與重要地位。（三）最是勤勞與潔淨。（四）好動與野心。（五）冒險與進取。（六）儉樸與質直。（七）剛愎與自用等七項特性特立於其他漢族，以顯其特殊性。[98]日後隨之演繹發展，從慣食乾飯、住土樓[99]、不纏足，到信仰三山國王等特定神祇的諸多文化表徵，在在都強化了羅香林力倡的優秀漢族血統和特殊的客家刻板印象，也因此客家界線相對地僵直和固定。

　　然而隨著 20 世紀後期，客家研究的新視野展開，原引以為豪的，諸如：族譜、語言，以及食、衣、住、行等文化表象，皆被同樣拿來一一檢證，以此

---

98 同註 2，頁 240-247。

99 關於土樓是否為客家所特有，在中國學界掀起了一番論戰。就歷史學者陳支平的田野觀察：「如閩西永定和粵東梅州一帶的客家住宅，有不少是圍樓、四方樓、土樓建築，富有特色，而在廣東中南、西部及廣西的客家區，卻看不到這種民居建築風格。這一帶的客家民居，與相鄰區域的非客家民居更為接近。相反地，永定客家的圍樓建築，在鄰近的漳州府南靖縣、平和縣、漳浦縣等閩南福佬區域，則是比比可見」。（陳支平，《客家源流新論》，（臺北：臺原，1998），頁 146。）而文化人類學者瀨川昌久對土樓有極為精闢的論述，其認為數百年來叢立於閩西山間地帶的圓型土樓，以客家傳統文化之姿重新被創造出來。（參見《中国、台湾、日本の學術書ならびに一般書における「客家」イメージの形成過程の研究》，平成16年度～平成19年度科學研究補助金（基盤研究（C）研究成果報告書），平成20年3月（2008），頁53。以及〈福建省南西部地域における客家と円型土樓〉，（《東北アジア研究》第5號，2001年3月31日。）

圖 7：福建南靖圓形土樓

（2003 ／ 8，筆者拍攝）

圖 8：福建田螺坑土樓

（2003 ／ 8，筆者拍攝）

作為客家與其他漢族支系無異，更與中國南方少數民族關係匪淺的明證，因而客家界線也隨之鬆動。一如瀨川昌久為現今的客家研究所下的註腳：

> 其中也重新認識客家與非漢族系的少數民族住民的關係或界線，為
> 歷來只有非常間接對話點的少數民族研究與客家研究，開啓了理解
> 並相互連攜的華南和中國全體的文化、社會之路。可以這麼說，其
> 意味著成立以來約 70 年的客家研究，已漸跳脫其「特殊」的研究領
> 域，進至中國人類學、民族學的研究的一般正確位置的可能地點。[100]

雖言研究上的客家試圖擺脫「特殊化」，是大勢所趨，但民間的客家是否與之相隨，這可能是有趣且複雜的探究。以臺灣的客家為例，除了至今一般客家人仍多以信奉三山國王為客家身分的依據明證，而今，政府公部門的促銷，又為臺灣的客家新創了幾種文化印記。諸如日治時期因戰爭需要，遍植在臺灣山區的油桐，恰與臺灣北部客家的居地有部分吻合，因此桐花成了客家公部門和電視媒體的代表圖騰。

再者，臺灣早期漢人社會，不論閩、客，皆喜用花朵圖案，色澤豔麗且繽紛的布料裁剪成生活用品。如被單或婦女農作時穿戴的布巾，以及小嬰兒的搖籃等。如今，此種布料，客家先聲奪人地命名為「客家花布」。

另外，屬歷史建築，有些已轉成燒金紙的金爐性質，舊時燃燒不用字紙的敬字亭，原本是漢人社會中普遍信仰儒教的文教類產物，亦因為在臺灣南部的客家村落，幾乎是一聚落一亭的型態矗立，因而被強調成專屬客家獨有的標的

---

100 瀨川昌久，《中国、台湾、日本の学術書ならびに一般書における「客家」イメージの形成過程の研究》，平成 16 年度～平成 19 年度科學研究補助金（基盤研究（C）研究成果報告書），平成 20 年 3 月（2008），頁 76。

物，又拜臺灣觀光產業的蓬勃發展之賜，如今敬字亭成了臺灣一般大眾對客家
的印象。

　　就臺灣漢人社會閩多客少的人口結構來看，如此建立客家的新表徵，看似
是急欲與閩南區別，以找到自己的定位。然而臺灣福佬客的存在，已然彰顯出
閩客雙方高度的流動與融合的事實。再者，臺灣的客家雖然致力認同自己是
「客家人」，並為自己在臺灣找一發聲位置的同時，卻也撕裂模糊了「臺灣人」
的意識認同。不像閩南人既可理所當然地自稱自己是「福佬人」，又能專用「臺
灣人」的稱呼。歷史反覆重演，可以這麼說，客家人至今仍尚未在名稱上獲得
一席之地，而客家界線的游移與想像依舊耐人尋味。

圖 9：美濃金瓜寮聖跡亭
（2005 ／ 11 ／ 16，筆者拍攝）

參考文獻

一、中文

林衡道，〈員林附近的「福佬客」村落〉，《臺灣文獻》14（1），1963。

邱彥貴，〈福佬客篇〉，《臺灣客家研究概論》，（徐正光主編，行政院客家委員會・臺灣客家研究學會合作出版，2007）。

邱彥貴計畫主持、林怡靚等撰述，《發現客家：宜蘭地區客家移民的研究》，行政院客家委員會／國史館臺灣文獻館出版，2006。

張屏生，《永靖和滿州兩地區福佬客的語言使用調查比較》，97年度行政院客家委員會獎助客家學術研究。

許嘉明，〈彰化平原福佬客的地域組織〉，《中央研究院民族學研究所集刊》，第36期，1973。

許懷林，〈關於客家源流的再認識〉，《客家研究輯刊》，1998年第1、2期。

陳支平，《客家源流新論》，臺北：臺原，1998。

黃啟仁，《恆春地區客家二次移民之研究：以保力村為例》，國立臺南大學臺灣文化研究所碩士論文，2007。

劉鎮發，〈"客家"：從他稱到自稱〉，《客家研究輯刊》，1998年第1、2期。

謝重光，《畬族與客家福佬關係史略》，福州：福建人民，2002。

魏德文、高傳棋、林春吟、黃清琦，《測量臺灣：日治時期繪製臺灣相關地圖1895-1945》，臺北：南天，2008。

羅香林，《客家研究導論》，臺北：南天，1992。

羅香林編纂，《香港崇正總會三十週年紀念特刊》，（香港崇正總會出版，1950年12月）。

《辭源（大陸版）》，臺北：遠流，1988初版一刷／1992初版十一刷。

二、日文

《アジア文化》二十三號，アジア文化總合研究所出版會，1998.9。

王賢賀，〈日本「客家研究」泰斗中川學教授〉，《アジア文化》二十三號，アジア文化總合研究所出版會，1998.9。

菊池秀明，《廣西移民社會と太平天國》，東京，風響社，1998。

周達生，〈客家文化考：衣・食・住・山歌を中心に〉，《國立民族博物館研究報告》7 卷 1 號，1982。

戴國煇，《台湾と台湾人：アイデンテイテイを求めて》，〈「客家」とは何か〉，（研文出版，1979 初版第 1 刷，1991 初版第 6 刷）

中川學，〈華人社會と客家史研究の現代的課題〉，（戴國煇編《東南アジア華人社會の研究・上》アジア經濟研究所，1974）。

_____，〈客戶と客家の史的関連〉，《一橋論叢》，第七十二卷第一號，1974。

_____，〈中国・東南アジアにおける客家の歴史的位置について〉，《一橋論叢》，第六十九卷第四號，1973。

_____，〈中国客家史研究の新動向〉，《一橋論叢》，第 77 卷，第 4 號，1977。

_____，〈唐末梁初華南の客戶と客家盧氏〉，《社會經濟史學》，三三卷五號，1967。

中川學編著，《客家論の現代的構図》，アジア政經學會，1980。

渡邊欣雄，《漢民族の宗：社會人類學的研究》，〈台湾南部客家人の正月節：頭崙村の生活と儀禮〉，第一書房，1991。

飯島典子，《近代客家社会の形成》，東京：風響社，2007。

片山剛，〈清代中期の廣府人社會と客家人の移住：童試受驗問題をめぐって〉（收入山本英史編，《傳統中國の地域像》，慶應義塾大學出版會株式會社，2000。）

末成道男，〈祭祀圈與信者圈：基于臺灣苗栗縣客家村落的事例〉，《聖心女子大學論叢》第 73 集，1989。

_____，〈村廟と村境：台湾客家集落の事例から〉，《文化人類學 2》Vol.1/No.2/1985。

_____，〈台湾漢族の信仰圈域に：北部客家村落の資料を中心に〉，《国立民族學博物館研究報告別冊》，14 號，1991。

蔡驎，《汀江流域の地域文化と客家》，東京：風響社，2005。

瀨川昌久，〈畬族の漢化とアイデンティティー〉，《東北大学教養部紀要》，第 56 號，別刷，平成 3 年 12 月（1991）。

＿＿＿＿，〈福建省南西部地域における客家と円型土樓〉，《東北アジア研究》第五號，2001 年 3 月 31 日。

＿＿＿＿，〈廣東漢族的文化的多樣性〉，《儀禮・民族・境界：華南諸民族「漢化」的諸相》，（竹村卓二編，風響社，1994）。

＿＿＿＿，《客家：華南漢族のエスニシテイーとその境界》，東京：風響社，1993。

＿＿＿＿，《族譜：華南漢族の宗族・風水・移住》，東京：風響社，1996 年 10 月。

＿＿＿＿，《中国、台湾、日本の学術書ならびに一般書における「客家」イメージの形成過程の研究》，平成 16 年度 - 平成 19 年度科學研究補助金（基盤研究（Ｃ）研究成果報告書），平成 20 年 3 月（2008）。

瀨川昌久編，《海南島の地方文化に関する文化人類学的研究：日中仏国際共同学術調査成果》，東北アジア研究センター叢書，第 25 号，2007。

19 世紀西方人眼中的臺灣 Hakka[*]

林正慧

一、前言

西文所用的 Hakka 一詞何時在歷史上出現，是個有趣的課題。針對西方人 Hakka 知識觀究竟如何生成之課題而進行研究者，日人飯島典子改寫自其一橋大學博士論文的《近代客家社會の形成：「他称」と「自称」のはざまで》一書應是第一個有系統的相關論述。該書的問題意識建立在質疑客家是否為一個理所當然的具有整體性的實體，並以四個面向來檢討此問題，其中第一個面向就是「傳教士文書中的客家」。飯島典子認為客家的起源有三個階段，即西方傳教士的發現、中國官方的囑目，及客家群體的自我認同。她利用自傳教士郭士立以來與巴色會相關的傳教士紀錄進行相關研究，並推測 Hakka 一詞始用於西方傳教士，約於 1860 年以後才問世。[1]

此外，施添福「從『客家』到客家」系列文之二〈粵東「Hakka‧客家」稱謂的出現、蛻變與傳播〉更是篇剖析 Hakka 一詞如何在華生成與蛻變的力

* 本文曾獲客委會 2010 年學術研究獎助。因收錄於本專書，略做增刪，謹此說明。作者林正慧現任中央研究院臺灣史研究所助研究員。
1 飯島典子，《近代客家社會の形成：「他稱」と「自稱」のはざまで》（東京都：風響社，2007 年），頁 62-65、227-230。

作。該文從明中葉以降廣東惠州、廣州、肇慶等府的移民史切入，探討這些地區土著對異邑移民的各種客稱與這些客稱被貶義化的過程；其次著力於析論歐美傳教士鑄造「Hakka·客家」標記及其傳播的過程。該文認為 19 世紀中葉後，經來華的西方傳教士，按照廣府方言發音，以羅馬字拼寫成「Hakka」後，再經由對「Hakka·客家」源流、方言及其他社會文化特徵的深入研究與報導，將「Hakka·客家」標記向西方世界傳播，促使「Hakka·客家」由中性轉向具有優質漢人種族屬性的意涵，逐漸為客家知識界、政治或軍事菁英所接受，作為自我認同意識的標籤。[2]

　　由上可知，Hakka 一詞是 19 世紀來到中國的西方人對廣東客方言人群的認知，因此這個用語出現的歷史，和論及客家源流總從久遠久遠談起大不相同。19 世紀中葉臺灣開港後，西方的傳教士、商人、探險家陸續來臺，留下不少遊歷紀錄，其中不乏對臺灣 Hakka 的描述。由於 Hakka 指的是說客方言的人群，與清領臺之後官方文獻中慣用閩人、粵人等分類在臺漢人的語詞意涵不盡相同。因此本文認為若能了解 19 世紀來臺西方人如何描述臺灣 Hakka，從這個角度切入了解客家，應該會有有趣的收穫。本文的重點將先釐清 19 世紀西方人如何建構其對 Hakka 的認識，在此基礎上，進一步探究臺灣開埠後來臺的西方人，是如何將此 Hakka 認知帶至臺灣，以及他們眼中的臺灣 Hakka 呈現何種面貌。

---

2 施添福，〈從「客家」到客家（2）：粵東「Hakka·客家」稱謂的出現、蛻變與傳播〉（以下簡稱〈從「客家」到客家（2）〉），《全球客家研究》，第 2 期（2014 年 5 月），頁 1-2。

二、西方人 Hakka 知識觀的建立

　　在鴉片戰爭之前，雖然清政府實施嚴厲的禁教政策，且僅限於廣州正口通商，但由於 19 世紀上半葉的西方，海外傳教運動興起，不少宣教組織已經多方嘗試入華傳教。1807 年，英國倫敦會（London Missionary Society）傳教士馬禮遜牧師（Rev. Robert Morrison）抵達廣州，揭開近代西方基督新教到中國傳播的序幕。但由於當時傳教士們只能在南洋的傳教基地學習漢語、翻譯聖經、撰寫傳教手冊、創辦中文刊物等，或是在廣州外國人區域和澳門活動，很少能夠深入中國內地。[3]另外一個值得注意的是，當時來到華南的西方人們所接觸的漢人主要以說粵方言的廣府人為主。[4]

　　德籍傳教士郭士立（Karl Friedrich August Gutzlaff，英文名寫作 Charles Gutzlaff 1803-1851）應該是荷蘭人退出之後，最早來到臺灣的新教宣教師。[5]他於 1827 年經荷蘭傳道會遣往爪哇（Java）傳教，之後轉往檳榔嶼（Penang Island）及新加坡、馬六甲（Malacca）等地向中國移民傳教，並積極學習中文。1829 年脫離荷蘭傳道會，開始自立傳道。[6]1830 年轉往暹羅，除進行傳教與行醫外，仍繼續學習漢語，對中國官話、廣州、福建方言都有一定的認識。[7]1831

3 朱峰，《基督教與海外華人的文化適應：近代東南亞華人移民社區的個案研究》（北京：中華書局，2009 年），頁 7-8。
4 莊初升、劉鎮發，〈巴色會傳教士與客家方言研究〉，《韶關學院學報（社會科學版）》，第 23 卷第 7 期（2002 年 3 月），頁 1-8。
5 賴永祥，〈史話 085 沿海傳道家郭實臘〉，《教會史話》，第 1 輯，收入「賴永祥長老史料庫」網站：www.laijohn.com/BOOK1/085.htm（2010 年 9 月 21 日點閱）。
6 李志剛，〈郭士立牧師在港之歷史及其所遺中文資料〉，收入氏著，《香港基督教會史研究》（香港：道聲出版社，1987 年），頁 67；吳義雄，《在宗教與世俗之間：基督教新教傳教士在華南沿海的早期活動研究》（廣州：廣東教育出版社，2000 年），頁 91。
7 吳義雄，《在宗教與世俗之間》，頁 91。

年前往中國遊歷，經海南、南澳、廈門、臺灣、定海、大沽、天津，於 12 月抵達澳門。[8] 郭士立曾於 1831 年 7 月 31 日第 1 次抵臺，之後又在第 2 次航海中跨過澎湖及安平之地。[9]

　　郭士立曾在許多著述資料中留下幾則與「客」相關之記載。如在 1834 年出版的 *The Journal of Two Voyages Along the Coast of China in 1831 & 1832* 一書中，提到他在泰國遇到「一部分的廣東種族，被稱為 Kih or Ka，他們主要是工匠」。[10] 或如在 *China opened* 一書中，注意到廣東有被稱為「Kea-jin」（客人）的一群人：

> 在廣東（Kwang-tung）僑民中，有說著與北京官話相似方言的「客
> 人」（the Kea-jin people），他們是優秀的職工與農作者，但很少從
> 事商業活動。他們居住於臺灣的內陸，在曼谷（Banca）擔任礦工，
> 並且已經在荷蘭殖民地附近的印尼龐蒂雅娜（坤甸，Pontianak）的
> 婆羅洲（Borneo）形成共和國。[11]

　　郭士立以他遊歷東南亞及中國沿海各處的經驗，為我們留下十分珍貴的記事，他的觀察細緻而獨到，給了我們很多啟發。其一，由於他此前所走訪過的

---

8 吳義雄，《在宗教與世俗之間》，頁 92-93。

9 George Williams Carrington, *Foreigners in Formosa*, 1841-1874 (San Francisco: Chinese Materials Center, 1977), pp. 11-14.

10 Charles Gutzlaff, *Journal of Three Voyages Along the Coast of China: in 1831, 1832, & 1833*, with Notices of Siam, Corea, and the Loo-Choo Islands (London: Frederick Westley and A. H. Davis, 1834), p. 29.

11 Gutzlaff, *China Opened: or, A Display of the Topography, History, Customs, Manners, Arts, Manufactures, Commerce, Literature, Religion, Jurisprudence, etc., of the Chinese Empire* (London: Smith, Elder and Co., 1838), p. 132.

客方言人群，可能與閩南方言人群比較有接觸，或是郭本人對閩南方言比較了解，可以看出 1830 年代時期，其所認知的客方言群，是以閩南音標記，不同於日後的 Hakka。其二，他在東南亞、廣東、臺灣，看到不同方言人群的相處，當時對各地的客方言人群，尚未形成統一的名稱或定義。其三，1830 年代，傳教士對於被稱為「客」的人，尚沒有稱讚或偏見，多只是一般性的客觀描述。其四，他可能是第一個點出客方言接近北京官話的西方傳教士。最後，他注意到了臺灣有客方言人群的事實。

　　除了郭士立外，施添福另引美國歸正會牧師 E. Doty 和 W. J. Pohlman 記述他們 1838 年一趟婆羅洲旅程中，多次遇見說客話的人群，稱他們為 Khen（閩音）。即如施添福的研究顯示，1840 年以前所見傳教士的著作中，Hakka 一詞尚未出現，傳教士對於中國華南沿岸或移居南洋泰國、婆羅洲一帶的客方言人群，除了以官話拼音為「Kea-jin people」（客人）外，主要是依據福老人的習慣，稱為「kih」、「ka」、「khen」或「khen men」。[12]

　　由上可知，西方教會入華之初，對於廣東省一帶的客方言人群並非一開始即以「Hakka」定名。由於廣東省有三大方言人群，因此 1840 年代以後，入華傳教士對客方言人群的稱述，最初呈現閩南音與廣府音並陳的情形，如美國浸禮會傳教士羅孝全在 1843 年寫的報告中，有時稱為 Kek，有時稱為 Hak-kah。1854 年韓山文在所著《太平天國起義記》中，稱客方言人群為 Hakka、Kheh-Kia 或 Khih-Kia，亦是根據不同方言群的發音，以羅馬字拼寫而成。英國長老教會傳教士賓威廉曾於 1858 年 9 月間碰到一位曾經移居南洋邦加（Banca）和新加坡，並皈依天主教的年輕大埔客人，他稱該客人為「Hakka people」，並指出廣府人稱客人為「Hakka」，但潮汕人稱為「K'heh」。長老

---

12 施添福，〈從「客」到客家（2）〉，頁 52-53。

教會派駐汕頭的傳教士施饒理（G. Smith）在一份 1865 年惠來縣葵潭巡迴佈道途中所寫的報告，稱客家為 Hakka 或 khen，並指出客家自稱 khak。[13]

　　然而由於以客區為主要傳道對象的巴色會逐漸傾向以 Hakka 定稱，如巴色會傳教士黎士基以羅馬字客話翻譯《馬太傳福音書》於 1860 年出版，是最早出版的羅馬字本的客方言聖經，該書扉頁並註明「客家俗語」四字，是目前所見將 Hakka 聯結上漢字客家的第一部著作。此後，從巴色客家差會開始，即依據 Ledpsius 拼音系統，以及廣府人的稱謂和發音為準，將客家的羅馬字拼音，固定為 Hakka 或 Hak-ka。[14]

　　巴色會傳教士們不僅經由方言來辨認客家的存在，並積極研究他們的各種文化和社會活動的特徵。如巴色會傳教士 Ernest J. Eitel 於 1867 年在 *Notes and Queries on Chna and Japan*（中日釋疑），分 6 期連載 "Ethnographical Sketches of the Hakka Chinese"（客家人種誌略）。該文開宗名義表明「The word Hakka, 客家 , means "strangers" or "foreigners"」。[15]1873 年，Eitel 又在《中國評論》發表〈客家歷史綱要〉，指出寫作這篇文章的目的旨在「為這個非凡的種族編寫一部早期簡史」，因為在太平天國運動爆發之前，甚至在客家人的文學創作中，都沒有關於這個種族以往歷史的任何記載。

　　Eitel 之外，另一位巴色會傳教士 Charles Piton 也關注客家源流及相關問題，Piton 於 1864 年來華，抵達香港後，立即被派往廣東嘉應等客家地區傳教，達 7 年之久。Piton 曾於 1874 年撰寫 "On the Origin and History of the

---

13 施添福，〈從「客家」到客家（2）〉，頁 55、57-58、60。

14 施添福，〈從「客家」到客家（2）〉，頁 64。

15 Eitle, "Ethnographical Sketches of the Hakka Chinese, Article II., The Hakka Dialect compared with the dialects of the. other races inhabiting the Canton Province," *Notes and Queries on China and Japan* 1.6 (1867): 65.

Hakkas"（客家源流與歷史）一文，指出根據客家族譜，客家祖先原居於福建
寧化石壁村，唐末時因黃巢叛亂開始南遷。Piton 認為 Hakka 人是「漢族的真
正子孫」，也主張客家方言與漢族方言極為相似。[16] 這些巴色會傳教士積極為
華南的 Hakka 溯源，且頗多溢美之辭。因此，施添福認為經由這些傳教士對
「Hakka・客家」源流、方言，以及其他社會文化特徵的深入研究和文字報導，
使「Hakka・客家」由中性轉向具有高貴漢人種族屬性的意涵，亦將此「Hakka・
客家」標記向西方世界傳播。[17]

　　1896 年，漢語方言學家馬倫篤夫（P.G. Von Mollendorff）初步完成漢語方
言的分類，其中將粵方言分為廣府、客家，並使用「Hakka（客家）」的標記
方式，使客家成為與其他漢方言並列的名稱，[18] 顯示 Hakka 不僅已是西方世界
對華南客方言人群的定名，而且已成為漢語方言分類的學術語詞。

三、19 世紀西方人對臺灣 Hakka 的認識之一： 　華南 Hakka 知識觀的移植

　　自從荷蘭人離開福爾摩沙後，直至臺灣開埠前幾年之間，外界對於福爾摩
沙一直所知無多。此後一直到臺灣開埠的 1860 年代之前，關於臺灣，西方的
了解比較多是船難的零星記述。當時只要有船隻在臺灣海峽附近遇難，西方世
界多會將焦點集中於臺島，認為臺灣島是所有船隻失蹤的禍首，許多恐怖的故
事被流傳著。[19]

---

16 Charles Piton, "On the origin and history of the Hakkas," *The China Reivew* 2 (1874), pp. 222-226.

17 施添福，〈從「客家」到客家（2）〉，頁 2、7。

18 施添福，〈從「客家」到客家（2）〉，頁 64。

19 Chantal Zheng 著，鄭順德譯，《19 世紀歐洲人在臺灣》（臺北：南天書局，1999 年），頁 51-52。

　　臺灣開放為通商口岸，分列於 1858 年中國與俄、美、英、法在天津訂立各約中。中法天津條約（第 6 款）更增淡水一口。1860 年中英法「北京續約」成立後，英國副領事郇和（Robert Swinhoe）[20] 即於 1861 年 7 月抵臺，原欲在臺灣府設館，因民情不善，兼之水土不服，乃先返廈門，11 月轉往淡水設洋關開市。臺灣既開埠，各國商船紛紛而來，清政府則准設臺灣新關，隸屬總稅務司赫德（Robert Hart），而以雞籠（基隆）為淡水外口，打狗（高雄）為臺灣府外口，於各口設關，並置副稅務司 1 名，專管四口稅務。於是臺灣一島商埠，名為二口，實為四口，且深入艋舺內地。禁教令之弛廢及開埠，為西方宗教再傳入臺灣鋪了路。天主教於 1859 年捲土重來，英國長老會則於 1865 年入臺設教。[21]

　　換言之，從天津條約簽訂的 1858 年之後，對西方世界而言，臺灣不再神祕而遙遠。由於當時的臺灣茶、樟腦貿易正興，加上有豐富的礦藏利源，且生態原始而多樣，因此吸引許多商人、洋行、動植物採集者、探險家及傳教士的到訪，開啟自荷蘭時代後再度與西方世界廣泛接觸的時代。於是，有人說 19

---

20 郇和（Robert Swinhoe, 1836-1877），英國植物學家，18 歲投入英國駐華外交圈，20 歲首次來臺，在新竹湖口一帶進行「尋人」祕密任務，順便採集博物。1857、1858 年兩度環臺搜尋歐美船難漂民，並偵測民情，探勘海岸與礦產。1861 年 7 月派駐臺灣府（臺南），12 月 20 日直接從廈門轉到淡水開館。1862 年 4 月，逕赴大漢溪上游探訪泰雅族大料崁群奎輝社；5 月離臺返倫敦養病。1864 年 1 月 31 日再度回到淡水。5 月三度探訪蘇澳；7 月赴澎湖及南部搜尋茶船 Netherby 失事事件，與排灣族有所接觸。11 月初從廈門移駐打狗，在英商顛地洋行（Dent & Co.）集貨船三葉號（Ternate）上，達半年之久。1865 年 5 月初改租高雄哨船頭東側山丘處天利行（McPhail & Co.）民宅為館舍。後升任領事。1866 年初探訪茖濃溪、六龜；2 月底調派廈門，4 月正式接任駐廈門領事。1867 年 8 月曾至澎湖探勘煤礦；1868 年 12 月至翌年 1 月底，及 1869 年 6 月兩度以臺灣領事名義來臺處理「英船砲擊安平事件」（樟腦事件）善後事宜。陳政三，《翱翔福爾摩沙：英國外交官郇和晚清臺灣紀行》（臺北：臺灣書局出版有限公司，2008 年），頁 2-5；Otness, One Thousand Westerners in Taiwan; A Biographical and Bibliographical Dictionary, pp. 151-153.

21 賴永祥，〈096 臺灣之開埠〉，《教會史話》，第 1 輯，收入「賴永祥長老史料庫」網站：www.laijohn.com/BOOK1/096.htm（2010 年 9 月 21 日點閱）。

世紀是西方宗教在臺灣紮根與發展的主要年代，[22] 或言是外國探險家黃金時代
的開始。[23] 這些西方探險家、商人、傳教士和外交使節等常在走訪臺島之後，
留下種種遊歷紀錄，本節將在前文討論的基礎上，嘗試蒐羅 19 世紀西方人對
臺灣記述中與 Hakka 有關的部分，藉以了解 19 世紀來臺的西方人眼中的臺灣
Hakka 究竟呈現怎樣的生活面貌。

如前所述，Hakka 在當時是確立未久的人群概念。而本文所言之「Hakka」
知識觀，主要是指源於華南對 Hakka 的認知概念，諸如 Hakka 一詞之使用、
Hakka 是廣東省的方言群之一，與廣府方言的本地人關係不睦，或是強調
Hakka 係由北方南遷的漢人，方言與官話相近，乃至蔑稱 Hakka 為非漢等等。

臺灣開港後，西方人來臺施設的如海關、領事機構，皆是由華南的相關單
位派遣設置。西方宗教的布教，亦是由華南的傳教地點先行訓練或了解狀況
後，再派至臺灣。如就英國基督教長老教會而言，其臺灣傳教係由廈門宣教
會的分支來華宣教。英國長老教會來華宣教始於 1847 年，由賓威廉（William
Chalmers Burns, 1815-1868）受聘為其第一任海外宣道師。主要以閩南（1850 年
入廈門）、粵東（以汕頭、潮州、汕尾為中心）等地為主。1860 年，駐廈門的
宣教師杜嘉德牧師（Rev. Carstairs Douglas）曾來臺灣訪問，便建議英國總會在
此傳教。第一位被派來臺灣的長老會宣教師馬雅各（J. L. Maxwell）[24] 於 1864 年
年初先到廈門學習閩南語，為往臺宣教預作準備，同年抵臺展開宣教工作。之

---

22 W. A. Pickering 著，陳逸君譯，《歷險福爾摩沙》（臺北：原民文化，2004 年），
頁 84。
23 劉克襄，《探險家在臺灣》（臺北：自立晚報，1988 年），頁 6。
24 馬雅各醫生（James L. Maxwell, 1865-1871、1883-1885 年在臺），蘇格蘭人，1863
年受派為英國長老教會海外傳教師，也是英國長老教會第一位派駐臺灣的海外宣教
師。吳學明，《近代長老教會來臺的西方傳教士》（臺北：日創社文化事業有限公司，
2007 年），頁 39。

後英國總會先後派出甘為霖（Rev. W. Campbell）、[25] 李庥（H. Ritchie）等人，當時宣教對象以平埔族人為主。1872 年，加拿大長老教會也派人來臺宣教，以北部為主要範圍，其中以馬偕醫生（Rev. L. G. Mackay）居功厥偉。[26]

天主教曾於 17 世紀西班牙占據北臺時傳入臺灣，1641 年經荷蘭人逐出後則告中斷。天津條約締結後，天主教士乃捲土重來。咸豐 8 年（1858），菲律賓道明會（Dominican）決定來臺佈教，派郭得剛（Fernande Sainz）及杜篤拉（Joseph Duttoras）兩神父先赴廈門；郭德剛神父於 1859 年 6 月自廈門赴臺，開始在高雄前金庄展開傳教事業。1860 年在前金庄建立了第一座天主堂，[27]

---

25 甘為霖（Rev. W. Campbell），1871 年受英國長老教會差派來臺宣揚福音，為該會第 2 位來臺牧師。1871 年年底至打狗，參與宣教工作，隨即至臺灣府，以臺灣府為中心拓展傳教工作。前後在臺 46 年（1871-1917），與馬偕被視為南北教會兩大柱石。1873 年 10 月，與史蒂瑞、英國駐打狗海關代理幫辦 T. L. Bullock 等人，一同從臺南北上，遊歷嘉義、日月潭、埔里、霧社、彰化等地，再經苗栗、新竹、大溪，抵達淡水，拜會馬偕牧師（G. L. Mackay）。後與馬偕一起到內陸的鄉鎮地區傳福音。幾年之後，再次繞道噶瑪蘭平原，第 2 次拜訪馬偕。Geogre Leslie Mackay 原著，林晚生譯，《福爾摩沙紀事：馬偕臺灣回憶錄》（臺北：前衛出版社，2009 年），頁 315；李金強，〈從《教務雜誌》（Chinese Recorder）看清季臺灣基督教的發展〉，收於氏著，《聖道東來：近代中國基督教史之研究》（臺北：財團法人基督教宇宙光全人關懷機構，2007 年），頁 91-92；孫慈雅，〈昇自瘧患中的奎寧樹：宣教士甘為霖的歷史之旅〉，收入劉克襄，《探險家在臺灣》，頁 71-79；吳永華，《臺灣特有植物發現史》（臺北：晨星，2006 年），頁 43-44。

26 吳學明，《近代長老教會來臺的西方傳教士》（臺北：日創社文化事業有限公司，2007 年），頁 2-43。馬偕牧師（George Leslie Mackay, 1844-1901），漢名「偕叡理」，是加拿大長老教會派至海外的第 1 位宣教師，於 1871 年 12 月 30 日抵達打狗，1872 年 3 月 7 日在李庥牧師、德馬太醫生陪同下，於 1872 年 3 月 9 日抵達淡水，在臺灣宣教長達 29 年之久，共設立教會達 60 餘所，施洗信徒幾達 4,000 人。1901 年 6 月 2 日因喉癌病逝，葬在淡水。參見 Mackay 原著，林晚生譯，鄭仰恩校注，《福爾摩沙紀事：馬偕臺灣回憶錄》（臺北：前衛出版社，2009 年），頁 329-359；吳永華，《臺灣動物探險：十九世紀西方人在臺灣採集動物的故事》（臺北：晨星出版有限公司，2001 年），頁 129-130。

27 此堂原本規模不大，同治元年（1862）改以紅磚、咾咕石及三合土建造，命名為玫瑰聖母堂。後於 1928 年重建，採後期文藝復興時期建築，可惜在太平洋戰爭中被炸毀。戰後重修，正門上尚掛有 1864 年咸豐帝頒賜「奉旨」牌一方。賴永祥，〈093

並於 1861 年深入萬金庄（今屬屏東縣萬巒鄉），向當地的平埔族傳教。[28]

以上不贅其煩地說明開埠後來臺的西方人多經華南而來，主要是因為這樣的經歷過程，十分可能影響他們對臺灣人群的認知。最明顯的部分表示在來臺西方人對 Hakka 一詞的使用。

臺灣開埠前，西方文獻對來臺漢人的表述方式，多是以中國官方用詞的「閩粵移民」稱之。如 1836 年 The Chinese Repository（中國叢報）1 則關於中國的報導，在提到臺島動亂時，對來臺的漢人是以「the Fuhkeeu and Canton emigrants」或「Fuhkeen and Canton settlers」等字眼表述。[29] 從官府視角，以閩粵移民稱之的情形，在中文文獻中從清領臺之後，以迄清末，皆是如此。即中國官方多以籍貫或行政區界來分類所統治的人民，西方的用語原本沿之，但 19 世紀中葉臺灣開埠後，來臺西方人對臺灣客方言人群的表述方式有了很大的轉變，皆一律稱之為 Hakka 或 Hakkas。如甘為霖牧師言，「漢人由超過 200 萬的福建移民或後代，以及大約 25 萬名廣東省來的 Hakkas 所組成」；[30] 或如法國出版的《福爾摩莎考察報告》中言「從語言和習俗方面來看，本地居民可分成兩類：原籍福建的 Haklos 和從兩廣來的 Hakkas」。[31]

天主教捲土重來〉，《教會史話》，第 1 輯，收入「賴永祥長老史料庫」網站：www.laijohn.com/BOOK1/093.htm（2010 年 9 月 21 日點閱）。

28 天主教神父於萬金一帶的傳教成績甚好，不到一年就獲得力力、赤山、加匏朗三社二百餘人成為信徒。初有一小堂，於同治 8 年（1869）12 月正式修建，次年 2 月 8 日完工，即為今日之萬金天主堂，是臺灣現存最古老的天主堂。參見賴永祥，〈093 天主教捲土重來〉，《教會史話》，第 1 輯，收入「賴永祥長老史料庫」網站：www.laijohn.com/BOOK1/093.htm（2010 年 9 月 21 日點閱）。

29 "Notices of Modern China," *The Chinese Repository* 4 (1835.5-1836.4), pp. 496-497.

30 William Campbell, *Sketches from Formosa* (Taipei: Ch'eng Wen Publishing Company, 1972; Original edition published Marshall Brothers, Ltd., 1915), p. 249; Campbell 著，阮宗興譯，《素描福爾摩沙：甘為霖臺灣筆記》（臺北：前衛出版社，2009 年），頁 239。

31 Reginald Kann 著，鄭順德譯，《福爾摩莎考察報告》（臺北：中研院臺史所籌備處，2001 年重印 1905 年版），頁 63、227。

　　除了直接以 Hakka 稱述臺島的客方言人群外，當時來臺的西方人也用他
們對華南 Hakka 的既有認知來理解與描述臺灣的客方言人群，以下分述之。

（一）強調 Hakka 的遷徙歷史

　　如 Hellmuth Panchow 提到「Hakka 是中國人口中的一部分，是以遷移的人
為名，即為客人（guest people）之意，來自中國北方，但較晚遷至南方各省」；
[32]《福爾摩莎考察報告》稱「Hakkas 是中國南方一個特殊社會等級成員的後
裔，被人瞧不起，其中一大群在中國剛開始殖民時，逃難到福爾摩沙」；[33] 柯
勒（Arthur Corner）[34] 表示 Hakkalis 是「遷徙的民族，散居在整個大陸，尤其
是廣東省南部」。[35] 瓦伯格（Otto Warburg）[36] 則形容 Hakkas「起源神秘，且
多災多難」；[37] 李仙德（C. W. Le Gendre）[38] 言 Hakkas「是廣東省內長期被迫

32 Hellmuth Panchow, "Die Bevölkerung Formosas," [The Population of Formosa], in
　　"Annotated bibliography of 19th Century German articles concerning Taiwan (Formosa),"
　　Compiled by Douglas Fix, With summaries by Tina Schneider, Formosa Nineteenth
　　Century Images: hap://cdm.reed.edu/cdm4/document.php?CISOROOT=%2Fformosa&CIS
　　OPTR=1555&REC=1&CISOBOX=reclus(14th May, 2014), p. 62.

33 Kann 著，鄭順德譯，《福爾摩莎考察報告》，頁 63、227。

34 柯勒（Arthur Corner），英國商人，1874-1876 年間抵臺旅行，前後至少三回。第
　　一回在 1874 年，由打狗前往屏東三地鄉社口一帶；第 2 回在 1876 年 2 月，由臺南
　　走到淡水；第 3 回由北而南，走訪日月潭。有關在臺的旅行紀事，柯勒曾寫下 3 篇
　　文章，分別發表在英國《皇家地理學會期刊》和《中國旅行教會公報》。吳永華，
　　《臺灣動物探險：十九世紀西方人在臺灣採集動物的故事》，頁 167-170；Harold
　　M. Otness, *One Thousand Westerners in Taiwan; A Biographical and Bibliographical
　　Dictionary*（臺北：中央研究院臺史所籌備處，1999 年），頁 34。

35 Arthur Corner, "A Tour Through Formosa, from South to North," *Proceedings of the Royal
　　Geographical Society of London*, 22:1 (1878): 59.

36 瓦伯格（Otto Warburg, 1859-1938），德國植物學者。1885-1889 年間，在德國皇家
　　地理學會的贊助下，展開了包含臺灣在內的東亞之旅。瓦伯格於 1887 年的聖誕節期
　　間，從廈門搭船前來淡水，約於 1888 年 1-3 月間抵臺。吳永華，《臺灣動物探險：
　　十九世紀西方人在臺灣採集動物的故事》，頁 197-199。

37 O. Warburg, "Ueber seine Reisen in Formosa," in　English translation by Tina Schneider.
　　Edited by Douglas Fix, "On His Travels in Formosa," Formosa Nineteenth Century Images:

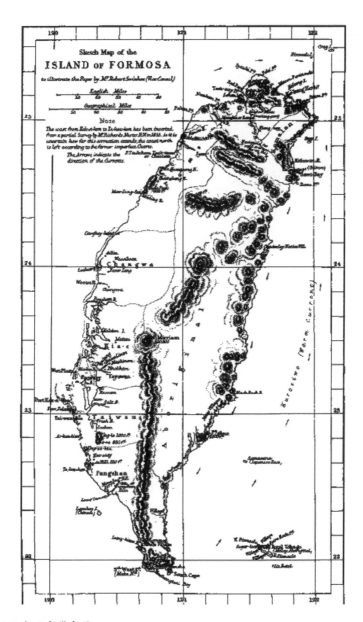

圖 1：1862 年的臺灣島圖

資料來源：Robert Swinhoe, "Notes on the Island of Formosa," Journal of the Royal Geographical Society of London, Vol. 34 (1864), pp. 6-18.

害但很勤奮的一個種族，很早以前，被廣東本地人從中國大陸驅離，移居到臺灣」；[39] 萬巴德醫生（Dr. Patrick Manson）[40] 猜測臺灣的 Hakkas 是因為在廣東省原鄉與本地人（Punti）發生爭鬥後被驅逐來臺的；[41] 而在北臺灣傳教的馬偕也曾提及：

> Hak-kas，據推測是從中國北部某一族人，移到福建然後又移到廣東的後裔。臺灣的北部約有 10 萬人，他們勇敢又健壯，在中國大陸和臺灣都為自己力圖發展。[42]
> 一小部分人的祖先源自於中國北方的一個部落，他們後來遷移到廣東省的一些地方，再從那裡橫渡至臺灣。這些人叫做 Hak-kas（strangers），他們具有獨特的生活及語言。[43]

---

http://cdm.reed.edu/cdm4/document.php?CISOROOT=/formosa&CISOPTR=686&REC=4 (Retrieved 14th May, 2014), p. 4.

38 李仙得（Charles W. Le Gendre），1866-1872 年間擔任美國駐廈門領事。1867 年來臺，鼓動中國官員發動制裁殺害羅妹船號船員的原住民未果，1868 年與必麒麟等人會晤原住民首領卓杞篤，並與之達成原住民不再傷害漂流於此的西方船難人員之協議。曾將此行經歷寫成報告，於 1871 年出版。Otness, One Thousand Westerners in Taiwan; A Biographical and Bibliographical Dictionary, pp. 97-98. John Shufelt（蘇約翰）著，林淑琴譯，〈李仙得略傳〉，收入費德廉、蘇約翰主編，羅效德、費德廉譯，《李仙得臺灣紀行》（臺南：國立臺灣歷史博物館，2013 年），頁 lxxxvii-cii。

39 C. W. LeGendre, *Reports on Amoy and the island of Formosa* (Washington:Government Printing Office, 1871), p. 46.

40 萬巴德醫生（Dr. Patrick Manson），1866 年受聘為中國海關醫員（Medical officer）駐打狗（旗後），負責診療外籍人士及作氣象報告，1871 年轉往廈門服務。賴永祥，〈史話229 熱帶醫學之父萬巴德〉，《教會史話》，第 1 輯，收入「賴永祥長老史料庫」網站：www.laijohn.com/BOOK3/229.htm（2010 年 9 月 21 日點閱）。

41 P. Manson, "A Gossip about Formosa," *China Review*, 2:1 (1873), p. 44；劉克襄，《後山探險：十九世紀外國人在臺灣東海岸的旅行》（臺北：自立晚報社，1992 年），頁 144-164。

42 Mackay, *From Far Formosa: The Island, its Peoples and Missions* (Taipei: Ch'eng Wen, 1972), p. 102.

43 Mackay, *From Far Formosa*, p. 93.

必麒麟（W. A. Pickering）[44] 以下對 Hakka 的認知，也明顯係受華南 Hakka
概念所影響：

　　丘陵地、南岬和與原住民相鄰的邊界等地，住著另一種奇特民族
　　Hak-kas。⋯⋯幾百年以前，他們的祖先離開北方的老家，前往中國
　　的南方逃離和發展，占據大半部分的廣東省，因而惹來廣東本地人
　　的厭惡。大約 70 年前，Hak-kas 和廣東本地人之間發生爭鬥，使整
　　個廣東省陷入混亂狀態。最後，北京政府派兵救援廣東人，歐洲人
　　也出兵相助。之後，幾十萬 Hak-kas 被屠殺，不少人逃到馬來群島，
　　幾百戶人家也冒險渡海來臺。[45]

（二）方言接近北京官話

　　除了以上與 Hakka 遷徙歷史有關的論述之外，英國駐臺副領事郇和另曾
提到一個瑯嶠（Lungkeaou）西南方的村莊，其人口主要是「廣東省北方來的
Hakkas，其中一些老人家說著標準的北京官話」。[46]

---

44 必麒麟（William Pickering），英國的海外冒險家，曾任新加坡華人護民官，1862 年
任職於中國海關，1864-1870 年間在臺灣旅行，曾擔任打狗海關官員、安平海關負責
人，及英國行天利行（Messrs James & Neil MacPhail）和怡和記洋行（Messrs. Elles
& Co.）臺灣分店店長等職。約在 1863 年末或 1864 年初，經由道明會神父的安排，
經過埔頭和東港溪（應是高屏溪），初度訪問臺灣南部的番地。1865 年 11 月與馬
雅各牧師從府城出發，先後訪問新港社、崗仔林、南化、荖濃、六龜、桃源等地的
原住民部落。必麒麟在臺灣 7 年之久（1864-1870），後因樟腦事件和健康因素，被
迫離開臺灣。Pickering（必麒麟）原著，陳逸君譯，《歷險福爾摩沙》（臺北：原
民文化事業有限公司，2004 年），譯述者序；黃郁彬，〈兩眼盯住臺灣的人：政治
探險家必麒麟的賭命生涯〉，收入劉克襄，《探險家在臺灣》，頁 31；Campbell 著，
阮宗興譯，《素描福爾摩沙：甘為霖臺灣筆記》，頁 223。
45 Pickering, *Pioneering in Formosa: Recollections of Adventures among Mandarins,
Wreckers, & Head-hunting Savages* (Taipei: Ch'eng-wen Publishing Co., 1972), p. 67.
46 郇和並表示，這個 Hakka 庄曾保護在臺灣南方海岸失事的 Larpent 號的船員免於遭

（三）暗指 Hakka 非漢

此外，值得注意的是，在許多西方人的著述中，雖然不乏將 Hakkas 視為漢人的描述。如 Panchow 言 Hakkas 是臺灣漢人的組成分子之一。[47] 費雪（Adolf Fischer）[48] 認為 Hakkas 是跟野蠻人住得最近的漢人。[49] 另如 Herbert J. Allen、[50]Wilhelm Joest、Stöpel 等人都直稱「Chinese Hakkas」。[51] 然而，也

受野蠻人的威脅，因此獲得一封來自荷蘭陸軍上尉的信，以及英國政府豐富的獎賞。Robert Swinhoe, "Additional notes on Formosa," *Proceedings of the Royal Geographical Society of London* 10:3 (1866), p. 127.

47 Panchow, "Die Bevölkerung Formosas," in "Annotated bibliography of 19th Century German articles concerning Taiwan (Formosa)," (retrieved 14th May, 2014)。

48 費雪（Adolf Fischer, 1856-1914），德國人，1898 年 2 月來臺採訪各地，由基隆上岸後前往臺北、大稻埕、淡水、艋舺，再南下新竹、苗栗、臺中、埔里等地。接著由基隆搭船前往澎湖，途經安平、臺南、打狗、東港、枋寮，再由枋寮循山路經利利社、巴塱衛、太麻里抵達臺東卑南，並搭船前往綠島、蘭嶼然後回到基隆，曾到淡水參觀馬偕所採集收藏的本島動物標本。吳永華，《臺灣動物探險：十九世紀西方人在臺灣採集動物的故事》，頁 268-270。

49 Adolf Fischer, "Formosa." Kringsjaa 15 (February/March 1900): 241-49, 401-407. in "Annotated bibliography of 19th Century German articles concerning Taiwan (Formosa)," Compiled by Douglas Fix, With summaries by Tina Schneider, Formosa Nineteenth Century Images: hap://cdm.reed.edu/cdm4/document.php?CISOROOT=%2Fformosa&CISOPTR=1555&REC=1&CISOBOX=reclus (Retrieved 14th May, 2014)

50 Herbert J. Allen，1873 年起任英國駐淡水領事，曾於 1875 年與馬偕與李麻牧師進行一次內陸旅行。Otness, *One Thousand Westerners in Taiwan; A Biographical and Bibliographical Dictionary*, p. 3.

51 Herbert J. Allen, "Notes of a Journey through Formosa from Tamsui to Taiwanfu," *Proceedings of the Royal Geographical Society of London* 21 (1877), pp. 258, 266; Wilhelm Joest, "Beiträge zur Kenntniss der Eingebornen der Inseln Formosa und Ceram," [Contributions to the Knowledge on the Aborigines of the Islands of Formosa and Ceram]. *Verhandlungen der Berliner Gessellschaft für Anthropologie, Ethnologie und Urgeschichte* (1882): 53-76. in "Annotated bibliography of 19th Century German articles concerning Taiwan (Formosa)," Compiled by Douglas Fix, With summaries by Tina Schneider, Formosa Nineteenth Century Images: hap://cdm.reed.edu/cdm4/document.php?CISOROOT=%2Fformosa&CISOPTR=1555&REC=1&CISOBOX=reclus (Retrieved 14th May, 2014); K. Th. Stöpel, Eine Reise in das Innere der Insel Formosa und die erste Besteigung des Niitakayama (Mount Morrison) [A voyage into the interior of the island of Formosa

有不少 19 世紀來臺的西方人，在記述時主觀地將 Hakkas 別於 Chinese（漢
人，指閩南移民）之外，而這似乎也是緣於對華南土客衝突廣府人對客方言
人群非漢種貶抑之辭的影響。如 E. Raoul 將臺灣的人種分成 negritos（矮小黑
人）、savages（野蠻人）、Pepohoans（平埔番）、Chinese（漢人）、Hakkas
五類。[52]

　或如 Le Gendre 走訪後壠（Oulan）東邊山腳的田地時，指出那些土地的
主人是 Hakkas「雖然他們刮鬍子、留辮子，並過著漢人般的生活，但他們大
都不理會漢人的法規」。[53] Le Monnier 談到：

> Hakka 是接近文明的部族，雖然臺灣的漢人認為他們是非我族類。
> 由於 Hakka 和半野蠻的原住民住得很近，並和他們通婚，採用很多
> 當地的習俗，因此和漢人幾乎不像了。[54]

---

and the first ascent of Niitakayama (Mount Morrison)]. Buenos Aires: Compaòia Sud-
Americanna de Billetes de Banco, 1905. Stöpel, K. Th. Eine Reise in das Innere der Insel
Formosa und die erste Besteigung des Niitakayama (Mount Morrison) [A voyage into the
interior of the island of Formosa and the first ascent of Niitakayama (Mount Morrison)].
Buenos Aires: Compaòia Sud-Americanna de Billetes de Banco, 1905. in "Annotated
bibliography of 19th Century German articles concerning Taiwan (Formosa)," Compiled
by Douglas Fix, With summaries by Tina Schneider, Formosa Nineteenth Century Images:
hap://cdm.reed.edu/cdm4/document.php?CISOROOT=%2Fformosa&CISOPTR=1555&R
EC=1&CISOBOX=reclus (Retrieved 14th May, 2014)。

52 E. Raoul, *Les gages nécessaires: Yun-nan, estuaire du Yang-tse, Hainan, Formose.
Première Partie, Formose* [The necessary sacrifices: Yunan, estuary of the Yang-tse,
Hainan, Formosa. Part 1, Formosa]. Paris: Challamel aîné, 1885. Summary by Amy
Heneveld. in "Annotated Bibliography of 19th Century French Articles Concerning Taiwan
(Formosa)," Compiled by Douglas Fix, With summaries by Amy Heneveld, Formosa
Nineteenth Century Images: http://cdm.reed.edu/cdm4/document.php?CISOROOT=/
formosa&CISOPTR=1623&REC=2 (Retrieved 14th May, 2014)。

53 LeGendre, *Reports on Amoy and the island of Formosa*, p. 46.

54 Franz Ritter von. Le Monnier, "Die Insel Formosa," [The island Formosa]. *Deutsche*

Paul Ibis 曾於 1877 年走訪六龜里（Lakuli），因此對當地 Hakka 的外貌特徵、婦女及生業方式有清楚的描述，但顯然他也將 Hakka 別於 Chinese 之外：

在更高處，尤其是在最高的山區，我遇到一群特殊的人，既不像漢人也不像原住民，漢人稱他們爲 Hakka。他們的外表不像蒙古人也不像馬來人，甚至會誤認他們是吉普賽人，或誤以爲他們屬於一個印歐語系的種族。另外一個可能比較正確的説法，説他們是南中國山區的原住民，很久以前和廣東人一起來到臺灣。哪一個見解是正確的很難斷定，因爲客家人在生活方式和漢人（Chinese）一模一樣了，他們忘記他們的語言，也不知道自己的歷史……。Hakka 大多體格強壯，比漢人和馬來人皮膚還黑。他們的臉形是橢圓形的，額高，鼻子筆直平坦。雙唇薄而不厚，嘴巴不大。眉毛、睫毛、鬍鬚濃密。二十歲的男子已經留個莊嚴的小鬍子了。下巴和嘴部的鬍子很勤勞地剃乾淨。他們的表情精力充沛、通情達理，態度嚴肅、高尚安靜，如同一位眞正的印地安人。[55]

Rundschau für Geographie und Statistik 7:3 (1884): 97-103, 106-108; 7:5 (1885): 210-221. in "Annotated bibliography of 19th Century German articles concerning Taiwan (Formosa)," Compiled by Douglas Fix, With summaries by Tina Schneider, Formosa Nineteenth Century Images: hap://cdm.reed.edu/cdm4/document.php?CISOROOT=%2Fformosa&CISOPTR=1555&REC=1&CISOBOX=reclus (Retrieved 14th May, 2014), p. 50.

55 Paul Ibis, "Auf Formosa: Ethnographische Wanderungen," [On Formosa: Ethnographic Travels], in Christian Buss 譯，Douglas Fix 編輯，"On Formosa: Ethnographic travels of Paul Ibis," Formosa Nineteenth Century Images: http://cdm.reed.edu/cdm4/document.php?CISOROOT=/formosa&CISOPTR=1306&REC=8 (Retrieved 14th May, 2014), p. 32。

綜上觀之，西方人的記述中比較少清楚地將說閩南方言的福老標示出來，多以 Chinese 稱之，如此一來，被另外提及的 Hakkas 與漢人身分間的關係，就顯得曖昧而尷尬。自北方南來的遷移史、方言近官話，甚或 Hakka 為非漢的說法，都是 19 世紀中葉後西方人對華南 Hakka 的片面理解，也因此被投射在來臺西方人看待臺灣 Hakka 的視角之中。

四、19 世紀西方人對臺灣 Hakka 的認識之二：
　 在地觀察的臺灣 Hakka 像

19 世紀來臺的西方人記述中，除了前述可能直接受華南 Hakka 認知影響的理解外，對於在臺漢人，其實有著比清代官員較為貼近實情的人群分類認知，以及許多對於臺島 Hakka 實地走訪後的在地觀察。以下分述之。

（一）臺灣漢人方言群分類

在現代族群分類概念未興起之前，籍貫一直是古老中國對人群分類的主要原則。對於一個幅員廣袤的帝國而言，移民來自何屬是重要的，他的方音則未必。然而究其實，清代來臺的閩粵移民之中，若就方言群與省籍來分界，呈現的是兩條交錯的界線，藉此可以分隔出四個不同組合的人群屬性，即以漳泉移民為主的閩省閩南方言移民，以汀州移民為主的閩省客方言移民，以嘉應州移民為主的粵省客方言移民，及以潮惠沿岸的粵省閩南方言移民。[56]

雖然來臺漢人的人群屬性存在一定的複雜性，但就清帝國及其官員而言，對來臺漢人的分類準則多依省籍或州府為界線，所以我們常會在文獻中看到

---

56 林正慧，〈閩粵？福客？清代臺灣漢人族群關係新探：以屏東平原為例〉，《國史館學術集刊》，第 6 期（2005 年 9 月），頁 1-60。

「粵與漳、泉又名為三籍,各分氣類」之類的記載,[57]雖然偶有如《安平縣雜記》清楚表示,近山客莊之粵人「語音獨別,均是潮、惠鄉譯」,[58] 或有不少文獻在提及分類械鬥時,常有「閩潮合」、「汀附粵」等跨省界方言認同的記載,但能透析省籍與方言界線交錯下的人群分類實態者,除了康熙末年閩浙總督覺羅滿保〈題義民效力議效疏〉[59] 外,仍屬少見。職是之故,我們似乎很難從清代相關的中文文獻中理解省籍與方言界線的交錯下,人群的分類模式為何?而19世紀中葉後來臺的西方人對 Hakka 的相關記述,卻能讓我們更深入了解清代臺灣漢人的分類實態。

19世紀中葉以後來臺的西方人,多認為臺灣漢人主要是 Hok-los、Hak-kas 二類,即以方言為別分為福老與客家,此與官方文獻以籍別為閩、粵移民相當不同。如1873年來臺的史蒂瑞(Joseph Beal Steere)[60] 曾言,「外國傳教士在福爾摩沙傳道時,所使用的是廈門的方言,他們不只在漢人中間使用這種方言,也在原住民之中使用」。[61] 換言之,19世紀中葉後來臺西方人所接觸到

---

57 卞寶第,〈閩嶠輶軒錄〉,收入臺灣銀行經濟研究室編,《臺灣輿地彙鈔》,臺灣文獻叢刊第216種〔以下簡稱文叢〕(臺北:臺灣銀行經濟研究室,1965年)。

58 臺灣銀行經濟研究室編,《安平縣雜記》,文叢第52種(臺北:臺灣銀行經濟研究室,1959年),頁9。

59 覺羅滿保的奏文顯示,清代康熙末年的下淡水地區,人群呈現同方言人群的跨省結合。覺羅滿保,〈題義民效力議效疏〉,收於王瑛曾,《重修鳳山縣志》,文叢第146種(臺北:臺灣銀行經濟研究室,1962年重刊1764年版),頁343-344。

60 史蒂瑞(Joseph Beal Steere, 1842-1940),曾為美國密西根大學動物學教授,1873年10月初,以美國密西根博物館自然史採集員的身分,經由香港、廈門,抵達打狗。之後在甘為霖牧師和英國駐打狗海關代理幫辦 T. L. Bullock 的陪同下,由臺南北上,前往嘉義、日月潭、埔里、霧社、彰化等地進行採集工作,停留近三個月;然後經苗栗、新竹、大溪,抵達淡水,拜會馬偕牧師。1874年3月16日,從打狗南下,經過鳳山、潮州,抵達萬金庄、大武山區採集。同年6月離臺,前往菲律賓。Steere 原著,林弘宣譯,《福爾摩沙及其住民:19世紀美國博物學家的臺灣調查筆記》;吳永華,《臺灣特有植物發現史》(臺北:晨星,2006年),頁43。

61 Steere, *Formosa and Its Inhabitants*, p. 164.

的漢人，除了他們眼中的 Hakka 外，就是人數更多的說著閩南方言的漢人。

　　來臺西方人能夠清楚地辨別福老或 Hakka 的不同，係因 Hakka 就是在廣東省內與廣府、福老各方言群的爭持中生成的方言人群語詞，加上西方人對於漢語各方言的差異感受較為直接而深刻。如必麒麟言，「中國是一個龐大的帝國，由數十個省份組成，各省人民使用不同的方言，其語言相異的程度，仿如法語和德語或英語與西班牙語」。[62] 馬偕亦表示，「不同的環境會造成不同的語言，臺灣各地漢人的語言也有類似的變化。大陸的漢人和臺灣的漢人，很容易就能辨認出來」。[63] 甘為霖亦曾表示，臺灣 Hakka 的方言，和福爾摩沙其他漢人所說的語言相當不同。[64]

　　在以方言識別臺灣漢人的同時，少數西方人的記述資料顯示，已有人能夠了解不同方言人群的跨省分布現象。如必麒麟曾言：

> 西部沿岸和從北到南的整個沖積平原，都由來自中國福建省的移民們居住著，他們說的是歐洲人所謂廈門話的一些變體。除掉廣東北部的潮州府之外，中國其他各省的人完全聽不懂這種話。這些移民叫作「福老人」（Hok-los）。[65]

---

62 Pickering, *Pioneering in Formosa*, p. 50; 陳逸君譯，《歷險福爾摩沙》，頁 61。

63 Mackay, *From Far Formosa*, p. 98; 林晚生譯，《福爾摩沙紀事：馬偕臺灣回憶錄》，頁 92。

64 Campbell, *Sketches from Formosa*, p. 55; Campbell, An Account of Missionary Success in the Island of Formosa, p. 441.

65 Pickering, *Pioneering in Formosa*, p. 66.

顯示必麒麟清楚地了解福老語群的分布是跨閩粵二省。而這也意味著，不同於官方文獻皆以行政區劃分類人群，來臺西方人以其親身接觸聽聞的語音來辨別漢人。

對 19 世紀帶著華南 Hakka 認知來臺的西方人而言，知道粵省內存在福老語群，進而了解福老語群的跨省分布，似乎不是太難的問題。比較困難的應該是跨出粵省之外，他們是否知道閩省內存在客方言群。這個部分，史蒂瑞的記述資料裡留下了與此有關的敏銳觀察。史蒂瑞 1876 年曾言，臺灣的漢人約有三百萬，大部分來自福建省，另有少數被認為來自廣東的 Hak-kas。[66] 但後來史蒂瑞修正了他的說法，表示臺灣許多村落中的 Hakkas，原係分布於廣東省與福建省，但仍被當地的住民視為外來者，[67] 這是 19 世紀的西方文獻中，少見地不把臺灣的 Hakkas 僅視為廣東省移民者的記述資料。

此外，來臺西方人的記述資料也顯示，Hakka 並非臺島漢人慣用的稱呼，無論是他稱或自稱。如必麒麟提到臺灣的 Hak-kas 時，表示「他們自稱為客人（strangers），或如福老人（Hok-los）稱之為「客人」（Kheh-lang）」；[68] 或如史蒂瑞言 Hakkas 的「村落與其他中國漢人有些距離，被稱為 ke-lang（客人），或自己稱為「客人」（strangers）」；[69] 萬巴德醫生亦曾言「Hakkas——或如福建方言（Fokien dialect）稱之為 Khaelang—— 人口並不多，卻未為其他族同化，仍保有自己的語言，特殊的衣著與習性」。[70] 由以上幾則例證可

---

66 Steere, "Formosa," *Journal of the American Geographical Society of New York*, 6 (1876), p. 317.

67 Steere, *Formosa and Its Inhabitants*, p. 125.

68 Pickering, *Pioneering in Formosa*, p. 67.

69 Steere, "Steere's Letter from Formosa," http://cdm.reed.edu/cdm4/document.php?CISO ROOT=%2Fformosa&CISOPTR=642&REC=19&CISOBOX=ke- (Retrieved 14th May, 2014), p. 20.

知，雖然 19 世紀中葉後來臺的西方人在提到臺灣的客方言人群時，皆已一律
稱之為 Hakkas，但 Hakka 稱謂其實不是在地用語，島內漢人可能甚至未曾聽
聞，因為當時臺島的客方言人群是被另一個方言人群以閩南方言拼音的 Kheh-
lang、Khaelang 或 Ke-lang（皆即「客人」之意）稱之。

　　若我們進一步參考民間文書資料，可以發現，以上所述 19 世紀西方人觀
察到的「客人」稱謂，其實應是清代臺灣民間沿用已久的習慣用語。如〈臺南
從軍義民紀略〉言「客人者，廣東嘉平鎮三州邑僑寓之人也，先是臺灣，明亡
鄭氏據有其地，康熙初始入版圖，內地流人僑寓者閩人謂之狢獠，粵人謂之客
人」，[71] 或如道光年間一件民間古文書中，將「淡屬客人」與「全淡粵人」並
稱，[72] 顯示出至遲到了乾隆末年，除了官方慣用的閩、粵稱謂外，臺灣民間已
存在另一種對人群的分類，互稱為客人與福老。以上文獻或與上述西方人記述
相互參補，可清楚地了解，「客人」一詞應為清代臺灣民間慣用的人群稱謂。

（二）對臺島 Hakka 的在地觀察

　　關於 19 世紀中葉後來臺的西方人對於臺島 Hakka 的在地觀察，以下略以
Hakka 的分布、生業方式、族群關係、天性風俗、對西方宗教的態度等面向歸
納說明之。

1. 分布

對於臺灣 Hakka 的分布，甘為霖牧師提到「主要分布於鳳山縣，及彰化、

---

70 Manson, "A Gossip about Formosa," p. 44；劉克襄，《後山探險：19 世紀外國人在臺
　灣東海岸的旅行》，頁 144-164。

71 〈臺南從軍義民紀略〉，《廣東文徵》（香港：香港中文大學出版社，1978 年），
　頁 239-242。

72 黃榮洛，〈有關清代閩粵械鬥的一件民間古文書〉，《臺灣風物》，第 40 卷第 4 期
　（1990 年 12 月），頁 143。

竹塹的一部分」。[73] 必麒麟則表示 Hak-kas「在較低山脈之間的鄉村、南角，以及在野人地區之邊界的各處地方」。[74]

　　許多來臺遊歷的西方人常會提到走訪過的 Hakka 聚落，若稍加整理，在臺灣北部，有如甘為霖提到中壢（Tiong-lek）的居民「大多是來自福建的漢人，只有少數是原住民和來自廣東的 Hakkas」；[75] 馬偕提到霄裡（Siau-li）「那裡的居民稱為客家人」。[76] 此外並言「Hakkas 大多住在新竹（Sin-tiak）和苗栗（Biau-lek）」。[77] Steere 則提到「我們經過數個村莊與有圍牆的竹塹市（Tek-cham），大部分的人口為 Hakkas」[78]；甘為霖提到，貓裡（Ba-nih，今苗栗）「是個忙碌的市鎮，當地的居民大多是 Hakka」。[79] 往近山一帶走去，馬偕提到，從竹塹往山區去約十哩遠處，有個稱為月眉（Geh-bai）的 Hakka 村落；[80] 必麒麟則曾走訪一個高山西麓下的 Hak-ka 聚落南莊（Lam-tsng）。[81]

　　臺灣中部則有甘為霖提到東勢角（Tang-si-kak）「有許多聰明的 Hakka」。[82] 或是臺灣中部靠近岸裡社域的附近的大湳（Toalam 或 Twalam），是史蒂瑞第一次接觸到臺灣 Hakkas 的地方：

73 Campbell, *An Account of Missionary Success in the Island of Formosa* (Taipei: Ch'eng Wen Publishing Company, 1972), p. 441.

74 Pickering, *Pioneering in Formosa*, p. 67.

75 Campbell, *Sketches from Formosa*, p. 54.

76 Mackay 著，王榮昌等譯，《馬偕日記，1871-1901》，I（臺北：玉山社，2012 年），頁 120-121。

77 Mackay, *From Far Formosa*, p. 102；林晚生譯，《福爾摩沙紀事：馬偕臺灣回憶錄》，頁 95-96。

78 Steere, *Formosa and Its Inhabitants*, p. 65.

79 Campbell, *Sketches from Formosa*, p. 55.

80 Mackay, *From Far Formosa*, p. 157.

81 Pickering, *Pioneering in Formosa*, p. 118; 陳逸君譯，《歷險福爾摩沙》，頁 125。

82 Campbell, *Sketches from Formosa*, p. 230.

因為大湳是生番經常前來交易的地方，所以我們希望在這裡再次碰見生番。雖然福爾摩沙北部有許多 Hakkas，但此時卻是我第一次接觸到 Hakkas。[83]

往楠梓仙溪流域一帶走，Francis White 提到山杉林（Sua-sam-la）是個熟番的村莊，不久就要越過一條河的支流，穿過 Hakka 定居的地方。[84] 必麒麟則提到，他在芒仔社（Banga）時，社人正跟一個叫 Lim-ui-tsing 的 Hakkas 村莊，以及茖濃人打仗。[85]

如果遊歷的路線再往南前進，曾於 1873 年來臺的攝影家湯姆生（John Thomson）[86] 提到南臺灣的主要居民為福建省民與 Hak-kas。[87] 過了當時稱為

83 Steere, *Formosa and Its Inhabitants*, p. 63; Steere 原著，林弘宣譯，《福爾摩沙及其住民》，頁 98。

84 Francis White, "A Visit to the Interior of South Formosa," *The Cycle: A Political and Literary Review* 17 (1870): 198，in Formosa Nineteenth Century Images:http://cdm.reed.edu/cdm4/document.php?CISOROOT=/formosa&CISOPTR=792&REC=13 (Retrieved 14th May, 2014).

85 Pickering, "Among the Savages of Central Formosa, 1866-1867," *The Messenger and Missionary Record of the Presbyterian Church of England n.s.* 3 (1878), p. 31，in Formosa Nineteenth Century Images: http://cdm.reed.edu/cdm4/document.php?CISOROOT=/formosa&CISOPTR=851&REC=12 (Retrieved 14th May, 2014)。

86 湯姆生（John Thomson，1837-1921），英國蘇格蘭人，攝影家。曾有長達 10 年（1863-1872）的時間在遠東地區旅行，其中 6 年在中國度過，一生中共出了 10 本書，其中 6 本描寫中國。1871 年 3 月湯姆生在廈門巧遇英籍傳教士馬雅各（Dr. James L. Maxwell），即決定隨他到臺灣遊歷。抵臺時，湯姆生在馬雅各牧師的陪同下，走訪府城東方山崗教會一帶的平埔族部落，之後往南遊歷靠近山區的茖濃溪、六龜里一帶，約在 5 月底之前離開臺灣。Otness, One Thousand Westerners in Taiwan; A Biographical and Bibliographical Dictionary, p. 157；王雅倫，《法國珍藏早期臺灣影像：攝影與歷史的對話》（臺北：雄獅圖書，2006 年），頁 25-42；Chantal Zheng（白尚德）著，鄭順德譯，《19 世紀歐洲人在臺灣》，頁 86。

87 J. Thomson, "Notes of a Journey in Southern Formosa," *Journal of the Royal Georaphical Society of London* 43 (1873), p. 100.

下淡水溪的高屏溪，就進入六堆客庄的大本營。必麒麟提到，第一次遇到臺灣
Hakka 是在下淡水的阿緱（A-kau）：

> 在這裡，我們受到埤頭的那位主人的一個親戚的懇懃招待，他警告
> 我們在經過那個好勇鬥狠的 Hak-kas 地區時所可能遭遇的危險。……
> 在群眾之中有幾位 Hak-ka 婦女，她們經過相當遠的距離來到這個市
> 集，她們的肩膀上放著一根棍子，挑著一些草和各種家庭製造品。[88]

1867 年美籍羅妹號船在恆春半島遭難，使得當時的恆春半島成為臺島西
方人的注目焦點。李仙德即提到：

> 當我們向東方前進時，經過了懸崖，來到 Liangkiau 的溪谷。我們
> 很快經過稻田，有漢人的田、Chasiang 和 Sialiao 通婚後代的田、保
> 力 Hakkas 的田。[89]

1887 年由臺灣南端岬角沿東海岸徒步約 100 公里前往卑南平原的泰勒
（George Taylor）[90] 則提到 Shamalee（射麻里）有 Hakkas 分布，[91] 並且在東

---

88 Pickering, *Pioneering in Formosa*, p. 100.

89 LeGendre, *Reports on Amoy and the island of Formosa*, p. 29.

90 泰勒（George Taylor），1887 年 5 月從臺灣最南端的岬角北上，沿東海岸徒步約
一百公里，前往卑南平原，隨行的還有潘文杰與 22 名排灣族和 Hakkas。在泰勒此
行之前，西方人對臺灣東部少有記載。泰勒此行的觀察紀錄被認為是 19 世紀中葉以
後，西方人在臺旅行報告的代表作之一。劉克襄，《後山探險：19 世紀外國人在臺
灣東海岸的旅行》，頁 80-83。

91 G. Taylor, "A Ramble Through Southern Formosa," *The China Review* 16:3 (1888), p.
137；劉克襄，《後山探險：19 世紀外國人在臺灣東海岸的旅行》，頁 85。

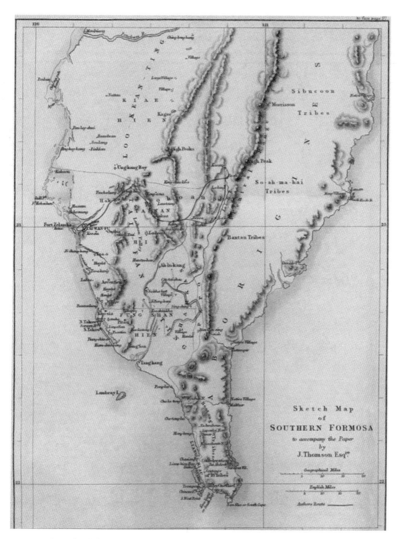

圖 2：1873 年的臺灣南部

資料來源：J. Thomson, "Notes of a Journey in Southern Formosa," Journal of the Royal Geographical
　　　　　Society of London, Vol. 43 (1873), pp. 97-107.

說明：圖上紅線為 Thomson 與 Maxwell 牧師一行人走過的路線，由臺灣府出發，沿途經過 Pao-be
　　　（拔馬）、Balesa（木柵）、Kamana（柑仔林）、Kasanpo（甲仙埔）、Pa ah-liau（蚫仔寮）、
　　　La-lung（荖濃）、La-ko-li（六龜里），最後再回到柑仔林之原路返回臺灣府，約花一個星
　　　期的時間。此路線必麒麟、馬雅各及日後的 J. D. La Touceh 等人都曾描述過，可說是當時
　　　遊歷臺灣的觀光路線。參見呂理政、魏德文編，《經緯福爾摩沙》（臺南：國立歷史博物館；
　　　南天書局，2006 年），頁 121。

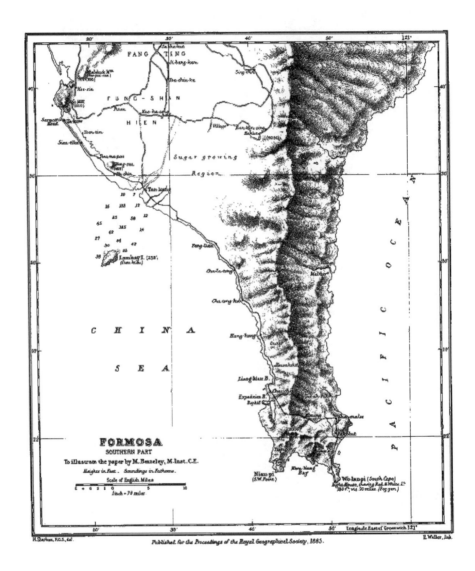

圖 3：1875 年的恆春半島

資料來源：M. Beazeley, "Notes of an overland Journey Through the South Part of Formosa, from Takow to the South Cape, in 1875, with an Introductory Sketch of the Island," Proceedings of the Royal Geographical Society and Monthly Record of Geography, New Monthly Series, Vol. 7, No. 1 (1885).

部鄰近排灣部落的 Chen-a-mia 發現 11 戶好客的 Hakkas，「他們的房子組成方形，周遭圍有竹柵」。[92] 此外，余饒理（George Ede）[93] 也接觸到了東部的 Hakkas：

沿著河谷到一個叫巴塱衛（Pa-long-ui）的村莊。在那裡他們看見很多 Hakkas 的房子，漢人式的，因為土地肥沃，所以 Hakkas 定居於此。[94]

除了 Hakka 分布的聚落之外，來臺的西方人也注意到 Hakka 的住地多介於福老與原住民之間，如史蒂瑞言「Hak-kas 主要分布在臺灣北部，且多在近山接近生番的地區」；[95] 湯姆生言「Hakkas 的住地非常靠近生番，且以以物易物的方式與原住民進行交易」；[96] 李仙德言臺灣的 Hakkas「大多定居在住著好客部族的平原和住著漢人的海岸之間」；[97] 萬巴德醫生言，從屏東平原往山裡走

92 Taylor, "A Ramble Through Southern Formosa," p. 142；劉克襄，《後山探險：19 世紀外國人在臺灣東海岸的旅行》，頁 95-96。

93 余饒理牧師（George Ede），英國長老教會傳教士，1883-1903 年間在臺南傳教。Otness, *One Thousand Westerners in Taiwan; A Biographical and Bibliographical Dictionary*, p. 47.

94 G. Kurze, "Missionar G. Edes Reise durch das östliche Formosa," [Missionary G. Ede's Travels Through Eastern Formosa]. *Mitteilungen der Geographischen Gesellschaft (für Thuringen) zu Jena* 10 (1891): 22-32; 11 (1892): 13-21. in "Annotated bibliography of 19th Century German articles concerning Taiwan (Formosa)," Compiled by Douglas Fix, With summaries by Tina Schneider, Formosa Nineteenth Century Images: hap://cdm.reed.edu/cdm4/document.php?CISOROOT=%2Fformosa&CISOPTR=1555&REC=1&CISOBOX=reclus (retrieved 14th May, 2014), p. 40.

95 Steere, "Formosa," p. 317.

96 Thomson, *China and its People in Early Photographs* (New York: Dover Publications, Inc., 1982), vol. I., Plate XXIV.

97 LeGendre, *Reports on Amoy and the island of Formosa*, p. 43.

去，先「進入 Hakka 的鄉野，之後是平埔族，再過去則是山區土著」。[98]

以上這些觀察，其實在清代中文文獻中也可以看到類似的記載。如林豪《東瀛紀事》中言，「臺灣大勢，海口多泉，內山多漳，再入與生番毗連則為粵籍人。」[99] 吳子光《臺灣紀事》中言「至臺地人民，籍有閩、粵。閩莊多依海墘，粵莊多近山而貧。故設隘禦番之舉、出險亨屯之役，粵民頗有得力處」。[100] 或如洪棄生《寄鶴齋選集》中言「臺灣之地，閩民居近海、粵民居近山，而土番居深山。閩民日推廣，則粵民日深入；粵民日深入，則土番日遠徙。」[101] 顯示客方人言群位處於福老與原住民間的分布現象，是清代臺灣顯著的聚落特徵，因此在中、西文獻中皆可看到許多類似的記載。

綜觀 19 世紀來臺西方人對 Hakka 分布的描述，多偏重於中北部或恆春半島，對於清代中文文獻中留下諸多記述的南部 Hakka 大本營的六堆地區甚少提及。[102]

2. 生業方式

19 世紀來臺西方人在提及 Hakka 生業方式時，最常被提及的是重視農耕。

---

98 Manson, "A Gossip about Formosa," p. 44.

99 林豪，〈鹿港防勦始末〉，《東瀛紀事》，文叢第 8 種（臺北：臺灣銀行經濟研究室，1965 年），頁 16。

100 吳子光，《臺灣紀事》，文叢第 36 種（臺北：臺灣銀行經濟研究室，1959 年重刊1875 年版），頁 79。

101 洪棄生，《寄鶴齋選集》，文叢第 304 種（臺北：臺灣銀行經濟研究室，1972 年），頁 54。

102 如言「粵民籍隸，百餘年來，生聚保養，丁壯累十數萬，自港西上界抵港東盡處，沿山麓八、九十里，美壤膏腴，悉被占住，地據上游，村莊聯絡，聲息可通，大者幾萬戶，小亦不下三、兩千」。盧德嘉，《鳳山縣采訪冊》，文叢第 73 種（臺北：臺灣銀行經濟研究室，1960 年），頁 433。或言「南路淡水三十三莊，皆粵民墾耕。」劉良璧，《重修福建臺灣府志》，文叢第 74 種（臺北：臺灣銀行經濟研究室，1961 年），頁 498。「鳳山所屬山豬毛係東港上游粵民一百餘莊」，臺灣銀行經濟研究室編，《福建通志臺灣府》，文叢第 84 種（臺北：臺灣銀行經濟研究室，1960 年），頁 1009。

如 Panchow 即言「Hakkas 主要從事農業」；[103] 萬巴德醫生亦言：「Hakkas 和其他鄰居一樣務農，但能力更強」。[104]Allen 提到，1875 年 11 月從北部的淡水出發，在艋舺留宿一夜之後再往南走，途中經過經過由廣東省移民來的 Hakka 村莊，「田地主要種植稻米和蔗糖，生活好像過得十分富裕」。[105] 李仙德提及恆春半島一帶的 Hakkas 時表示：

> 他們從事交易和耕種，他們靈活運用知識促進農業。漢人和平埔番在這方面較不專業，而原住民則更是完全不行。他們很多農田散布在河谷中，但他們主要在保力耕種。[106]

泰勒則提到東部鄰近排灣部落的Chen-a-mia發現11戶好客的Hakkas，「山谷附近平原伸展約一里，都栽種稻米，看來十分迷人」。[107]

對於當時臺島 Hakka 的生業方式，除了種植米、糖之外，來臺西方人另外也特別提到樟腦和石油。如陶德（John Dodd）[108] 說，「說到茶葉、木炭，

---

103 Panchow, "Die Bevölkerung Formosas," in "Annotated bibliography of 19th Century German articles concerning Taiwan (Formosa)," (retrieved 14th May, 2014)。

104 Manson, "A Gossip about Formosa," p. 44.

105 Allen, "Notes of a journey through Formosa from Tamsui to Taiwanfu," pp. 258, 261.

106 LeGendre, "The Country from Pong-lee to Kwa-liang Bay. The murder of the "Rover's" crew. British and American expeditions against the aboriginal tribes of Southern Formosa." *Foreign Adventurers and the Aborigines of Southern Taiwan*, 1867-1874 (臺北：中研院臺史所，2005 年重刊 1874 年版），pp. 69-85.

107 Taylor, "A Ramble Through Southern Formosa," p. 142；劉克襄，《後山探險：19 世紀外國人在臺灣東海岸的旅行》，頁 95-96。

108 陶德在北臺定居長達 26 年（1864-1890），足跡遍及北臺東、西岸及廣泛的泰雅族區域。參見陳政三，《翱翔福爾摩沙：英國外交官郇和晚清臺灣紀行》，頁 75。

甚至樟腦，不得不歸功於 Hakka Hillmen（山區客家人）」。[109]《福爾摩莎考察報告》中也有提及 Hakka 與樟腦的關係：

> 他們大部分住在原住民邊界的鄰近地區，尤其是在苗栗廳和南投廳，絕大部份開採樟樹的工人都是客家人。[110]

梅威令醫生（W. Wykeham Myers）[111] 亦言：

> 我們必須理解的是，絕大部分的樟樹是位於原住民領地，屬於清朝政府控制的區域，因此只能藉由與原住民保持友好關係的 Hakkas 和邊疆的一半社會的合作，才可以買到位於野蠻人領地的樟樹。[112]

李仙德也曾表示臺灣的樟腦要歸功「Hakkas 的勤奮努力」。[113] 他還進一步提到在後壠（Oulan）東邊的山腳下，「看到很多田地，種了大量的煙草、

---

109 John Dodd, *Journal of a Blockaded Resident in North Fomosa* (Taipei: Ch'eng Wen Publishing, 1972), p. 154; Dodd 著，陳政三譯，《泡茶走西仔反：清法戰爭臺灣外記》（臺北：臺灣書局，2007 年），頁 124。

110 Kann 著，鄭順德譯，《福爾摩莎考察報告》，頁 63、227。

111 梅威令（W. Wykeham Myers）醫生，曾任旗后醫館醫師，之後在臺南募款建慕德醫院（David Manson Memorial Hospital），在院內推動醫學教育。Otness, *One Thousand Westerners in Taiwan; A Biographical and Bibliographical Dictionary*, p. 120.

112 W. Wykeham Myers, "An Historical and General Memorandum on the Camphor-trade in Formosa from 1868-1895, with Special Reference to Foreign Relations therewith," *Natives of Formosa, British Reoports of the Taiwan indigenous People*, 1650-1950（臺北：順益臺灣原住民博物館，2001 年），pp. 190-200.

113 LeGendre, *Reports on Amoy and the island of Formosa*, p. 46.

馬鈴薯、甘蔗，另外有很多樟腦蒸餾火爐正在運作」，[114] 並對 Hakkas 煉製樟
腦的過程，詳細說明：

> 臺灣中部的 Hakkas 花費大量時間生產樟腦。生產過程非常簡
> 單。……他們將樟腦樹切成小塊，每塊約 1/4 英吋厚，3 英吋長，
> 並將其放置在陶器中，伴隨很多水蒸氣。水氣滲透進樟腦樹，並與
> 樹脂結合，之後將這些放入一個大的冷凝器，當遇見冷空氣時，樟
> 腦就會轉換成結晶體。[115]

臺灣的石油據說是陶德發現的，而地點就在 Hakkas 分布區域。李仙德提
到：

> 1868 年，山脈的煤礦就是在「基隆沙岩」發現的。這種油從山腳的
> 裂縫流出來，Hakkas 用大木桶來接，並等它沉澱。

並言，當地居民將此油用於照明，或用於治療瘀青和受傷。[116]
此外，西方人也注意到，南臺灣的 Hakka 在武器製造上的能力。如李仙德
言，Hakkas 在保力不僅有火藥倉庫，也有小規模的製造槍枝或鍛造竹製弓箭上
金屬的手工業，將之賣給附近的原住民。[117] 萬巴德醫生亦言：Hakkas「也造槍

114 LeGendre, *Reports on Amoy and the island of Formosa*, p. 46.

115 LeGendre, *Reports on Amoy and the island of Formosa*, p. 43.

116 LeGendre, *Reports on Amoy and the island of Formosa*, p. 41.

117 LeGendre, "The Country from Pong-lee to Kwa-liang Bay. The murder of the "Rover's" crew. British and American expeditions against the aboriginal tribes of Southern Formosa," pp. 69-85.

與刀矛給土著,任何人若熟悉這塊土地,不難體會他們物盡其用的才質」。[118]

3. 族群關係

許多來臺西方人察覺到了臺島的福老與 Hakka 關係不睦。如 Elisée Reclus 提到「Hakka 和其他從大陸來的移民,來到新的地方仍然繼續爭吵」。[119] 此外,對於 Hakka 在臺灣中北部散居福老之間的情形,馬偕注意到新竹、苗栗一帶 Hakka 方言可能流失的情形:

> 他們大多住在新竹和苗栗的城鎮和鄉間,是漢人與原住民交界地的
> 開拓者。他們說的是廣東的一種方言,但是年輕一代都學福老話,
> 因此將來客家話恐怕會消失掉。[120]

而臺灣中北部的 Hakkas 與原住民的相處情形,陶德有較多的相關記述:

> 他們在山區落地生根,逐漸開發蠻荒之地,經過一、二代,也漸染
> 半野蠻的習性。他們的勢力壓過山區原住民,據山為王,成為原、
> 漢仲介者、緩衝器。有的受僱於政府或大地主(當隘丁),以保護
> 墾戶、佃戶不被原住民出草。[121]

---

118 Manson, "A Gossip about Formosa," p. 44.

119 Elisée Reclus, "Formosa," *The Earth and Its Inhabitants, Asia. Vol. II, East Asia: Chinese Empire*, Corea, and Japan, Edited by A. H. Keane (New York: D. Appleton, 1884),in Formosa Nineteenth Century Images: http://cdm.reed.edu/cdm4/document. php?CISOROOT=/formosa&CISOPTR=649&REC=12 (retrieved 14th May, 2014), p. 3.

120 Mackay, *From Far Formosa*, p. 102; 林晚生譯,《福爾摩沙紀事:馬偕臺灣回憶錄》,頁 96。

121 Dodd, *Journal of a Blockaded Resident in North Formosa*, p. 154.

Hakka 是福爾摩沙的開拓先鋒，沿著西海岸山區邊界，與原住民有頻繁的接觸。他們從廣東南方來臺拓墾，逐漸將原住民趕出未開發的美麗山林。Hakkas 他們戰鬥時像足半個原住民，不論狡詐、堅強或勇氣方面，都不輸原住民，而且喜著原住民服裝。[122]

在臺灣南部，Francis White 提到，山杉林（Sua-sam-la）的熟番與附近的 Hakkas 處於緊張關係，「在田裡工作的人，武器也都放在手可觸及處」。也提到鄰近的生番認為，「只要能得到一個 Hakka 的頭殼，付出兩、三天不進食來監視的代價是很值得的」。[123]

此外，來臺西方人之注意到，恆春半島的 Hakka 與生番存在通婚與交易的密切關係。李仙德曾言，恆春半島一半的 Hakkas 在漢人與原住民之間，具有雙重聯盟的身分，[124] 並這麼形容當地的 Hakka：

他們很快和原住民有密切的往來，並爲原住民取得外國或中國製的武器、火藥、彈丸、衣服，以及銅和銀的裝飾品、鹽，原住民則回報以鹿角、熊皮、豹皮、獸皮、乾鹿肉、薑、鳳梨、麻布衣、樟腦（他們開始大量生產）。他們之間的關係奠基在互惠原則，雖已非常堅固，但之後關係更加長遠，因爲 Hakka 娶了原住民的女子，並繼承大量山丘的土地。[125]

---

122 Dodd, *Journal of a Blockaded Resident in North Formosa*, p. 22.

123 White, "A Visit to the Interior of South Formosa," p. 198；費德廉、羅效德編譯，《看見 19 世紀臺灣：14 位西方旅行者的福爾摩沙故事》（臺北：大雁文化，2006 年），頁 67-71。

124 LeGendre, "Adventures of Messrs. Pickering and Horn in Southern Formosa, in search of the remains of Mrs. And Captain Hunt," *Foreign Adventurers and the Aborigines of Southern Taiwan*, 1867-1874, pp. 93-106.

必麒麟則提到：

> Hakkas 逐步向野蠻人蠶食，又同時跟平埔番與福老（Hok-los，即廈門的漢人）打仗。Hakkas 娶生番部落的婦女為妻，給部落間引進許多奢侈品與需求，而逐漸影響到他們儉樸又耐勞的習性。[126]

這些西方人的實地觀察，無疑是十分貼近事實的。據近年的相關研究，可知恆春原屬「瑯嶠十八社」地盤，當地客家人與原住民關係甚為密切，福老人與原住民的關係卻極其對立。恆春地區由於族群移墾條件不同，有不同的族群合縱連橫策略，客家與原住民聯盟以對抗福老人，是臺灣其他地區所罕見的現象。[127]

4. 信教態度

由目前已有的記述資料來看，清代臺灣 Hakka 似乎是傾向反教的。就新教而言，馬偕在中北部 Hakka 聚落的傳教較有收穫，在客庄地區創立中壢、獅潭、月眉和苗栗等四間教會。[128] 馬偕曾提到月眉接受信仰的情形：

> 從竹塹往山區約十哩處，有個稱為月眉的客家村落，我們是由數個到竹塹市參加禮拜的 Hak-kas 帶到這裡的。……位於丘陵高地的這間 Hak-ka 村落的教會，是個很興旺又自立的教會。[129]

---

125 LeGendre, *Reports on Amoy and the island of Formosa,* p. 46.

126 Pickering, "Among the Savages of Central Formosa, 1866-1867," p. 31.

127 黃啟仁，〈恆春地區客家二次移民之研究：以保力村為例〉（臺南：臺南大學臺灣文化研究所碩士論文，2007 年），頁 25-27。

128 David J. Bosch，〈風起雲湧：歷史的啟示〉，收入曾政忠、邱善雄等著，《客家宣教新浪潮：在所定的日子，達到倍加》（臺北：中華福音神學院，2008 年），頁 74。

　　新教在中部的傳布，甘為霖牧師提到，李豹（Li Pa）在 Hakka 居住的東勢角傳教，「在那裡賣掉了 119 本小冊子，其中有一個富裕的人買了 54 本，要送給他的親朋好友」，[130] 顯示傳教稍有進展。

　　新教在南部的傳教，是由李庥牧師於 1875 年開創了第一個 Hakka 教會（南岸教會），後來由於信教人數平平，根基不固，乃於 1894 年遷至建功庄，但直至清治結束，傳教成果一直無法有所進展。[131] 甘為霖牧師曾提到，他們原本打算在下淡水地區六堆客庄興建教堂，但引發當地村民的不滿，因此在一次路經該地時，為避免正面衝突而趕緊折返逃離。[132] 並言：

　　　我們一直希望能定期在那個地區傳教，但是當地桀驁難馴的 Hakka
　　　讓我們的努力落空，並且不許族人參與基督教的禮拜聚會。[133]

　　1885 年嘗試在六堆聚落內的二崙開設教會的巴克禮牧師，則曾遭到當地 Hakka 攻擊，而發生遭潑糞的衝突事件，被稱為傳教史上的「二崙事件」。[134]

---

129 Mackay, *From Far Formosa*, p. 157; 林晚生譯，《福爾摩沙紀事：馬偕臺灣回憶錄》，頁 146。

130 Campbell, *Sketches from Formosa,* p. 230; Campbell 著，阮宗興譯，《素描福爾摩沙：甘為霖臺灣筆記》，頁 218。

131 賴永祥，〈史話 155 竹仔腳教會起源〉、〈史話 427 南岸客庄設教緣由〉、〈史話 428 南岸教會史事補述〉、〈史話 429 從南岸遷去建功庄〉，《教會史話》，收入「賴永祥長老史料庫」網站：www.laijohn.com（2010 年 9 月 21 日點閱）。

132 Campbell, *Sketches from Formosa*, p. 130; 阮宗興譯，《素描福爾摩沙：甘為霖臺灣筆記》，頁 121。

133 Campbell, *Sketches from Formosa*, p. 145.

134 吳學明，《近代長老教會來臺的西方傳教士》（臺北：日創社文化事業有限公司，2007 年），頁 97-98；Edward Band 著，詹正義編譯，《巴克禮博士與臺灣》（臺北：長青文化，1976 年），頁 51-58。

　　天主教的部分，天主教傳入屏東平原的萬金，主要是以平埔族為主要對象，即如唐贊袞〈洋人引誘社番入教〉中所言，附近「閩、潮、粵莊之人，均不信從入教。」[135] 由於清代下淡水地區的客方言人群在經濟能力、教育程度、社會地位或政治實力上，形成一個相對強勢的族群，而平埔族聚集在不適耕的貧瘠土地上，傾向福老化，及彼此信仰不合，使萬金的平埔族與客家在清代幾乎以械鬥為主。[136] 是以當地客家人對站在敵對陣營的天主教會，一開始的接觸就是衝突不斷。因此當地天主教神父對 Hakka 相關的記述皆十分負面，常在往來書函中慨嘆當地 Hakka 之冥頑不靈：

　　　客家人是臺灣老百姓中最大膽無禮的，也是我們的致命對頭，他們
　　　捏造各種謠言，說服臺南的官吏，公布了一道法令，使我們的傳教
　　　工作陷入極大困境，可以說是全島基督徒的喪鐘。[137]
　　　……經過一些對我們懷有敵意的村莊，真希望有一天能向那兒的居
　　　民傳佈福音。[138]
　　　為此，基督徒必須加倍小心，如果他要到溝仔墘——漢人、客家人
　　　大本營，就得提高警覺，否則，一定會遭遇不幸。[139]

---

135 唐贊袞，〈洋人引誘社番入教〉，《臺陽見聞錄》，頁 50。

136 黃子寧，〈天主教在屏東萬金的生根發展（1861-1962）〉（臺北：臺灣大學歷史研究所碩士論文，2004 年），頁 139-140。

137 Pablo Fernandez 原著，黃德寬譯，《天主教在臺開教記：道明會士的百年耕耘》（臺北：光啟文化事業，2003 年），頁 69。

138 Fernandez 原著，黃德寬譯，《天主教在臺開教記》，頁 54。

139 Fernandez 原著，黃德寬譯，《天主教在臺開教記》，頁 64。

　　雖然史蒂瑞曾經表示，由於漢人來臺後，因為所受到的傳統家族束縛大大減少，因此容易接受全新的信仰，[140] 但這顯然並不包括臺灣的客方言人群。如上所述，就新教而言，各地 Hakka 似乎有不同的接受態度，而北部的馬偕，即使意識到客家可能同化於福老，或因受限於人力物力的限制，其向客家地區宣教的成果也有限。

　　西方宗教未能在清領臺時期於 Hakka 聚落獲得支持，另一個重要原因，應該長老教會或天主教會，皆無心積極學習客語向客家地區傳教。即如甘為霖所言：

　　令人遺憾的是，到目前為止，本島上仍沒有傳教士能夠學會客語。
　　Hakkas 之間充滿了傳福音的機會，希望我們在不久之內得以掌握這
　　些契機。[141]

　　雖然甘為霖如此期許，但臺島的客家福音運動，一直被冠上這是塊難耕的硬土，長期受一般基督徒所忽略。[142]

　　5. 風俗天性

　　19 世紀來臺西方人對於 Hakka 的風俗天性的評價，批評贊譽皆有，負面的說法，如 T. F. Hughes 認為恆春半島的 Hakkas「狡猾、陰謀而貪婪」，[143] 甘

---

140 Steere, *Formosa and Its Inhabitants*, p. 162；Steere 原著，林弘宣譯，《福爾摩沙及其住民》，頁 258-259。

141 Campbell, *Sketches from Formosa*, pp. 249-250.

142 夏忠堅，〈莊稼已經熟了〉，《客家宣教新浪潮：在所定的日子，達到倍加》，頁 13。

143 T. F. Hughes,, "Visit to Tok-e-Tok, chief of the eighteen tribes, southern Formosa," *Proceedings of the Royal Geographical Society of London* 16 (1872), p. 265.

為霖也說「Hakkas 是一個有些奸巧、卻富進取心的一群人」。[144] 比較正面的看法，則如 Panchow 認為，Hakkas 與其他漢人不同，是喜愛自由的人群，過著更簡單而自在的生活，並且喜愛唱歌。[145] 湯姆生也認為混雜於福建省漢人之間的 Hak-kas「是個吃苦耐勞、勤奮、愛冒險的種族（race）」。[146] 甘為霖亦曾言「這些廣東來的移民是個聰明、繁盛又有奮鬥心的民族」。[147]《福爾摩莎考察報告》中則特別提到，「由於不停地與原住民對抗，養成了他們勇敢的性格，經得起疲勞和貧苦」。[148] 史蒂瑞亦嘗言 Hakkas「是能吃苦耐勞、勤奮的民族，且似乎比一般中國人更勇敢」。[149]

與臺灣 Hakka 相關的風俗，讓來臺西方人最為印象深刻的，是 Hakka 婦女不纏足的風俗，留下頗多記述資料，如 Paul Ibis 言 Hakka 婦女「比漢人更健美，比例像男人一樣棒，並且她們不會綁小腿」。[150]Arthur Corner 則表示 Ba-li-keh（貓里街，今苗栗市）一帶的 Hak-kas 婦女不綁小腳，他們看來非常精明，充滿幹勁。[151] 法國出版的《福爾摩莎考察報告》稱 Hakkas「不吸食鴉片，

---

144 Campbell, *Sketches from Formosa*, p. 249.

145 Panchow, "Die Bevölkerung Formosas," in "Annotated bibliography of 19th Century German articles concerning Taiwan (Formosa)," (retrieved 14th May, 2014)。

146 Thomson, *China and its People in Early Photographs*, vol. I., Plate XXIV.

147 Campbell, *Sketches from Formosa*, p. 55.

148 Kann 著，鄭順德譯，《福爾摩莎考察報告》，頁 63、227。

149 Steere, "Steere's Letter from Formosa," http://cdm.reed.edu/cdm4/document.php?CISOROOT=%2Fformosa&CISOPTR=642&REC=19&CISOBOX=ke- (retrieved 14th May, 2014), p. 20.

150 Ibis, "Auf Formosa: Ethnographische Wanderungen," in "On Formosa: Ethnographic travels of Paul Ibis," (retrieved 14th May, 2014), p. 32。

151 Corner, "A Journey in Formosa," The Chinese Recorder and Missionary Journal 7, ii (1876), p. 127；劉克襄，〈1876 年：走過紅土地──英國商人柯勒的西海岸紀行（從臺南到淡水）〉，收入氏著，《橫越福爾摩沙：外國人在臺灣的旅行（1860-1880）》（臺北：自立晚報社，1993 年），頁 147-178。

婦女不纏足」。[152] 或如必麒麟言：

> Hak-ka 的婦女們都留著天足，所以享有比一般中國婦女所未能享受
> 的自由，結果他們在精力和事業方面幾乎都能和男人相抗衡。[153]

馬偕也提到 Hak-kas 婦女：

> 因為不纏足，因此比福老（Hok-lo）婦女更為強健。她們幫助丈夫
> 耕田，也做各種戶外工作，非常勤奮。因此，在福老人無法經營而
> 原住民會餓死的地方，Hak-kas 卻能興起並致富。[154]

甘為霖亦曾提及：

> Hakka 婦女不纏足，總是忙碌於農事或作生意。[155]
> 與福建女性不同，Hakka 女性放棄了裹小腳的惡習，所以她們能夠
> 在外頭，靠背負重物或做苦力，來賺取不錯的收入。[156]

　　Panchow 甚至表示：「Hakka 婦女多在她們丈夫身邊工作，不纏足，很少
一夫多妻的情形」。[157]

---

152 Kann 著，鄭順德譯，《福爾摩莎考察報告》，頁 63、227。

153 Pickering, *Pioneering in Formosa*, pp. 67-68.

154 Mackay, *From Far Formosa*, p. 102.

155 Campbell, *An Account of Missionary Success in the Island of Formosa*, p. 442.

156 Campbell, *Sketches from Formosa*, p. 249.

157 Panchow, "Die Bevölkerung Formosas," in "Annotated bibliography of 19th Century German articles concerning Taiwan (Formosa)," (retrieved 14th May, 2014)。

此外，甘為霖特別注意到，臺灣 Hakka 注重教育的特質。他表示，Hakkas
通常會讓孩童接受教育，也勤於訓練讀寫，所以跟其他族群的人比較起來，客
家婦女和孩童在這方面取得了領先。[158]

以上對於臺灣 Hakka 天性、風俗方面的描述，在清代臺灣相關文獻中，
僅見一二例，如《安平縣雜記》言「近山之莊曰客莊，粵籍人也。風俗與漳、
泉之移民小異。女不裹腳，男喜沐浴」。[159] 相較來看，19 世紀來臺西方人的
記述，相當程度地填補了中文文獻的不足，有助於我們更了解臺灣 Hakka 的
諸多面向。

6. 客家與中法戰爭

陶德在他的日記中，對中法戰爭中的所謂「山區客家人」（Hakka
Hillmen）甚感興趣，花了相當多的篇幅描述他們的槍法，以及在中法戰爭中
的角色：

> 1884 年 9 月 17 日，據說基隆港停泊五艘法國軍艦，淡水則聚集
> 了很多政府招募的 Hakka hillmen（山區客家人），拿著火繩槍
> （matchlock）準備抵抗法人的入侵，他們無知的認爲火繩槍優於洋
> 槍，對近距離固定目標倒稱得上是神槍手，而且是肉博戰的使刀好
> 手。[160]

---

158 Campbell, *Sketches from Formosa*, p. 249; Campbell 著，阮宗興譯，《素描福爾摩沙：
　　甘為霖臺灣筆記》，頁 239。
159 臺灣銀行經濟研究室編，《安平縣雜記》，頁 9。
160 Dodd, *Journal of a Blockaded Resident in North Fomosa*, p. 21.

　　然而，以上陶德對所謂「Hakka hillmen」的描述，被證明可能只是誤解。因為據陳政三的考證，陶德誤以為是臺灣「Hakka hillmen」的那一群人，應該是協守淡水的民間團練首張李成所募的土勇。而陶德所說的那些穿原住民服飾的人可能也不是客家人。陳政三經查清末在廣州發行的《述報》，認為那些應是文山堡張李成所募之五百名土勇，「多是熟番」。[161]

圖 4：遭法軍圍攻的基隆（1884）

資料來源：M. Beazeley, "The French Attack on Formosa," Illustrated London News [London, England], 11 October, 1884.

---

161 Dodd 著，陳政三譯，《泡茶走西仔反》，頁 25-26。

7. 其他

此外，還有一些與臺島 Hakka 相關，但有違目前認知的說法，在此一併
說明。其一是認為 Hakka 比福老較早到臺灣開墾。如跟隨法國將軍孤拔征戰
臺島的小兵 Stephane Ferrero 就說道：

> 說到客家人呢，有人很肯定說他們是較早的居民，而且不太喜歡漢
> 人。[162]

此立論係基於何種資訊來源，尚未能追溯論定，但如前所述，Hakka 是
19 世紀中後期生成的族群語詞，用之論述 19 世紀中葉以前的臺灣史事，就中
國官方可能只能了解係由何省何府州移出，當時對漢人族群關係尚陌生的西方
人，又如何可以論斷來墾者為 Hakka。

其二，認為平埔係 Hakka 與生番的混血種。如德國植物學家 Wilhelm Joest
認為：

> 平埔番是由臺灣女子（Formosan women）和中國 Hakkas 通婚所組
> 成。這種族主要是通商，他們的生計主要靠樟腦的交易。他們控制
> 了土地，並向漢人收過路費。[163]

---

162 Stephane Ferrero 著，帥仕婷譯，《當 Jean 遇上福爾摩沙：一名法國小兵的手札
（1884-1885）》（臺北：玉山社，2003 年），頁 44。

163 Joest, "Beiträge zur Kenntniss der Eingebornen der Inseln Formosa und Ceram," in
"Annotated bibliography of 19th Century German articles concerning Taiwan (Formosa),"
(retrieved 14th May, 2014), p. 37; Otness, *One Thousand Westerners in Taiwan; A
Biographical and Bibliographical Dictionary*, p. 85.

此一觀點不知是基於何種推論，但至少就今日的了解，應非這麼一回事。

五、結論

由華南 Hakka 的生成歷史來看，在 1850 年代之前，西方世界應沒有將 Hakka 指涉廣東省某一方言人群的認知，因此在此之前的西方文獻，記述自華南移墾臺灣的漢人時，率皆以官方視角的「閩粵移民」稱之。1860 年臺灣開埠，臺灣在荷治時期結束後，再一次對西方開放，來臺的西方人士有傳教士、商人、外交官、動植物採集家、探險家等。由當時來臺西方人士的著述中，我們可以了解，臺灣開港之後，西方人幾乎直接以 Hakka 一詞稱述臺灣客方言人群，而藉由當時西方人對臺灣 Hakka 的描述來看，有幾個部分值得進一步留意。

其一，Hakka 一詞對清代的臺灣而言，完全是外來語詞，臺灣的客方言人群實係被福老人稱為 Kheh-lang、Khaelang 或 Ke-lang（皆即「客人」之意）。Hakka 語詞的外來性不僅止於用語本身，由當時許多西方人直接表述與 Hakka 相關的遷徙歷史、廣東省經歷、方言近北京官話，甚或暗指 Hakka 別於漢人之外的諸多說法，其實也不是緣於他們對臺島 Hakka 的觀察，而係受到華南 Hakka 知識觀的影響。這些觀點的誤植與援用，是利用這批西方人著述資料研究臺灣 Hakka 時所需特別理解的歷史脈絡。

其二，由 19 世紀中葉以後來臺的西方人遊歷記述可知，他們分別臺灣漢人的界線在方言，與清代文獻屢以行政界線分別來臺移民的表述方式相當不同。少數的記述資料甚至注意到客方言與閩南方言跨省分布的實情，西方人的這些觀察紀錄，對我們了解清代漢人的分類實態有很大的幫助。

其三，除了部分因移植華南 Hakka 知識觀而產生的誤解之外，19 世紀來臺西方人對於 Hakka 的記述，也有許多在地的觀察，諸如 Hakka 的分布、生業方式、信教態度、風俗天性等。由於外國人來臺，各有不同目的，或採集動

植物，或傳教，或單純的遊歷探險，因此他們所能提供的面向可能有所侷限，
例如羅發號船事件，讓他們特別關注恆春半島的族群生態，但似乎對同位於南
臺灣的六堆聚落甚少提及。但是，若我們將這些西方人對於臺灣 Hakka 的記
述，與清代臺灣相關文獻相互參照，可以發現，在 Hakka 的分布或生業方式
部分，中、西文獻呈現頗為一致的看法；但是西方人對於 Hakka 信教態度，
乃至風俗天性的論述，則是中文文獻中相當缺乏的部分。由此可知，這些 19
世紀西方人留下的臺灣 Hakka 圖像，可在不同側面補充清代文獻的不足，進
而豐富我們對清代臺灣客方言人群的了解。

參考文獻

一、中文文獻

Band, Edward 著，詹正義編譯，《巴克禮博士與臺灣》。臺北：長青文化，
　　1976 年。

Campbell, William（甘為霖）著，阮宗興譯，《素描福爾摩沙：甘為霖臺灣筆
　　記》。臺北：前衛出版社，2009 年。

Chantal Zheng（白尚德）著，鄭順德譯，《19 世紀歐洲人在臺灣》。臺北：南天，
　　1999 年。

Dodd, John（陶德）著，陳政三譯，《泡茶走西仔反：清法戰爭臺灣外記》。臺北：
　　臺灣書局，2007 年。

Fernandez, Pablo 原著，黃德寬譯，《天主教在臺開教記：道明會士的百年耕
　　耘》。臺北：光啟文化事業，2003 年。

Ferrero, Stéphane 著，帥仕婷譯，《當 Jean 遇上福爾摩沙：一名法國小兵的手
　　札（1884-1885）》。臺北：玉山社，2003 年。

Kann, Réginald 著，鄭順德譯，《福爾摩莎考察報告》。臺北：中研院臺史所籌備處，2001 年。

Mackay, George Leslie（馬偕）著，王榮昌等譯，《馬偕日記，1871-1901》，I。臺北：玉山社，2012 年。

Mackay, George Leslie（馬偕）著，林晚生譯，鄭仰恩校注，《福爾摩沙紀事：馬偕臺灣回憶錄》。臺北：前衛出版社，2009 年。

Pickering, W. A.（必麒麟）著，陳逸君譯，《歷險福爾摩沙》。臺北：原民文化事業有限公司，2004 年。

Steere, J. B.（史蒂瑞）著，林弘宣譯，《福爾摩沙及其住民：19 世紀美國博物學家的臺灣調查筆記》。臺北：前衛出版社，2009 年。

王雅倫，《法國珍藏早期臺灣影像：攝影與歷史的對話》。臺北：雄獅圖書，2006 年。

王瑛曾，《重修鳳山縣志》，臺灣文獻叢刊（以下簡稱文叢）第 146 種。臺北：臺灣銀行經濟研究室，1962 年。

朱峰，《基督教與海外華人的文化適應：近代東南亞華人移民社區的個案研究》。北京：中華書局，2009 年。

吳子光，《臺灣紀事》，文叢第 36 種。臺北：臺灣銀行經濟研究室，1959 年。

吳永華，《臺灣特有植物發現史》。臺北：晨星，2006 年。

_____，《臺灣動物探險：十九世紀西方人在臺灣採集動物的故事》。臺北：晨星，2001 年。

吳義雄，《在宗教與世俗之間：基督教新教傳教士在華南沿海的早期活動研究》。廣東：廣東教育出版社，2000 年。

吳道鎔原稿，張學華增補，李棪改編，《廣東文徵》。香港：香港中文大學出版社，1978 年。

吳學明，《近代長老教會來臺的西方傳教士》。臺北：日創社文化事業有限公司，2007 年。

李志剛，《香港基督教會史研究》。香港：道聲出版社，1987 年。

林正慧，〈閩粵？福客？清代臺灣漢人族群關係新探：以屏東平原為例〉，《國史館學術集刊》，第 6 期（2005 年 9 月）

林豪，《東瀛紀事》，文叢第 8 種。臺北：臺灣銀行經濟研究室，1965 年。

施添福，〈從「客家」到客家（2）：粵東「Hakka‧客家」稱謂的出現、蛻變與傳播〉，《全球客家研究》，第 2 期（2014 年 5 月），頁 1-114。

洪棄生，《寄鶴齋選集》，文叢第 304 種。臺北：臺灣銀行經濟研究室，1972 年。

莊初升、劉鎮發，〈巴色會傳教士與客家方言研究〉，《韶關學院學報（社會科學版），第 23 卷第 7 期（2002 年 3 月），頁 1-8。

陳政三，《翱翔福爾摩沙：英國外交官郇和晚清臺灣紀行》。臺北：臺灣書局出版有限公司，2008 年。

曾政忠、邱善雄等，《客家宣教新浪潮：在所定的日子，達到倍加》。臺北：中華福音神學院，2008 年。

費德廉（Douglas L. Fix）、蘇約翰（John Shufelt）主編，羅效德、費德廉譯，《李仙得臺灣紀行》。臺南：國立臺灣歷史博物館，2013 年。

費德廉（Douglas L. Fix）、羅效德（Lo, Charlotte）編譯，《看見 19 世紀臺灣：14 位西方旅行者的福爾摩沙故事》。臺北：大雁文化，2006 年。

飯島典子，《近代客家社會の形成：「他稱」と「自稱」のはざまで》。東京都：風響社，2007 年。

黃子寧，〈天主教在屏東萬金的生根發展（1861-1962）〉，臺北：臺灣大學歷史研究所碩士論文，2004 年。

黃啟仁，〈恆春地區客家二次移民之研究：以保力村為例〉，臺南：臺南大學臺灣文化研究所，2007 年。

黃榮洛，〈有關清代閩粵械鬥的一件民間古文書〉，《臺灣風物》，第 40 卷第 4 期（1990 年 12 月），頁 139-143。

臺灣銀行經濟研究室編，《平臺紀事本末》，文叢第 16 種。臺北：臺灣銀行經濟研究室，1958 年。

_____，《安平縣雜記》，文叢第 52 種。臺北：臺灣銀行經濟研究室，1959 年。

_____，《福建通志臺灣府》，文叢第 84 種。臺北：臺灣銀行經濟研究室，1960 年。

_____，《臺案彙錄庚集》，文叢第 200 種。臺北：臺灣銀行經濟研究室，1964 年。

_____，《臺灣輿地彙鈔》，文叢第 216 種。臺北：臺灣銀行經濟研究室，1965 年。

趙春晨等,《基督教與近代嶺南文化》。上海:上海人民出版社,2002 年。

劉克襄,《後山探險:19 世紀外國人在臺灣東海岸的旅行》。臺北:自立晚報,
　　1992 年。

_____,《探險家在臺灣》。臺北:自立晚報,1988 年。

_____,《橫越福爾摩沙:外國人在臺灣的旅行(1860-1880)。臺北:自立晚報,
　　1993 年。

劉良璧,《重修福建臺灣府志》,文叢第 74 種。臺北:臺灣銀行經濟研究室,
　　1961 年。

盧德嘉,《鳳山縣采訪冊》,文叢第 73 種。臺北:臺灣銀行經濟研究室,
　　1960 年。

賴永祥,《教會史話》,收入「賴永祥長老史料庫」網站:www.laijohn.com。
　　2010 年 9 月 21 日點閱。

羅香林,《香港與中西文化之交流》。香港:中國學社,1961 年。

譚樹林,〈近代來華基督教傳教士與客家源流研究:以歐德禮、畢安、肯比爾
　　為中心〉,收入特木勒編,《多元族群與中西文化交流:基於中西文獻的
　　新研究》(上海:上海人民出版社,2010 年),頁 178-193。

二、西文文獻

"Notices of Modern China." *The Chinese Repository* 4 (May,1835- .April,1836):
　　496-497.

Allen, Herbert J. "Notes of a Journey through Formosa from Tamsui to Taiwanfu."
　　Proceedings of the Royal Geographical Society of London 21:4 (1877): 258-266.

Campbell, William *An Account of Missionary Success in the Island of Formosa*.
　　Taipei: Ch'eng Wen Publishing Company, 1972.

_____ *Sketches from Formosa*. Taipei: Ch'eng Wen Publishing Company, 1972.

Carrington, George Williams *Foreigners in Formosa*, 1841-1874. San Francisco :
　　Chinese Materials Center, 1977.

Corner, Arthur "A Tour through Formosa, from South to North." *Proceedings of the
　　Royal Geographical Society of London* 22:1 (1878): 53-63.

_____ "A Journey in Formosa." *The Chinese Recorder and Missionary Journal* 7, ii (1876): 117-128.

Dodd, John *Journal of a Blockaded Resident in North Fomosa*. Taipei: Ch'eng Wen Publishing, 1972.

Eitle, E. T. "Ethnographical Sketches of the Hakka Chinese." *Notes and queries on China and Japan*, vol. 1 (1867): 65-67.

_____ "Hakka Literature." *Notes and Queries on China and Japan* 1 (1867): 37-40.

Eskildsen, Robert, ed., *Foreign Adventurers and the Aborigines of Southern Taiwan, 1867-1874*. Taipei: Institute of Taiwan History, Academia Sinica, 2005.

Fischer, Adolf "Formosa." Kringsjaa 15 (1900): 241-49; 401-407. in "Annotated bibliography of 19th Century German articles concerning Taiwan (Formosa)," Compiled by Douglas Fix, With summaries by Tina Schneider, Formosa Nineteenth Century Images: hap://cdm.reed.edu/cdm4/document.php?CISORO OT=%2Fformosa&CISOPTR=1555&REC=1&CISOBOX=reclus(retrieved 14th May, 2014).

Gutzlaff, Charles *China Opened, or, A Display of the Topography, History, Customs, Manners, Arts, Manufactures, Commerce, Literature, Religion, Jurisprudence, etc. of the Chinese Empire*. London: Smith, Elder and Co., 1838.

_____ *Journal of Three Voyages along the Coast of China in 1831, 1832, & 1833, With Notices of Siam, Corea, and the Loo-Choo Islands*. London: Frederick Westley and A. H. Davis, 1834.

Hughes, T. F. "Visit to Tok-e-Tok, chief of the eighteen tribes, southern Formosa." *Proceedings of the Royal Geographical Society of London* 16 (1872): 265-271.

Ibis, Paul "Auf Formosa: Ethnographische Wanderungen." [On Formosa: Ethnographic travels] (1877). in Christian Buss 譯，Douglas Fix 編輯，"On Formosa: Ethnographic travels of Paul Ibis," Formosa Nineteenth Century Images: http://cdm.reed.edu/cdm4/document.php?CISOROOT=/ formosa&CISOPTR=1306&REC=8 (retrieved 14th May, 2014).

Joest, Wilhelm "Beiträge zur Kenntniss der Eingebornen der Inseln Formosa und Ceram" [Contributions to the Knowledge on the Aborigines of the Islands of Formosa and Ceram]. Verhandlungen der Berliner Gessellschaft für Anthropologie, Ethnologie und Urgeschichte (1882). in "Annotated bibliography of 19th Century German articles concerning Taiwan (Formosa)," Compiled by Douglas Fix, With summaries by Tina Schneider, Formosa Nineteenth Century Images: hap://cdm.reed.edu/cdm4/document.php?CISOROOT=%2Fformosa&CISOPTR=1555&REC=1&CISOBOX=reclus(retrieved 14th May, 2014).

Kurze, G. "Missionar G. Edes Reise durch das östliche Formosa." [Missionary G. Ede's Travels Through Eastern Formosa]. Mitteilungen der Geographischen Gesellschaft (für Thuringen) zu Jena (1892). in "Annotated bibliography of 19th Century German articles concerning Taiwan (Formosa)," Compiled by Douglas Fix, With summaries by Tina Schneider, Formosa Nineteenth Century Images: hap://cdm.reed.edu/cdm4/document.php?CISOROOT=%2Fformosa&CISOPTR=1555&REC=1&CISOBOX=reclus (retrieved 14th May, 2014).

Le Monnier, Franz Ritter von. "Die Insel Formosa," [The island Formosa]. Deutsche Rundschau für Geographie und Statistik . in "Annotated bibliography of 19th Century German articles concerning Taiwan (Formosa)," (1884). Compiled by Douglas Fix, With summaries by Tina Schneider, Formosa Nineteenth Century Images: hap://cdm.reed.edu/cdm4/document.php?CISOROOT=%2Fformosa&CISOPTR=1555&REC=1&CISOBOX=reclus (retrieved 14th May, 2014).

LeGender, C. W. *Reports on Amoy and the island of Formosa*. Washington: Government Printing Office, 1871.

Mackay, George Leslie. *From Far Formosa: The Island, its Peoples and Missions*. Taipei: Ch'eng Wen, 1972.

_____. *Mackay's Diaries: original English version*, 1871-1901 (馬偕日記英文版 , 1871-1901 年). Taipei, Taiwan : Altheia university, 2007.

Manson, P. "A Gossip about Formosa," *China Review*, 2:1 (1873).

Myers, W. Wykeham "An Historical and General Memorandum on the Camphor-trade in Formosa from 1868-1895, with Special Reference to Foreign Relations therewith." *Natives of Formosa, British Reoports of the Taiwan indigenous People*, 1650-1950 (臺北：順益臺灣原住民博物館，2001 年) ，pp. 190-200.

Otness, Harold M. *One Thousand Westerners in Taiwan; A Biographical and Bibliographical Dictionary.* 臺北：中央研究院臺史所籌備處，1999 年.

Panchow, Hellmuth "Die Bevölkerung Formosas." [The population of Formosa]. in "Annotated bibliography of 19th Century German articles concerning Taiwan (Formosa)," (1895). Compiled by Douglas Fix, With summaries by Tina Schneider, Formosa Nineteenth Century Images: hap://cdm.reed.edu/cdm4/document.php?CISOROOT=%2Fformosa&CISOPTR=1555&REC=1&CISOBOX=reclus (retrieved 14th May, 2014).

Pickering, W. A. "Among the Savages of Central Formosa, 1866-1867." The Messenger and Missionary Record of the Presbyterian Church of England n.s. 3 (1878)，in Formosa Nineteenth Century Images: http://cdm.reed.edu/cdm4/document.php?CISOROOT=/formosa&CISOPTR=851&REC=12 (retrieved 14th May, 2014).

_____ Pioneering in Formosa: Recollections of Adventures among Mandarins, Wreckers, & Head-hunting Savages. Taipei: Ch'eng-wen Publishing Co., 1972.

Piton, Charles "On the Origin and History of the Hakkas." *The China Reivew* 2 (1874): 222-226.

Raoul, E. *Les gages nécessaires: Yun-nan, estuaire du Yang-tse, Hainan, Formose. Première Partie, Formose* [The necessary sacrifices: Yunan, estuary of the Yang-tse, Hainan, Formosa. Part 1, Formosa]. Paris: Challamel ainé, 1885. Summary by Amy Heneveld. in "Annotated Bibliography of 19th Century French Articles Concerning Taiwan (Formosa)," Compiled by Douglas Fix, With summaries by Amy Heneveld, Formosa Nineteenth Century Images: http://cdm.reed.edu/cdm4/document.php?CISOROOT=/formosa&CISOPTR=1623&REC=2(retrieved 14th May, 2014)。

Reclus, Elisée "Formosa." In A. H. Keane ed., The Earth and its Inhabitants. Asia. Vol. II, East Asia: Chinese Empire, Corea, and Japan (1884). in Formosa Nineteenth Century Images: http://cdm.reed.edu/cdm4/document.php?CISOROOT=/formosa&CISOPTR=649&REC=12 (retrieved 14th May, 2014).

Steere, J. B. "Formosa." *Journal of the American Geographical Society of New York*, 6 (1876):302-334.

_____ 著，李 壬 癸 編 *Formosa and Its Inhabitants*. Taipei: Academia Sinica, Institute of Taiwan History [Preparatory Office], 2002.

Stöpel K. Th., Eine Reise in das Innere der Insel Formosa und die erste Besteigung des Niitakayama (Mount Morrison) [A voyage into the interior of the island of Formosa and the first ascent of Niitakayama (Mount Morrison)]. Buenos Aires: Compaòia Sud-Americanna de Billetes de Banco, 1905. Stöpel, K. Th. Eine Reise in das Innere der Insel Formosa und die erste Besteigung des Niitakayama (Mount Morrison) [A voyage into the interior of the island of Formosa and the first ascent of Niitakayama (Mount Morrison)]. Buenos Aires: Compaòia Sud-Americanna de Billetes de Banco, 1905. in "Annotated bibliography of 19th Century German articles concerning Taiwan (Formosa)," Compiled by Douglas Fix, With summaries by Tina Schneider, Formosa Nineteenth Century Images: hap://cdm.reed.edu/cdm4/document.php?CISOROOT=%2Fformosa&CISOPTR=1555&REC=1&CISOBOX=reclus(retrieved 14th May, 2014)。

Swinhoe, Robert. "Additional Notes on Formosa." *Proceedings of the Royal Geographical Society of London* 10 (1866): 122-128.

Taylor, G. "A ramble through southern Formosa." *The China Review* 16 (1888): 137-161.

Thomson, J. "Notes of a Journey in Southern Formosa." *Journal of the Royal Geographical Society of London*, Vol. 43 (1873): 97-107.

_____ *China and its People in Early Photographs*. New York: Dover Publications, Inc., 1982.

Warburg, O. "Ueber seine Reisen in Formosa." (1889). in English translation by Tina Schneider. Edited by Douglas Fix, "On His Travels in Formosa," Formosa Nineteenth Century Images: http://cdm.reed.edu/cdm4/document.php?CISOROOT=/formosa&CISOPTR=686&REC=4 (retrieved 14th May, 2014).

White, Francis "A Visit to the Interior of South Formosa." *The Cycle: A Political and Literary Review* 17 (1870): 197-199.

國家圖書館出版品預行編目 (CIP) 資料

客家研究與客家學 / 蕭新煌主編 .
　-- 初版 . -- 新竹市 : 交大出版社 , 民 108.01
　面；　公分 . -- (臺灣客家研究論文選輯 ; 1)
ISBN 978-986-96220-6-6(平裝)

1. 客家 2. 民族文化 3. 文集

536.21107　　　　　　　107019934

臺灣客家研究論文選輯 1

客家研究與客家學

主　　　編：蕭新煌
叢書總主編：張維安
執 行 編 輯：陳韻婷、程惠芳
封 面 設 計：萬亞雰
內 頁 美 編：黃春香

出 版 者：國立交通大學出版社
發 行 人：張懋中
社　　　長：盧鴻興
執 行 長：簡美玲
執 行 主 編：程惠芳
編務行政：陳建安、劉柏廷
製版印刷：中茂分色製版印刷事業股份有限公司
地　　　址：新竹市大學路 1001 號
讀 者 服 務：03-5736308、03-5131542　（週一至週五上午 8:30 至下午 5:00）
傳　　　真：03-5731764
網　　　址：http://press.nctu.edu.tw
e - m a i l：press@nctu.edu.tw
出版日期：108 年 1 月初版一刷
定　　　價：350 元
I S B N：978-986-96220-6-6
G　P　N：1010800005

展售門市查詢：

交通大學出版社 http://press.nctu.edu.tw
三民書局（臺北市重慶南路一段 61 號））
網址：http://www.sanmin.com.tw　電話：02-23617511
或洽政府出版品集中展售門市：

國家書店（臺北市松江路 209 號 1 樓）
網址：http://www.govbooks.com.tw 電話：02-25180207
五南文化廣場臺中總店（臺中市中山路 6 號）
網址：http://www.wunanbooks.com.tw　電話：04-22260330

本書獲客家委員會補助出版